我的美味人生

My Life in France

[美] 茱莉娅·查尔德
[美] 亚历克斯·普鲁多姆 著
苏西 译

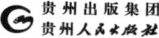

贵州出版集团
贵州人民出版社

目 录

❖ ❖ ❖

前 言 I
自 序 V

第一部

第一章　美丽的法兰西

1 远渡重洋 3
2 香煎鳎鱼 7
3 大学路 81 号 24
4 阿里·巴布 35
5 普罗旺斯 46
6 大维富餐厅 52
7 淡季 55

第二章　蓝带厨艺学校

1 大厨巴格纳德 60

2 永远不说抱歉 69
3 疯狂科学家 79
4 顶级奢华游 94
5 法国国庆日 100
6 水土不服 105
7 艺术家小馆 110
8 "惊喜"小牛肉 115

第三章　三饕客

1 圆镯美食俱乐部 118
2 返美探亲 124
3 狩猎时节 127
4 厨友西姆卡和露伊瑟 131
5 美食学校 135
6 王子殿下 146
7 实践才是检验菜谱的标准 151
8 法式家常菜 158
9 阿维丝 162
10 五味杂陈 168

第四章　马赛鱼汤

1 未知的领域 179

Julia Child
WITH ALEX PRUD'HOMME

2 绝密文件 185
3 烦人精希尔 193
4 "调查员" 197
5 密斯特拉狂风 199
6 美味浓汤 204
7 缆绳大道 213
8 再见了 217

第二部

第五章 美国厨房里的法国菜

1 一头雾水 227
2 梦想 244
3 奥斯陆 252
4 塞翁失马 257

第六章 掌握法式烹饪的艺术

1 幸运的巧合 265
2 旋涡里的大明虾 276
3 "悦读进行时" 285
4 法国大厨 290

Julia Child
WITH ALEX PRUD'HOMME

5 普罗旺斯的小窝 295

第七章　续集诞生

1 欧文街上的面包房 302
2 小窝住客 311
3 脆皮烤海鲈 320

第八章　《法国大厨》在法国

1 纪录片 332
2 左右为难 340
3 电影之夜 343

第九章　茱莉娅·查尔德的厨房秘籍

1 分道扬镳 349
2 迷人的大厨 354
3 心碎 359

尾　声 363

附　录

菜肴、餐厅译名对照 371
人名译名对照 377

Julia Child
WITH ALEX PRUD'HOMME

献 给 保 罗

前　言

2004年8月，在加利福尼亚的蒙特西托，茱莉娅·查尔德和我坐在她家草木葱郁的小花园里，聊着她的人生故事。她身形瘦削，有一点点佝偻，但精神比过去几周好多了。我俩合写的这本书已经进程过半。当我问她对20世纪50年代的巴黎有何追忆的时候，她想起诸多往事：她在蓝带厨艺学校学会了烹煮各种食材，从蜗牛到野猪；在巴黎的菜市场，她懂得了"人情往来"的价值。她慨叹道，在那个年代，美国的家庭主妇们必须学会左右腾挪，一边做汤，一边煮尿布消毒。她补上一句："要是把这两样混在一块儿，想想吧，该有多带劲！"

早在1969年，茱莉就有了写作这本书的想法。当时，她的先生保罗翻阅了数百封家书——1948年到1954年间，他们夫妇俩写给保罗的双胞胎兄弟查尔斯·查尔德[1]（我的祖父）的信。那段时光对他们的性格和生活有着莫大的影响，也是他们最珍惜的一段日子。保罗提议应该根据这些信件

---

[1] 文中所有人名请参见书末"人名译名对照"。——编者注

写本书,但出于种种原因,这本书最终未能写成。保罗在1994年过世,享年92岁。但茱莉娅从未放弃这个想法,时常提起她想写一本"讲法国的书"。某种意义上,她将这本书视作送给先生保罗的礼物,因为是他让自己一下子爱上了巴黎。

我是个职业作家,长久以来,我一直想跟茱莉娅合作。但她是个喜欢单干的人,多年来一直婉拒我的提议。2003年12月,她再度提起这本书,语气中充满怅惘和渴望。我再次提出帮她写作的建议。她已经91岁了,健康状况时有波动。而这一次她说:"行啊,孩子,或许咱俩应该一起写。"

我的工作很简单,就是帮助茱莉娅讲述她的故事,可这并不容易。尽管她是个天生的好演员,但她也是一个不愿意暴露内心想法的普通人。我们慢慢地进入了合作状态,磨合出了高效的工作节奏。每个月总有几天,我坐在她家的客厅里提问题,读家信,听她讲述。起先我会把谈话录下来,可当她用修长的手指戳戳录音机的时候,我知道这东西分散了她的注意力,于是改成记笔记。关于"可爱的老法兰西",我们谈论的时间越长,她回忆起的往事就越多。她的述说总是生动活泼:"哦,那油滋滋的法国烤鸡啊,喷喷香,鸡肉味儿真足!"

不少最精彩的谈话都发生在餐桌前、汽车上或是前往农贸市场的途中。一些事物触动了回忆,于是她会突然间跟我讲起当年怎么在巴黎学做法棍面包,在马赛做鱼汤,或是如何在法国人的晚宴上学会从容自在:"就像法国人一样,嗓门大,语速快,坚定不移地声明自己的立场,你就能开开心心的啦!"

书中几乎所有语句都是茱莉娅或保罗的原话。可这毕竟不是一本学术著作,偶尔我也会把他俩的话糅合在一起。茱莉娅鼓励我这样做,她和保罗经常在家信末尾签上"PJ"或"保莉亚"的名字,就像他俩是一个人似的。我也写了一些说明性和过渡性的文字,写的时候尽力仿效了茱莉娅那个性十足的遣词方式——"嘿!""呸!""哟!""万岁!"。收集到足够的材料,我写出一小段;她就会热切地阅读,纠正我的语法;想起什么的时候,就用向右倾斜的小字添上几句。她很喜欢这个过程,也是个严格的编辑。"这本书让我浑身是劲儿!"她说道。

茱莉娅和我有着相近的幽默感和好胃口,而且她觉得我长得像保罗——这大概对我们的合作蛮有好处。至于我,我很感激能有机会再度接近她,可以亲身参与这样一个有趣的项目。有些作者会发觉,跟合作者相处的时间越长,就越是不喜欢他们,可我的感觉正好相反:我越是了解茱莉娅·查尔德,就越是尊敬她。令我印象最深刻的就是她工作时那种认真的劲头;还有她既能一心扑在法兰西美食的"规则"中,又能保持开放心态、不断创新的本领;还有她遇到挫折时的坚定和坚持。茱莉娅从未失去过好奇心。她曾经给予人们莫大的灵感和激励,今日依然如是。

另一个伟大的灵感之源是我们的编辑朱迪丝·琼斯,她已经与茱莉娅合作了40多个年头。她对本书主题的深刻理解以及耐心,成了雕琢这部书稿过程中不可或缺的力量。朱迪丝的助手肯·施奈德也贡献良多。

2004年8月13日,就在我们的花园对谈之后,也是在92岁生日的两天前,茱莉娅由于肾衰竭在熟睡中溘然长逝。

次年,我完成了这本书,可每一天我都希望能打电话给她,请她再仔细讲讲某段故事,跟她分享几条新闻,哪怕只是闲聊上几句。我想念她。不过在这本书的字里行间,茱莉娅的声音跟从前一样生动、睿智、鼓舞人心,就像她爱说的那句话:"这事干得真开心!"

亚历克斯·普鲁多姆

2005 年 8 月

自 序

写在这本书里的,是我这辈子最珍爱的人和事:我的先生保罗·查尔德,美丽的法兰西,还有种种烹饪和美食的乐趣。写作这样一本书对我来说也是件新鲜事——我没有罗列食谱,而是讲了一系列相互关联的人生故事。这些事情大部分发生在1948年到1954年间,也就是我们住在巴黎和马赛的时候,还有后来住在普罗旺斯的经历。在法国度过的日子是我一生中最美妙的时光,它们标志着我人生中至关重要的转变时期,在那些日子里,我找到了人生的方向,经历了感官的觉醒,而且有那么多赏心乐事,让人目不暇接。

我完全没有料想到在法国将会遇见什么,在搬到法国之前,我过的完全是另一种人生。我在美国加州的帕萨迪纳长大,那儿阳光充沛,人文气息淡薄。我出生于一个中上阶层的白人家庭,家境不错。我的父亲名叫约翰·麦克威廉斯,是个作风保守的商人,经营家族的地产生意;母亲名叫卡罗琳(我们都叫她卡罗),为人热情,喜欢社交。但是,跟她的大多数女性朋友一样,她不会在厨房里花太多时间。偶尔她会快手快脚地用泡打粉烤个饼干,切点奶酪做个拼盘,或是

小时候的我（中）和弟弟约翰（左）、妹妹多萝西（右）

弄点熏鳕鱼，但这并不能算是烹饪。所以，我从小没怎么做过饭。

小时候，我对锅碗瓢盆这些事一点兴趣也没有。我的胃口一向不错，尤其爱吃加州的美味肉食和新鲜蔬果，可从没人鼓励我下厨，对厨艺我也完全不得要领。我们家请了好几位厨子，他们爱做典型的美式菜肴，把盘子堆得满满的——肥滋滋的烤鸡配黄油土豆泥和奶油菠菜，带着漂亮雪花油脂的大块T骨牛排或是烤成灰白色的羊腿（不像法国人会把羊腿烤成嫩嫩的粉色），搭配棕色的肉汁和绿色薄荷酱。味道虽香，可算不得是精致佳肴。

而我先生保罗是在波士顿长大的，他的母亲是个颇有波西米亚气质的女子，曾在巴黎生活过，做得一手好菜。保罗比我大10岁，富有教养；二战期间我们认识的时候，他已经周游过世界了。他衣着考究，说一口漂亮法语，而且热爱美酒与美食。他对白酒贻贝、勃艮第红酒炖牛肉、香橙鸭如数家珍，可在我这种门外汉眼里，这不过是些既拗口又听不懂的外国词儿，真是绝望。嫁给保罗是我的幸运。他是我绝妙的灵感之源，他对美酒佳肴的热爱塑造了我的品位，而他的鼓励帮助我渡过了一个个令人气馁的难关。要是没有保罗·查尔德，我绝不会拥有如今的事业。

二战期间，我们初识于斯里兰卡，1946年9月我们结婚了。要跟新婚丈夫开始新生活了，可保罗供职的政府部门薪资微薄，所以我决定最好还是自己下厨。婚礼举行之前，我曾在洛杉矶上了一门为准新娘开设的烹饪课，跟着两位英国妇人学做蛋奶煎饼之类的东西。不过我给保罗做的第一顿饭颇具"野心"——红酒炖牛脑！除了菜名听起来颇具异

国风情、能给新婚丈夫留下深刻印象之外,其实我想不出自己为何要做这道菜。我粗粗看了看菜谱,觉得并不难。可做出来的成品呢,啧啧,卖相惨不忍睹,味道也不怎么样,实际上那顿饭简直一塌糊涂。保罗对此一笑而过,当晚我们找了点别的东西填了肚子。可在内心深处,我很生自己的气,而且比以往任何时候都更加想学做饭。

新婚第一年,我们住在华盛顿乔治城橄榄大道上的一座白色小板房里。保罗为美国国务院做一些布展工作,而我做档案管理员。晚上,我满腔热忱地冲到炉子跟前,胳膊底下夹着《烹饪的乐趣》(*Joy of Cooking*)或是《美食》(*Gourmet*)杂志,脑中却没多少厨房常识。我做的菜味道还行,但既费时又费力。总是要等到晚上 10 点,我才能把菜端上桌,吃不了几口就累得瘫倒在床了。保罗的耐心仿佛无穷无尽,可数年后,他在一次访谈中承认:"起先茱莉娅的尝试不怎么成功……但我很勇敢,因为我想娶她。我相信我掩饰得挺好,没露馅儿。"(他的确没露馅儿。)

1948 年冬天,保罗得到一份工作邀约:到巴黎去管理美国新闻处的展览部,我随他同去了。之前我从未去过欧洲,可我们一在巴黎安顿下来,我就感到自己何其有幸,能来到这样一个充满魔力的都市。直到今天,巴黎仍然是世界上我最喜爱的地方。慢慢地(热情越来越高),我开始全心全意地学习起这个国家的语言和文化。

在巴黎以及之后在马赛,我被世界上最精致讲究的佳肴美馔围绕着,身边又有个热爱美食的观众(我先生),于是顺理成章地,我开始学做所谓的"布尔乔亚美食"——精致的法兰西传统家常菜。这是心灵的觉醒。我一下子爱上了

那些光鲜诱人的菜式和身怀绝技的大厨们。在法国待得越久，我的爱就越深沉。

在合作撰写这本书的过程中，亚历克斯·普鲁多姆和我真是幸运，我们花了很多时间在一起讲述往事、追忆、自言自语。记忆是有选择性的，我们并不打算事无巨细地一一复述过去的事，而是想把重点放在大大小小的片段上——五十多年了，这些记忆一直跟着我，从未忘怀。

自　序

亚历克斯生在 1961 年，那年正逢我和西蒙娜·贝克、露伊瑟·贝赫多的第一本书《法式烹饪的艺术》(*Mastering the Art of French Cooking*) 问世。如今，由亚历克斯跟我一起追忆当年那本书的诞生过程，真是再合适不过。

一沓厚厚的收藏给我们的研究帮了大忙——从那时起留存下来的家信、记事簿，还有保罗拍的照片、画的素描、写的小诗、做的情人节卡片。保罗有个双胞胎弟弟查理·查尔德，当年住在宾夕法尼亚州的巴克斯县，他俩每周都要通信。在写家信这件事上，保罗认真极了：他会专门留出写信的时间，力求把我们的日常生活详尽如实地记录下来。他喜欢用一支特别的钢笔，用漂亮又流畅的字迹每周写满 3~6 页纸。通常，他会把我们去过的地方画成小小的素描图或拍下照片（书中我们选用了一部分），或是用票根或新闻纸做成小幅的拼贴画。我一般会写上一两页，用打字机打出来。我常常拼错词，语法也别别扭扭的，而且满是感叹号。我喜欢写写当时煮些什么菜，或是记下周围人们的趣事。这么些年了，这几百封写在淡蓝或白色航空信笺上的信全部好好地保存了下来。

如今，当我重读它们时，当年的旧事一下子鲜活地再现于眼前：保罗注意到幽暗的塞纳河上闪烁着秋日的粼粼波光；他和华盛顿那帮官僚们进行着无休无止的"奋战"；黄昏时蒙马特区的气息；还有一天晚上，我们瞧见顶着爆炸头的科莱特[1]在美轮美奂的大维富餐厅[2]里用餐。在我的信里，我热忱地记述下第一口法式明火烤鸭的香浓滋味，或是在勃

---

1 西多妮·加布里埃尔·科莱特（Sidonie Gabrielle Colette），法国国宝级女作家。——译者注（如无特别说明，本书脚注均为译者注）

2 书中菜肴名、餐厅名参见书末"菜肴、餐厅译名对照"。——编者注

良第路市场的卖菜妇人那儿听来的小道消息，还有我们的小猫米奈特最近搞了什么恶作剧，或是这些年来出烹饪书的成败往事。我们家人就像有预见能力似的，把这些信好好保存了起来，好像他们早就知道，有一天亚历克斯和我会坐下来一起写这本书。真是不可思议啊。

我们要向许多对这本书有帮助的人们和机构致以诚挚的谢意。特别感谢我的挚友、我这辈子的"专属"编辑、克瑙夫出版社的朱迪丝·琼斯，感谢她犀利的眼光和不露痕迹的编辑。我也要感谢两位亲爱的法国"姊妹"，即跟我合作写书的西蒙娜·贝克和露伊瑟·贝赫多；还有我的妹妹多萝西、热心肠的外甥女费拉·卡曾斯和外甥萨姆；我的得力助手斯蒂芬妮·赫什和律师比尔·特拉斯洛。我们要感谢哈佛大学拉德克利夫学院的施莱辛格图书馆，承蒙他们收藏我的大堆手稿和保罗的摄影作品；感谢史密森尼博物馆的美国历史馆展出我职业生涯里的各种物件，其中包括我们在麻省坎布里奇家里的整间厨房；感谢波士顿公共电视台；感谢我的母校史密斯学院；同时，还要感谢众多家人和朋友们为我们提供旧日轶事、照片、温情的陪伴和香喷喷的佳肴。

当年我曾和保罗在巴黎同住，如今又能和亚历克斯在字里行间重温那段时光，这是多么开心，多么幸运！我希望你读这本书的时候，也能像我们写它的时候一样，乐在其中。

祝你好胃口！

茱莉娅·查尔德
加利福尼亚，蒙特西托
2004 年 8 月

第一部

Julia Child

My Life in France

第一章

美丽的法兰西

I
远渡重洋

清晨5点45分的"美国"号邮轮上,保罗和我从温暖的铺位上醒来,朝舱壁上的小舷窗外望去。前一夜我俩都睡得不踏实,部分是由于天气,部分是由于难以抑制的激动心情。窗外雾蒙蒙的,透过黎明深蓝色的微光和浓重的雾气,依稀看得见岸边闪烁的灯光。1948年11月3日星期三,我们终于抵达法国的勒阿弗尔。

我从没来过欧洲,心中对未来一片茫然。船已经在海上行驶了一个星期(感觉上时间长得多),我早就迫不及待地想踏上陆地了。自打亲人们在一片秋色的纽约把我们送上船,这艘"美国"号邮轮就直挺挺地驶进了北大西洋的狂风中。庞大的船体在楼房那么高的巨浪中颠簸着,海浪的拍打声、摇撼声、颤抖声、呜咽声在耳边不停回响。过道里悬挂着救生索。抬高……抬高……抬高……巨大的船身不断上扬着,攀到了波峰,犹豫着摇摆一会儿,然后跌落……跌落……跌落……船头不断下滑,一头扎进波谷,溅起大片大片的水沫。我们浑身酸痛、精神萎靡,地上满是摔得粉碎的碗碟。绝大多数乘客和部分船员都难受得面无人色。保罗和我很幸运,我俩都有当水手的潜质——胃口犹如铁打般坚定:有天早上,只有5个乘客勉力吃了早餐,其中就有我俩。

我在海上的旅行经验很少,只在二战期间往返过亚洲,从没经历过这么厉害的风暴。可保罗见多识广,凡是能想象出的各种天气他都经历过。20年代初,没钱上大学的保罗搭上一艘运油船,从美国去了巴拿马;他也曾搭乘过小渡船,从马赛港前往非洲;有次他从意大利的里雅斯特出发,穿越地中海和大西洋,到达纽约;他还曾在一艘双桅帆船上当过船员,从加拿大新斯科舍省出发驶向南美;二战期间他还在中国海上的一艘指挥舰上工作过一阵子。他见识过海上的龙卷风、大雷雨以及诸多"大自然的原始暴力"——这是他的原话。保罗有时候极有大丈夫气概,有时候又安静而执拗,书卷气十足。他特别恐高,却会强迫自己在狂风巨浪中站上缆索装置的顶端。在这艘颠簸摇晃的"美国"号上,为我俩的安全问题操心的主要是他,这也挺符合他的性格。

那年,保罗得到了一个在美国驻巴黎大使馆的工作机会,负责美国新闻处展览部门的工作,职责是通过视觉艺术手段增强美、法两国的联系。这算是文化和宣传方面的事务,而他正是不二人选。20世纪20年代初,保罗曾在巴黎生活过,能说一口流利的法语并且极为欣赏法国的醇酒和美食。在这世上,巴黎是保罗最心爱的城市了。因此,美国政府给他这个机会的时候,他立即答应下来。我呢,就算作他额外的一件行李,一起跟过去啦。

我俩一致认为,旅行有如情感关系的试金石:这一路上，我们会无可避免地遇上乱子，也必定会遇上意外惊喜，要是对付得了这些，想必我们后半辈子一定能和谐相处。到目前为止，我们做得还不赖。

1944年夏天，我们都被美国战略服务处（OSS，美国中情局的前身）派去了斯里兰卡，在那里我们相识。保罗是个艺术家，但政府雇他是为了建立军情室，方便蒙巴顿将军研究情报人员发回的情报。我是登记处的头儿，负责处理情报人员发回的实地报告和其他最高机密文档。战争后期，保罗和我还被派往中国昆明，在那里我们为魏德迈将军工作，一边继续谈恋爱，一边大啖鲜香美味的中国菜。

尽管我们是在异国他乡认识的，可从没觉得在亚洲的那段日子像是"出国"，因为我们每周工作要7天，睡在军营里，得随时听从军队派遣。

战争结束后，我俩在1946年结了婚，在华盛顿住了2年，如今又要搬去巴黎。而自打当年9月1日办完婚礼后，我们俩就一直忙个不停，连个像样的蜜月都没享受过。或许在巴黎待上几年会弥补这个缺憾，找回蜜月的感觉。噢，这计划听上去挺不错。

当我透过舷窗，望向勒阿弗尔的闪烁灯火时，发现自己对法国一无所知。对我来说，法国一直是个模模糊糊的抽象概念，是一个存在于想象中，从未亲身体验过的国度。我迫不及待地想上岸去，可同时心里也充满了疑虑。

在我长大的地方——加州的帕萨迪纳，法国的声誉可不怎么样。尽管我那位高个子、不苟言笑的爸爸从没去过欧洲,一个法国人也不认识,可他却喜欢说欧洲人——尤其是法国人——全都"性格阴沉""举止卑鄙"。我倒是认识几个法国人,她们几个都是老师,但全是怪里怪气的老处女。死记硬背地"学"了几年法语之后,我仍然一句法语也不会说,也听不懂。甚至拜《时尚》(Vogue)杂志和好莱坞大片所赐,我怀疑法国尽是些做作又吹毛求疵的人——女人过分讲究,梳着精致发型,娇滴滴的,惹人讨厌;男人全是阿道夫·门吉欧那种类型,喜欢捻着小胡子,调戏女孩子,整天思谋着怎么欺负美国乡下人。

而我是个身高一米八八、"芳龄"三十六、大嗓门、嘻嘻哈哈、大大咧咧的加州人。眼前舷窗外的法国犹如一个巨大的问号,横亘在我面前。

"美国"号慢慢地驶进了勒阿弗尔港。战后的残迹随处可见:巨大的起重机、成堆成堆的砖头、炸毁的断壁残垣,还有锈迹斑斑、泡在水里的废弃船只。拖船把我们推向码头,我倚着栏杆,看向船坞上聚集的人群。一个魁梧粗鲁的男人吸引了我的注意力,他有张饱经风霜的面孔,嘴角斜叼着一支燃着的纸烟。他正在冲某人大叫大嚷,高举着一双大手,在脑袋顶上挥舞着。这个搬运工像头快活的大熊,大笑着往周围抛着行李,完全没注意到我在看他。他鼓鼓的肚子和宽厚的肩膀包裹在深蓝色的工作服中,这颜色多有魅力啊;他身上有种率真质朴的气质,看了真叫人开心,我的焦虑慢慢松缓下来。

"原来这才是真正的法国人。"我对自己说,"他可不像阿道夫·门吉欧。感谢老天爷,这个国家里也有有血有肉的人!"

清晨7点,保罗和我上了岸,我们的行李也过了海关。接下来的2个小时,我们干坐着抽烟打哈欠,竖起衣领抵御微寒的毛毛雨。终于,一架起重机把我们天蓝色的大别克旅行车(我们亲昵地叫它"蓝光")提出了船。别克车挂在吊索上,在高空中晃悠了几下,然后落在了码头上,触地的时候车身跳了两下。一群技师立刻围了上来——他们头戴黑色的贝雷帽,身穿白色的屠夫式围裙,脚蹬巨大的橡胶靴。他们给"蓝光"加上机油、汽油和水,挂上外交牌照,然后把我们的14件行李和半打箱子、毯子胡乱堆在车上。保罗给了他们小费,然后重新整理了行李,以免挡住后车窗。他对行李摆放的要求高着呢,而且特别擅长干这个,跟个拼图高手似的。

待保罗收拾完,雨渐渐停了,大片的蓝天从灰色云层中露出脸来。我们挤进车子前座,把宽宽的、隆隆作响的车头对准东南方,驶向巴黎。

2
香煎鳎鱼

说不上为什么,诺曼底乡间那纯粹的法国风情深深打动了我。比起电影里的场面或杂志上对"法兰西"的描述,这里真实的景色、声音、气息要独特且有趣得多。尽管有些地方(比如伊沃托)仍然留有战争的伤痕,地上还有炸弹留下的坑洞和成团的铁丝网,但每一个小镇子都有独特的气质。路上几乎没有汽车,却有成百上千辆自行车,还有赶着马车的老人、身穿黑衣的妇女和脚踩木鞋的小男孩。电话亭的大小以及形状和美国的不一样；田野里的作物密密麻麻；路旁没有广告牌；偶尔可以见到粉白相间的灰泥外墙小别墅一本正经地坐落在林荫道尽头，模样笨笨的，可是很漂亮。我们没想到的是，那混合着泥土芳香和炊烟味道的乡间气息、起伏的山野，还有种满卷心菜的碧绿菜地竟然让我俩想起了中国。

哦，美丽的法国——我未曾了解你，却已经爱上了你！

中午12点半，我们飞驰到了鲁昂。车子先是经过古老美丽的大时钟，然后是著名的鲁昂大教堂，教堂建筑上留着战争的瘢痕，可彩色玻璃花窗依然宏伟庄严。我们在旧市场广场上逗留了一会儿，当年圣女贞德就是在这里遭受火刑的。《米其林指南》建议我们去王冠餐厅，它修建于1345年，是一座中世纪的木结构房子。保罗满怀期待地大踏步往那儿走去，可我心里却犹豫得很，一会儿担心自己穿得不够时髦，一会儿又怕自己不会说法语。那些服务生八成会耸耸他们的法国尖鼻子，瞧不起我们这些美国观光客吧。

餐馆里很暖和，装饰是棕白相间的色调，一副舒适的老派风格，既不谦卑也不奢华。屋子里有座大大的壁炉，里面旋转的烤肉叉上正在烤着什么，散发出的香气让人如同置身天堂。餐厅领班上前来招呼我们，一个瘦瘦的中年男子，一头黑发，带着温和又认真的气质。保罗和他说了句什么，领班微笑着，熟稔地答着话，好像他俩是多年老友似的。随后

保罗镜头下的法国乡村

他将我们领到一张不错的桌子前,离壁炉不远。其他食客都是法国人,他们得到了同样殷勤的招待。没人对我们翻白眼或显出一副傲慢的神色,实际上服务生看上去很欢迎我们。

落座的时候,我听见邻桌两个穿着灰西装的男人正在向侍者询问着什么,那位年长些的侍者显得十分高贵,正拿着菜单比画着,详尽地解答他们的问题。

"他们说什么呢?"我悄声问保罗。

"那服务员正给他们解释刚点的鸡肉。"他悄声回答我,"那鸡是怎么养的,怎么个煮法,该点什么配菜,还有配哪种葡萄酒最合适。"

"葡萄酒?"我说,"大中午的就喝酒啊?"除了售价1.19美金的加州红酒,我从没喝过其他葡萄酒,当然更不会在中午的时候喝。

保罗解释道,在法国,美食被视作国粹,也是高雅的艺术,法国人在午餐和晚餐时都会喝葡萄酒。"诀窍在于适可而止。"他说。

忽然间,餐馆里充满诱人的复杂香气,那味道很熟悉,可又叫不上来名字。第一股气味很像洋葱——"红葱头。"保罗鉴定道,"在新鲜黄油里爆香的。"("红葱头是什么东西?"我怯怯地问。"待会儿你就知道了。"他说。)这时候,厨房里又传来一阵温暖又带着酒香的气息,似乎是厨子正在炉子上收浓美味汤汁。接着又是一阵清爽的酸味:大陶碗里正在拌沙拉,柠檬汁、红酒醋、橄榄油,再撒一点儿盐和胡椒。

我的肚子咕咕叫了起来。

我没法不注意到，侍者们个个都怀着含蓄的喜悦之情，好像他们毕生的使命就是为了把客人照顾得舒适自在。其中一位翩然而至，在我身边站住。保罗看着菜单，连珠炮似的用法语问他问题。这位侍者看上去很享受着来来回回的讨论。噢，我是多么心痒难耐啊，多想跟他们一块儿讨论啊！可相反，我只能微笑着，稀里糊涂地点着头，我已经在拼命吸收周围发生的一切了。

我们的午餐以6只牡蛎拉开了序幕，贝壳已经撬开，蚝肉摆在单片的壳上。我早已习惯了华盛顿到马萨诸塞州一带的淡而无味的牡蛎，从没觉得这东西有多好吃。可这一盘子牡蛎有着浓厚的海水味道，口感之柔滑是我从不曾体会过的，真让人又惊又喜。配牡蛎吃的是几片裸麦面包，上面涂着无盐黄油。保罗向我解释，像红酒一样，法国的黄油也是有产区的，不同的产区出产不同风味的黄油。夏朗德黄油味道浓郁，一般是做酥皮面团的时候用，或者用来做菜；伊斯尼黄油则是更精致、清淡的佐餐黄油。抹在这几片裸麦面包上的正是这种伊斯尼黄油。

鲁昂的鸭肉料理远近闻名，但是咨询过侍者后，保罗决定点香煎鳎鱼[1]。菜来了：一整条又大又平的多佛鳎鱼，煎成完美的金黄色，浸在黄油酱汁里，鱼的身上星星点点地撒着欧芹碎。侍者小心地把平盘放在我俩面前，后退一步，然后说了句："祝您好胃口！"

我闭上眼睛，深深呼吸着氤氲升腾的香气，然后叉了一块鱼肉送到嘴边，咬了一口，慢慢地咽下去。鳎鱼肉鲜甜清

---

1 菜名的法语原文参见书末"菜肴、餐厅译名对照"。——编者注

淡,带着一丝轻微却无法忽略的海的滋味,和褐化的黄油酱汁的味道出奇地融合。我细细地咀嚼,慢慢地吞咽。真是完美的滋味啊。

在帕萨迪纳,我们一般会在星期五的晚上吃烤鲭鱼;7月4日美国国庆的时候吃蛋黄沙司鳕鱼丸和水煮鲑鱼;去山里露营时,偶尔吃吃平锅煎的鳟鱼。可这回在王冠餐厅,我尝到了真正的鱼的滋味,真切地体验到了美食——这是我之前从未体会过的。

享受佳肴的同时,我们还开开心心地喝光了一整瓶普伊芙莫干白,这款酒产自卢瓦尔河谷,有一种清新明快的味道。又是一次觉醒!

然后上来的是蔬菜沙拉,用微酸的油醋汁调味。我还尝到了人生第一口真正的法棍面包——金黄松脆的外皮,松软却很有嚼劲的淡黄色内瓤,带着一丝淡淡的麦香和酵母香。太好吃了!

饭后,我们惬意地吃了些法国白奶酪当甜点,以浓醇的滴滤咖啡结束了这顿午餐。喝滴滤咖啡前,侍者把一套装置摆在我们面前:一个杯子,上面架着一个金属过滤器,盛着咖啡粉和沸腾的水。在我们两个心急饕客的催促下,热水终于渗到了下面的杯子里。这过程真有意思,而且做出来的黑咖啡滋味非常独特。

保罗付了账,跟领班聊了几句,说自己18年来第一次这么心急地想要回到巴黎。餐厅领班微笑着在一张卡片背后草草地写着什么。"给。"他把卡片递给我。在保罗的翻译下,我弄明白了。原来王冠餐厅所属的多杭家族在巴黎也开了一家名叫"鳟鱼"的馆子,领班刚才在卡片背后为我们写了几句推荐语。

"谢谢您,先生。"我突然鼓起勇气用法语对他说,那蹩脚的发音连我自己听了都难受。然而侍者毫不介意地点点头,转身去迎接新来的客人了。

保罗和我飘飘然地走出餐馆,步入灿烂的阳光和清凉的空气中。我们在法国共进的第一餐绝对完美。这是我这一生中享用过的最激动人心的一餐。

我们回到"蓝光"里,朝着巴黎开去。这条高速公路是美国陆军工程兵团修建的,双向双车道,路中央用草坪隔离带分开,还有设计合理的天桥和地下通道,这幅情景让我们想起纽约城外的哈琴森河公园大道。不过,随着暮色降临,这种感觉就消失了,因为远处渐渐出现了一个不可能错认的剪影,红色的灯光一闪一闪地勾勒出埃菲尔铁塔的轮廓。

巴黎!

晚上,我们由圣克鲁门进入巴黎。在这座城市里开车感觉真奇怪,而且危险。街灯被调暗了,出于某些原因(战时的习惯?),巴黎人开车的时候只打开停车灯。路上几乎看不见行人或路标,而且交通拥堵,车子走得慢极了。和中国或印度不一样(那里的人们开车也只开停车灯),当巴黎人觉得路前方有东西的时候,会不停地闪动大灯。

穿过皇家大桥,沿着巴克路上行,快到圣日耳曼大道的时候,我们停在了蒙塔龙贝路 7 号,皇家大桥的门口。我俩都筋疲力尽,可心情激动极了。

保罗把行李从车子上卸下来，然后驾车驶入了雾蒙蒙的暗夜。他要去找附近的停车场，据说离得不远，只有5分钟路程，他听说晚上把车停在街边不安全。我们的别克车——法国汽修工管它叫"美国的大家伙"——比当地的雪铁龙或标致车大得多，保罗急切地要给它找个安全的地方。我带着行李进了房间，却发现脚下的酒店像"美国"号邮轮一样左右摇晃，看来我还没找回脚踏陆地的感觉。

1小时过去了，保罗依旧不见踪影。我饿了，而且越来越心急。终于，他气急败坏地回来了，说："真见鬼，我开错了方向——本该沿着拉斯佩尔大道往回开的，结果我往前开了，然后又沿着圣日耳曼大道兜了回来，还以为那就是拉斯佩尔大道了，结果开进了一条单行道。于是我把车子停下，走路去找。等到我终于找到了停车场，又找不到车子了！我以为我把车停在了拉斯佩尔大道，可实际上停在了圣日耳曼大道！谁都不知道那停车场在哪儿，也不知道酒店的方向。最后总算把车子开到了停车场……咱们去吃饭吧！"

我们去了圣日耳曼大道上的一家小馆子，尽管没有一样菜比得上王冠餐厅（那顿饭成了我的味觉标杆，每吃一顿饭我都会跟那一顿比较一番），可味道也不错，只是馆子里挤满了观光客，让人失望。我才刚到巴黎几小时，却自认为已经是本地人了。

保罗在美国新闻处的工作职责是"通过平面艺术的手段，把美国政府认为重要的美国生活方式展现给法国人民"。此举的用意是促进两国间友好关系，让法国相信美国是个强大又靠得住的同盟。美国制定马歇尔计划的目的是帮助法国进行战后重建（同时不会干涉法国政府），同时暗示贪婪的

第一章　美丽的法兰西

我在皇家大桥酒店里眺望巴黎

苏联可不值得信任。这任务听上去十分清楚明白。

第一天上班，保罗就发现美国新闻处的展览部门已经数月来无人领导，一片混乱。他要管理8个人，全都是法国人：5个摄影师、2个设计师、1个秘书。这些人士气低落，工作量超过了负荷，可薪水过低，心中颇为不满，同时也缺乏最基本的物资，没法施展拳脚干活。胶卷、相纸、显影剂、闪光灯这些东西几乎都没有，就连必备的办公用品，比如剪刀、墨水、椅子——还有预算——都不见踪影。办公室里的灯一天要坏三四次。由于没有文件夹和文件架，部门里的5万张照片和底片大多塞在破烂的牛皮纸信封或旧包装盒里，堆在地板上。

与此同时，美国的经济合作署，也就是负责管理马歇尔计划的组织却不断发来轻率的、海量的工作指令：为里昂的商品交易会准备几百件参展材料！结识当地所有的政治人物和记者！把海报发到马赛、波尔多和斯特拉斯堡！在大使为300名贵客举办的香槟酒会上保持翩翩风度！为一家美国妇女俱乐部举办一场艺术展！等等。战争期间保罗经历过更糟的境况，可对此他生气地说，这种工作条件简直是"荒谬透顶、天真幼稚、难以置信的愚蠢！"。

我在巴黎城里随意闲逛、迷路、找路；跟修车师傅进行长篇大论、半懂不懂的谈话，探讨修理火花塞的问题，免得发动机"砰砰"抖动；我去逛了一家大商场，买了双拖鞋，又去了服饰精品店，买了一顶漂亮入时的帽子，上面装饰着绿色的羽毛。我这日子过得挺不赖嘛。

在美国大使馆，我领到了物资配给簿、工资条、供给券、旅行优惠券、请假单、身份证件，还有名片。卡弗里大使夫人认为如今使馆内的礼仪有日渐松懈之势，坚持像我们这种外交图腾柱底层的小人物也应当给每一位同级或更高级别的人递交名片：这意味着我要为保罗递出200张名片，为自己递出100张来，呸！

11月5日，《国际先驱论坛报》(*International Herald Tribune*)的头版头条刊登出一条消息：哈里·杜鲁门在最后一刻击败托马斯·杜威，当选美国总统。保罗和我投了民主党的票，自然欢欣雀跃。而我爸爸是个忠实的保守派共和党，对此大为震惊。

从很多方面来说，我爸爸都是个好男人，可我们迥异的世界观让家庭气氛十分紧张，回家探亲对我来说很不自在，更是让保罗如坐针毡。我妈妈卡罗因为高血压已经过世，继母费拉并不关心政治，可出于家庭和睦的考虑，她凡事都顺着我爸爸。我弟弟约翰是个温和派的共和党，妹妹多萝西则站在我这边。对女儿们的自由倾向，父亲生气得很。他本打算让我嫁个共和党的银行家，把家安在帕萨迪纳，安安稳稳地过上传统生活。可要是我真这么干了，八成会变成个酗酒的主妇——我很多朋友都是这样。相反，我嫁给了保罗·查尔德，一个画家、摄影师、诗人、中层外交官，还把我带到了脏兮兮、阴沉沉的法国，真是再开心也没有啦！

看到杜鲁门竞选胜出的消息，我能想象得出帕萨迪纳阴郁的气氛：我爸爸肯定觉得世界末日就要来了。就像巴黎人常说的那样："哎，算你倒霉！"(Eh bien, tant pis!)

巴黎满城都是烟雾的味道，好像着了火。打喷嚏的时候，手绢上会留下泥巴似的脏东西。一部分原因是当时巴黎正经历着历史上最为浓重的雾霾。报纸上说，雾实在太浓，导致飞机无法起飞，横渡大西洋的汽船无法离港。每个人都有"雾事"可讲。有的人实在太担心迷路，以至于整晚待在汽车里；有的人没看清楚开多了1厘米，结果掉进了塞纳河；不少人朝着错误的方向开了好几个小时的车，结果开到了郊区的地铁站，他们只好把车子留在那儿，搭地铁回家，可从地铁站里出来想走回家的时候，又摸不着方向了。浓雾弥漫，甚至飘进了屋。看见家里云雾密布，真让人惊慌失措，觉得快要窒息。

可是，到了在巴黎的第一个星期六，我们却在灿烂的阳光中醒来。那一片晴空让人心旌摇荡，好像帘幕被人一把扯开，大堆大堆的珠宝露了出来。保罗迫不及待地要带我去看看巴黎了。

我们去了双偶咖啡馆，点了份欧式早餐[1]。保罗很开心，因为自从他上次造访（1928年）以来，店里的陈设没有丝毫变化。座椅依旧蒙着橙色的长毛绒布套，黄铜灯具依然没有抛光，还有侍者——八成还有墙角的灰尘——都跟以前一模一样。我们坐在屋外的柳条椅子上，嚼着牛角面包，看着清晨的阳光慢慢照亮烟囱的管帽。突然间，大队人马涌进

---

[1] 法语是 café complet，相对于丰盛的英式早餐，这种早餐较为简单，一般只有面包、咖啡、茶或其他饮料。

了咖啡馆：摄像师、音响师、道具工、演员，其中还有伯吉斯·梅雷迪思和弗朗肖·托恩。他俩脸上化着油彩妆，扮演潦倒的"左岸艺术家"。保罗曾在好莱坞做过杂工和布景师，于是上前跟梅雷迪思聊了聊他的电影，还聊到无论是在巴黎、伦敦还是洛杉矶，电影行业的人都是多么和蔼可亲啊。

我们沿着街道漫步。保罗大步流星地在前面走着，眼光敏锐，留意着周边的一切。他中等个头，谢顶，留着小胡子，戴着眼镜，身穿风衣，头戴贝雷帽，脚踏厚底鞋，将那忠诚可靠的格拉菲相机挎在肩头。我跟在他身后，睁大双眼，嘴巴紧闭，激动得心怦怦直跳。

圣叙尔比斯广场上，身穿黑色套装的婚礼宾客正在喷泉旁互吻双颊，保罗的母亲在 20 年前住过的大楼依旧如昔。他向阳台上张望了一下，发现当年母亲做的花箱还挂在那儿，里面种满了金盏花，但是街角处一幢他最爱的老楼荡然无存了。不远处就是保罗的双胞胎弟弟查理和太太弗蕾迪曾住过的地方，如今已是一片狼藉（被炸弹炸了？）。在奥德翁广场的剧院旁，我们发现一块小小的大理石牌匾，上面写着："谨以此纪念让·巴贺，1944 年 6 月 10 日，在此处为国捐躯。"这座城里，像这样肃穆的纪念物随处可见。

我们穿过塞纳河，在绿草如茵的杜伊勒里公园徜徉，接着走过阴湿的背街，那儿飘散着各式各样的怪味：腐烂的食物、烧焦的木头、污水、陈年灰泥，还有人的汗味儿。随后我们登上蒙马特高地，参观圣心堂，俯瞰城市全貌；下来后，沿着塞纳河返回，经过波拿巴路，在一家名叫"米绍"的老馆子吃了顿不错的午饭。

巴黎的餐馆和美国的相当不一样。走进小小的馆子，你会发现椅上卧着猫咪，贵宾狗从桌子下或是女客人的包里探出头来，角落里还有小鸟在叽叽喳喳，太有意思了。我喜欢餐馆门口的海鲜架，也开始大胆地点菜。我第一次吃白酒贻贝，贝壳上的足丝被摘掉了，贝肉鲜美得超乎想象。还有别的惊喜，比如巴黎当地的梨子，又大又多汁，软甜得可以用汤匙挖着吃。还有葡萄！美国的葡萄真讨人嫌，可巴黎的葡萄精致可爱，散发着甜蜜、幽微、芬芳的果香，真叫人难以抗拒。

探索这座城市的同时，我们尽力尝试各种各样的美食，从时髦小馆到简陋小店，都要去尝尝。总体来说，餐厅越是昂贵，对我们就越不热心，大概是感觉到我们在计算开销吧。红皮的《米其林指南》成了我们的美食圣经，我们喜欢二星级的餐馆，品质和花费都属中等。两个人在这种餐厅吃顿饭大概要 5 美元，还包括一瓶平价葡萄酒。

坐落在巴克路的拐角处，也就是大学路和雅各路交会处的米绍一度成了我们最爱的馆子。保罗是从大使馆的朋友那里知道它的，米绍是一间亲切舒适的二星级餐厅。大家叫餐厅的女老板"老板娘"。她是一位身高 1.3 米的娇小女性，干净利索，长着一头红发，有种高卢人"一点也不能浪费"的节俭作风。她常待在吧台，侍者把客人点的单子带过去，她瞄上一眼，探进小冰柜里把点的食材拿出来——肉、鱼、蛋，不多不少地摆在盘子里，然后送进后厨去。她把酒倒进分酒瓶里，在收银台找零。如果糖没了，她就快步跑到楼上公寓里，从一个棕色的厚纸板盒子里把糖拿出来，舀出刚刚好的量倒到罐子里，一粒糖渣也不会浪费。

尽管惯于节俭，可老板娘有种亲切而微妙的魅力。一般

保罗镜头下的巴黎

保罗镜头下的巴黎

来说，一个晚上你有3次跟她握手的机会：刚进门的时候、饭吃到一半的时候（她会到你桌前逗留一会儿）、出门的时候。她很乐意端杯咖啡坐下来跟你聊会儿，但也只是片刻工夫。遇上客人有好事庆祝，她会过来一起喝杯香槟，但不会久留。米绍的侍者都在60岁上下，待客的态度和老板娘一样，亲切中带着几分矜持。店里的客人们大多是拉丁区的巴黎人，也有少数几个误打误撞找上门来、却没对他人声张的外国人。

那天下午，保罗点的是黄油煎腰子配豆瓣菜和炸薯条。我挑花了眼，但最后还是点了香煎鳎鱼。我没法抗拒它的美味，那种煎得焦焦脆脆的口感啊！我们还点了酒和香软得近乎完美的布里奶酪，整顿饭加在一起是970法郎，约合3.15美元。

饭钱是多少，全看你用什么汇率算。我们这些大使馆的工作人员只能以官方汇率兑换法郎，1美元大约兑313法郎。可在黑市上1美元能换来450法郎，几乎高出三分之一。尽管我们可以多换点，可那是违法的，我们可不敢为了省几个钱，赔上名誉和工作。

下午我们又逛了很久，吃了顿普通的晚餐，李普酒馆的美妙甜点堪称当晚的高潮，为这天画上了精彩的句号。我兴高采烈，保罗也是。我们聊起了"粗鲁的法国人"这一刻板印象：保罗说，20世纪20年代的时候，80%的法国人很难对付，20%的人很有魅力，如今这个比例倒过来了——80%的法国人魅力十足，粗鲁的只有20%。他觉得这大概是战争的影响，但也有可能是他的人生观变了。"我不像以前那么刻薄了。"他承认，"这都是你的功劳，茱莉。"我们相互剖析评价了一番,得出个结论:婚姻和日渐成熟的年纪对我们很有好处。最重要的是,巴黎让我俩乐得飘飘然。

"肚脐上的唇印,空气里的音乐——这就是巴黎啊,老弟。"保罗在给弟弟查理的信中这样写道,"多么可爱的城市!普罗旺斯田鸡腿那么鲜美,教皇新堡红酒那样香醇!还有干干净净的白色贵宾狗和白烟囱。那么多风度翩翩的侍者和领班、风流冶艳的美女,还有漂亮的花园、街道和小桥!咖啡桌前来来去去的人群是那样迷人,有水井和雕像的小庭院是那样古雅僻静!带着蒜味的饱嗝!包裹在丝袜里的秀腿!涂着睫毛膏的浓密睫毛!永远不管用的电器开关和马桶拉绳!哦!瞧瞧!马赛鱼汤!再见![1]"

3
大学路 81 号

"点啤酒的时候人家没有错听成牡蛎,只是这样我就觉得自己会说法语了。"保罗说。可看过一场电影之后(演的是一个笑中带泪的小丑,或是泪中带笑,我们没搞清楚),就连保罗也灰心丧气起来。"看来我的法语水平也是吹牛。"他叹息道。

可起码他能跟人沟通啊。我在巴黎待的时间越长,法语好像越差。过了惊讶于每个人竟然都能听懂我在说什么的初学时期,我开始厌恶自己那笨拙的口音和贫乏的词汇,除了最基本的意思,我没法跟别人沟通,真气人。我的法语发音

---

[1] 原文为法语:Holà! Dites donc! Bouillabaisse! Au revoir!

里 u 比 o 念得更糟。

这种郁闷心情在感恩节达到了高潮。我们前去参加保罗·莫勒和太太哈德莉在家里举办的鸡尾酒会。保罗·莫勒是《纽约邮报》(*New York Post*) 的专栏作家,也在《美国之音》(*The Voice of America*) 做广播节目。哈德莉曾是海明威的太太,20 世纪 20 年代的时候在巴黎初遇保罗·莫勒。哈德莉为人热情又感性,她儿子杰克·海明威在战时也在战略服务处工作,大家都叫他邦比。在莫勒家的感恩节聚会上,一多半的客人都是法国人,可我根本就没法跟人家闲聊。我可是嘴巴闲不住的人,这种沟通问题让我沮丧透顶。当晚回到饭店后,我就宣称:"我要学法语!就算赴汤蹈火也要学会!"

没过几天,我就去贝立兹语言学校报了名:私人授课,每周 3 次,每次 2 小时,外加作业。酷爱文字游戏的保罗给我编了绕口令,让我翻来覆去地念,帮我练习法语里的 r 和 u 的发音:"Le serrurier sur la Rue de Rivoli"(瑞富丽路上的锁匠)。

与此同时,我们找到了一个可租的公寓房子,位置在市中心,面积不小,可格局有点怪异。它位于大学路 81 号的一幢四层楼大宅里,房间在二楼和三楼。这幢宅子是巴黎的经典样式,正面是灰色的水泥墙,有一扇 2.4 米高的宏伟大门,里面有个小小的内部庭院,电梯是敞顶笼式的。大楼的位置很理想,在左岸第七区,离塞纳河只有一个街区,就在

我的美味人生

波旁宫[1]和国防部中间。保罗在美国大使馆的办公室就在河对岸。无论白天还是晚上,都能听见附近圣克罗蒂德教堂报时的钟声,那钟声十分甜美,我很爱听。

12月4日,我们从皇家大桥酒店搬进了大学路81号。住在一楼的是房东太太,高雅贵气的皮埃尔夫人。她78岁了,身材清瘦,一头灰发,一张生动的法国面孔。她常常穿一身黑,脖子上围着黑围脖。她的女儿、女婿以及两个外孙跟她同住,女婿名叫艾维·库埃迪克,我们叫她女儿库埃迪克夫人。地下一层的小公寓里住着门房,是个阴郁、干瘦的老太婆。

皮埃尔夫人很有教养,爱好图书装订和摄影。她的将军丈夫在一战中丧生,又在3个月内连续失去了一双儿女,可她简直像个手工擦亮的旧黄铜防火罩一般,整个人熠熠生辉。她饱经世事,却依然美好、生机勃勃,看到这样的人真叫人开心。我希望等我耄耋之年也能像她一样。她的女儿库埃迪克夫人看上去是个典型的法国贵族女子,体态瘦削,一头深色秀发,气质里带着几分端庄持重。她先生也是个不错的人,客气有礼,但稍有些冷淡,经营着一桩很成功的画廊生意。我们彼此心照不宣地慢慢熟悉起来,最终成了很好的朋友。

保罗和我租了二楼和三楼。搭电梯上到二楼,迎面就是个又大又暗的客厅。皮埃尔夫人的品味还停留在上个世纪,客厅的装潢颇为荒谬,完全是路易十六的风格:天花板

---

1 Chambre des Députés,又名国民议会,是法国政治活动的中心和法律的象征。

高高的，灰色的墙上镶着四重镀金嵌线和嵌板，挂着难看的挂毯，钉着用电的假烛台；窗户上挂着厚厚的窗帘，电门开关不好使，屋里的光线也很微弱。有时候，我不过插了个电熨斗，保险丝就会烧断，气得我火冒三丈。但房间面积很宽敞，挪走了大部分桌椅之后，屋子看起来好多了。

我俩把隔壁的房间用作卧室。这间房子的墙上贴着绿色的壁布，挂着满满当当的装饰盘子、牌匾、雕刻、多宝格之类的东西，把房间弄得像个刚切开的葡萄干蛋糕。我们把绝大多数挂饰摘掉，也挪走了不少桌椅、坐垫、边桌，把这些统统收拾到楼上的一间空房里——我们管它叫密室。为了照顾皮埃尔太太的感受，保罗画了一幅图，把每件东西原来的位置都描了下来。这样等到我们搬走的时候，就可以对着图纸将房间复原。

厨房在三楼，通过一个传菜的小升降机和客厅相连，不过这东西经常坏。厨房面积很大，通风良好，一面墙上开着大扇窗户。屋里有个巨型的炉子，看上去有3米长，半年就能耗掉5吨煤。这个大怪物上头还搁着一个新鲜玩意儿，是个双灶头的小煤气灶，附带一个30厘米见方的小烤炉，只够热盘子和烤土司。厨房里还有个差不多1.2米长的皂石浅水槽，没有热水管线。（我们发现这水槽冬天没法用，因为墙外的那段水管会冻上。）

这幢楼没有中央取暖设施，湿冷得像拉撒路[1]的墓穴。人待在屋里都能呼出大团大团的白雾。所以，我们像地地道道的巴黎人那样，在客厅里装了个难看的圆肚小暖炉，把门

---

[1] 圣经人物，被耶稣从坟墓中唤醒复活。

窗关得紧紧的。我俩整天给这小破炉子加煤添料,而它还给我们一丝微弱的暖意和浓重的煤气味。我俩挤在小炉子前,还真像一对儿:保罗裹着中式棉袄,坐在炉子和45瓦的电灯之间看书;我呢,"风情万种"地套着厚厚的棉大衣,里面穿了数层长内衣,脚蹬又大又难看的红皮鞋,坐在镀金桌子前,用冻僵的手指努力打字写信。噢,多迷人的巴黎!

若是要我跟查理和弗蕾迪两口子住到他们在缅因森林中亲手搭建的小屋里,过条件原始的日子,我一点也不介意,不过既然身处"世界文化之都",要是过得比他们还原始,就没任何意义了。所以我弄了个临时的热水系统(在煤气锅炉上架桶水),开辟出一块洗碗的地方,又弄了个带盖的垃圾桶。我还在厨房的墙上钉了一溜钩子,上面挂上厨具,包括我的戴西牌开罐刀和磁铁刀架,这才让我有了家的感觉。

"大学路81号"太拗口,我们很快就把新家地址简称为"大学路",或是只说"81号"。

大学路的租金中包含了女佣的费用。女佣名叫弗丽达,22岁左右,是个艰难谋生的农村姑娘。她有个心爱的9岁私生女,寄养在乡下。弗丽达住在四楼,条件清苦得吓人。她那儿没有浴室和热水,所以我把三楼的浴室隔出一角给她用。

让女佣帮忙做家务,我还很不习惯,和弗丽达相处需要我们双方的磨合。她做的汤很好喝,可算不上是好厨娘,而且她有个很不好的习惯,总是爱把银餐具胡乱地一股脑倒在桌子上。有天晚上吃饭前,我叫她坐下来,想指点她该怎么干活。我操着结结巴巴的法语,试图跟她讲明白该怎么布置餐桌,怎么从左边上菜,怎么花点心思把活儿干好。可我还没说几句,她就开始抽抽搭搭地哭起来,咕哝着一串法语,

冲到楼上去了。我跟她上楼去,试图再跟她解释明白。我用在贝利兹语言学校学来的虚拟语气跟她说,我希望她过得开心,好好干活,但别太辛苦,等等。结果这引来了更多的抽噎、眼泪和茫然的对视。终于,经过一番磕磕绊绊,我们摸清了对方的脾气。

在法国,雇主应当给员工付社保费用,大概是每3个月6~9美元;我们也给弗丽达买健康保险。这个是公平合理的制度,我们也很乐意帮助她。但对于帮佣这回事儿,我依然心情复杂。部分原因是,我发现自己真的挺喜欢采买东西、打理家务的。

怀着布置新窝的心情,我去逛了市政厅市场,也就是大家常说的"le B.H.V."。这个大型市场里满是便宜的货品,光是走上一圈就要花2个小时。我买了水桶、洗碗盆、扫帚、肥皂搁架、漏斗、插座、电线、灯泡、垃圾桶。我把战利品塞进"蓝光"车子,开回81号的家里,然后再返回去采买更多的东西。我甚至花了90美元买了个全新的炉子。还有一次,我买了一个煎锅、两个炖锅,还有一盆花。

巴黎还处在战后的恢复期,配给的咖啡很快就喝完了,

化妆品很昂贵，质量好的橄榄油简直像宝石一样珍稀。家里没有冰箱，我们就像绝大多数巴黎人一样，把牛奶瓶子放在窗户外。幸运的是，我们从美国带来了餐碟、银餐具、亚麻布、毯子、烟灰缸，而且也可以在大使馆的福利社里买到美国商品。

我准备了一个账本，可很快就灰心了。保罗的薪水是每周95美元。把固定支出分派到信封里之后（4美元买香烟、9美元付汽油和车的检修费、10美元用于保险、杂志、慈善用途）就只剩下15美元能买衣服、旅行和休闲娱乐了。手头不宽裕啊。我们试图拿政府薪水过上小康生活，可这根本就不可能。幸运的是，我还有一小笔家里给的钱，能帮我们应付一下手头的拮据——虽然我们曾下定决心要把这笔钱存起来。

保罗在美国新闻处做的第一个展览亮相了，陈列了一组关于"柏林空运"[1]的照片、地图和文字说明。展览布置在香榭丽舍大街上，美国环球航空公司的办公室橱窗里，吸引了众多路人的目光。与此同时，保罗也慢慢从大使馆的官僚体系里摸索出了应对之道，避免得罪了谁。

他手下的法国员工人数增加到了10个，人人都喜欢这位"希尔德先生"[2]。可他的美国同事们却对他有点摸不着头脑。保罗是个非常优秀的展览设计师，会为精彩的工作成果而自豪，也懂得建立可靠人脉的重要性（"人脉、人脉"，他会这样喃喃低语）。可他完全没有向上爬的野心。对于那些渴望升迁的人来说，和"正确的人"共进午餐或搞好关系

---

1 1948年6月，苏联切断了通向柏林西部的地面交通，西方国家只能使用空运的方式向柏林运送物资。

2 由于法语和英语的发音不同，法国人会把查尔德念成希尔德。

是至关重要的事情,可保罗经常背着相机,在塞纳河畔独自吃个三明治,或是回家来跟我吃剩饭(鸡汤、香肠、鲱鱼、热面包)然后歇个小午觉。这种习惯对他的职业发展可能没什么好处,可那不重要。重要的是我们在巴黎一起享受生活呢。

保罗对自己的画作和摄影作品却"野心勃勃",他会在晚上或周末做这些,不过"野心"也更主要指艺术性,而不是商业价值。他喜欢体育运动,是柔道黑带,也喜欢动手打复杂的绳结或是做木刻。自然,他希望被别人视作艺术家,可他画画和拍照并不是为了追求名利,创作本身给他的乐趣就足够了。

由于办公室人手不够,胶卷短缺,而且美国国务院的很多承诺都没有履行,保罗不得不取消了一次初冬休假来给大使馆里的其他人代班。与此同时,我也自告奋勇去给美国新闻处5万张散乱的照片编号归档。二战期间我做过类似的工作,可这回真是棘手。要给全部底片编出相互参照的条目来,简直是不可能的事,更何况我还希望编出个傻瓜式的系统给其他人(法国人)用。为了找出编目的标准方法,我去了5家大型的照片图书馆,结果却发现压根就没有标准方法。法国的照片归档都仰仗那些工作了30年的女职员——人家嗅嗅底片的气味,或凭借别的什么线索,就能辨认出是哪一张来。

小猫米奈特的到来,让我们这个家变得完整了。这是个狡黠、活泼的小家伙，长着泥巴色和奶油色混合的毛。我们猜它大概是只杂种猫，没准是只驯化了的流浪猫。尽管我们从前在帕萨迪纳养过小狗，可我不算是爱养动物的人。不过保罗和查理很喜欢小动物，而且极其钟爱伯瑞犬——一种毛乎乎、爱流口水的法国牧羊犬，他们称其为"最高贵的品种"。（在华盛顿的时候我们养过一只这样的狗，名叫公爵，可很小就夭折了。惨得很，它是被袜子噎死的。）

小米很快就成了我们生活中的重要角色。它喜欢趁保罗吃饭的时候蹲坐在他的大腿上，趁保罗没盯着盘子的时候，就用爪子划拉点吃的过来。拿一颗抱子甘蓝拴在线上，它就

能玩上好长时间；要么就是卧在暖炉底下，摇着尾巴往外瞅。有时，它还会自豪地叼个老鼠给我们看。它是我养的第一只猫，小家伙真是妙极了。很快，我开始留意各处的猫，它们有的在街巷里悄悄潜行，有的卧在墙头上晒太阳，或是蹲在窗台上俯视着你。这些小东西真是有趣，而且很有主见。渐渐地，我把它们跟巴黎画上了等号。

4
阿里·巴布

保罗和我一心想结交些法国朋友，可这并没想象中那么容易。原因之一在于巴黎满是美国人，绝大多数都很年轻，而且喜欢聚在一块儿。这类人我们认识一些，也挺喜欢他们，可随着时间慢慢过去，我发现他们对我的兴趣减淡了——毫无疑问，我对他们也是一样。例如有两位洛杉矶来的女士，住在左岸，离我家不远，一度我觉得她俩"相当不错"，可没过一两个月，这二位就完全从我生活中淡出了。并不是有意识地疏远，只是自然而然的结果。

离开美国的时候，朋友们给我们写了大把介绍信，推荐我们去结识一些"务必要见"的"朋友的朋友"。可我们太忙又太兴奋了，过了很长时间才顺着名单一个个去见。况且，我们没有电话。

生活中的一些简单物品，只有等到你没得用的时候才会明白它们有多重要，电话就是个例子。搬进81号之后，我们就提交了安装电话的申请，然后干等着。先是有个男人过来造访，看我们是不是真的住在这里；接着又有两个男人过来,"研究研究"我们的情况;最后又有个男人出现了,想问问我们是不是真的想装个电话。整个过程太"法国"了,真是好笑,想想在美国装个电话该有多快,就更觉得好笑了。等待期间,我得去邮局打电话。那儿只有两部付费电话,而且一次只能买一个代用币。打3分钟电话要等上好几个小时,可我觉得挺开心,因为可以跟前台值班的两个法国女郎练法语。她们很好奇,想知道我在美国是怎么办事的,还告诉我各种各样的小道消息和八卦新闻,比如二战的时候谁都干了些啥呀,流感如何像野火一样蔓延啦,还有附近哪儿买东西最便宜。

当我们终于开始给"朋友的朋友"打电话联络时,最先认识的就是伊莲和尤吉斯·保楚塞提斯夫妇。立陶宛人尤吉斯是个沉默内向的艺术史专家,刚刚从耶鲁和纽约大学回来过休假年[1]。伊莲是个性格外向的热心肠,是著名艺术史学家亨利·弗西林的继女,而亨利曾是尤吉斯的导师。这对夫妇有个14岁的儿子,名叫小让,喜欢狂嚼美国泡泡糖,把他的父母气得够呛。我们两家相当投缘,一见如故,尤其是我和伊莲。伊莲是那种喜欢尽情享受人生的人,每到星期天,尤吉斯会一头扎进书本,而伊莲则会迫不及待地跟我和保罗一道去郊外远足。

12月的一个星期天,我们仨开车去了枫丹白露森林。灰暗的天放晴了,露出大片的湛蓝天空,空气清冷,阳光灿烂。我们步行了1小时左右,然后从满满的食篮里掏出吃的:香肠、水煮蛋、法棍面包、甜点,还有一瓶摩泽尔产的

---

[1] 美国大学教授每7年有1次带薪休假年。

白葡萄酒。灰色的岩石上覆满了祖母绿色的青苔，我们靠在上面，享用着野餐。除了山毛榉树上呱呱叫着的乌鸦，这个神奇的地方只有我们三个人。回家路上，我们在小镇埃唐普逗留了一会儿。12世纪的教堂旁有个小咖啡馆，一群当地人喝酒喝得脸庞红红的，沙哑地颤着嗓子唱着小曲，正在庆祝着什么。这场面真叫人开心。

我在法国待得越久，就越是为它心醉神迷，对它的感情也越加深厚。当然我也会思念美国的家人，还有其他的东西，比如化妆品和好喝的咖啡之类的，可美国好像变成越来越远的梦境了。

保楚塞提斯夫妇（简称保楚吧）介绍我们加入了弗西林小组，这个团体里有15~20位艺术史专家，很多都是伊莲继父的门生。他们每周一次在保楚家里碰头，啜饮红酒，品尝点心，满怀激情地争论某些话题。比如说，某个教堂的假耳堂[1]究竟是1133年之前还是之后修建的。聚会的常客有个极为固执的波兰人，名叫路易斯·葛洛德基，还有机智老练的法国人维迪尔，这二位经常就中世纪的秘事相互攻击；让·艾旭，一个魁梧的战争英雄，曾被纳粹关进布痕瓦尔德集中营，他的太太特蕾丝成了我的挚友；还有大学讲师邦尼。这是个活跃的知识分子圈，而且非常法国化，正是保罗和我想寻找的类型。可单凭我们自己是无论如何也不会结识这些人的。

在这些有所建树的艺术史学家中，保罗是唯一一个实干型的艺术家。他在20世纪20年代学过彩色玻璃铸造——那时候他在巴黎制作美国教堂的窗户。尽管他有严重的恐高症，可还是强迫自己爬到高高的房檐上，安装最难弄的几扇窗。因为这个，他还得了个"教堂人猿"的外号。为了表达对弗西林小组的敬意，保罗设计了一个彩色玻璃的大徽章，直径足足有25厘米，上面用简笔画勾勒出每个成员的典型姿态。有了这块独一无二的敲门砖，这个非同寻常的小组迅速地接纳了我们。

---

[1] 也叫袖厅，是罗马和哥特式教堂中的十字形翼部，和主厅呈垂直交叉。

身边尽是佳肴美馔和精致餐馆,家里又有个厨房,还有个懂吃的先生,我下厨的次数越来越多了。下午晚些时分,我会沿着码头从波旁宫逛到巴黎圣母院,一路寻访店铺,四处打听。我会买几瓶都兰出产的"蒙路易之珠"和一些牡蛎,然后钻进三楼的厨房,在炉子前吹着口哨,雄心勃勃地尝试某些菜式,比如淋上特制酱汁的小牛肉配大头菜。

可是除了厨艺,我还有太多东西要学,比如如何采买食材、品尝菜肴,也要去了解所有闻所未闻的美食。我渴望学习更多。

最初的阶段,伊莲成了我的"地陪"兼法语老师。她是个学识相当渊博的导师,没过多久,我的措辞里就带上了她爱用的法国俚语,并且用她的方式看待巴黎了。尽管伊莲对下厨做饭不太感兴趣,可她爱吃,对餐馆相当了解。有天她借给我一本很棒的老式烹饪书,是名厨阿里·巴布[1]写的。这真是本大部头,像大辞典一样厚,几乎有4千克重。这本用老式法语写成的书当时已经绝版,里面满是我从没见过的、让人垂涎的好菜式,而且写得风趣诙谐,附有如何在异国他乡做菜的短小旁白,附录还有解释为何美食家都很胖之类的话题。即使在大晴天,我也爱窝在床上看这本书。"你那劲头,就像个14岁男孩看侦探小说似的。"保罗这话一点不错。

我勤奋地学着法语,如今我能看懂更多东西,日常会

---

[1] 法国名厨,原名Henri Babinski,是位工程师,他以阿里·巴布的笔名出版了这本食谱。

话也更顺畅了。一开始去市场的时候,我只能指指点点,蹦出些最简单的词:"好!这个!好!",现在我去"橄榄小铺"(瑞富丽路上的一家小店,店里摆满了成罐的橄榄和橄榄油)的时候,就可以跟乐呵呵的老板聊上相当长时间了。

我的口味也开始大胆起来,比如尝试了蜗牛。以前我可从不敢吃蜗牛,可现在呢,看着柔嫩的蜗牛在大蒜黄油里煎得噗噗跳,太开心了!还有装在罐头里的松露,味道那么鲜美,带着麝香和泥土的气息,很快就成了我的心头好。

勃艮第路上的市场是我常去的地方,从81号拐个弯就到。我最喜欢市场里的一个卖菜妇人,人们都叫她"当季玛丽",因为她的推车上永远堆满了当季最新鲜的菜蔬。玛丽是位胖胖的、可爱的老妇人,浑身上下充满活力,满是皱褶的脸上长着一双亮闪闪的眼睛,里面满是故事。她无所不知,无所不晓,而且很快就发现了我这个送上门来的学生。每周我都要去她那儿买好几次菜,蘑菇、大头菜、西葫芦。她给我讲解红葱头的一切常识,告诉我如何挑选优质土豆。她乐滋滋地教我哪些蔬菜最好吃、应该在什么时令吃、该用什么方法做着吃。与此同时,她还会给我讲某某人在战时的经历,或是上哪儿去修手表带,明天天气怎么样。这些闲聊对我的法语水平大有裨益,同时也让我感到自己是社区的一分子。

我还在勃艮第路上找到了一家超级好的乳品店。店面非常小,窄窄的,五六个客人一排队就挤满了。这家店的生意非常好,经常排队都排到了街上。老板娘是位健硕的妇人,玫瑰色的双颊,浓密的金发高高地盘在头顶,快活又麻利地在柜台后招呼客人。她身后有个宽大的木头架子,上面摞着大块淡黄色的新鲜黄油，散发着甜香，等待着切成块卖给顾客。黄油旁边的大罐子里装着新鲜牛奶。一旁的柜台上堆着奶酪——成盒的卡蒙贝尔奶酪、大块大块的康塔尔奶酪，还有圆饼状的布里奶酪，各种熟成度的都有——有的刚做出来没多久，还是硬的，有的已经软熟得快要融化了。

在这家店里买东西，你需要耐心地排队等候，轮到你的时候，简明清楚地把你要的东西说出来。在判断奶酪熟成度方面，老板娘是个奇才。如果你要买卡蒙贝尔软奶酪，她会眉毛一挑，问你准备什么时候吃：是今天中午就吃掉呢，还是今天晚上？或是想留几天再吃？一旦你给出回答，她就会打开好几盒，用拇指分别按按软硬，再嗅嗅味道——对啦！就是这个！——然后递给你最合适的那一块。简直神了，她对奶酪的熟成度能精确到小时。有时候即便家里不需要奶酪，我也会去买上几块，只为看看她这手绝活。她一回也没有弄错过。

左邻右舍都在这个小店里买东西，我慢慢地认识了所有的常客。顾客中有一位小女佣，经常牵着主人那条活泼又傲气的黑色贵宾狗出来买东西。我总是碰见她，她也总是穿着一身看不出形状的灰色或棕色的衣服。可有一天，我发现她没带着狗来，而且穿了一件簇新的、整整齐齐的黑衣服。看得出来，每个人都在上下打量她。老板娘一看见她这样子，立刻把这女佣招呼到队伍最前面，殷勤地接待她。当她唇边带着一丝蒙娜丽莎般的笑意，经过我身边走出门的时候，我问旁边排队的客人，为什么小女佣得到了如此特殊的待遇。

"她有新东家喽。"妇人带着会意的神色，"去伯爵夫人家干活啦。看见她今天穿的没有？这派头，好像她自己就是伯爵夫人！"

我乐了，走到老板娘面前买东西的时候心想："这法国大革命算是白忙活了。"

12月中旬，小雪给街上的鹅卵石撒上了一层糖霜，但街上淡薄的假日气氛让保罗和我大为惊异。偶尔的确能看见一个男人拖着棵冷杉横穿过协和广场，或是哪家门前悬着一枝冬青，孩子们在商场门口排队观看人偶。可跟华盛顿和洛杉矶那铺天盖地的圣诞气氛比起来，巴黎别有一番冷静的韵味。

我们和莫勒一家一起过了圣诞节。他们夫妇的年纪比我大不少，阅历也比我丰富，我把他们当父母一样看待。他们带来一个重大消息：邦比·海明威要和一个名叫拜拉·帕克·惠特洛克的爱达荷姑娘结婚了。

巴黎太适合漫步了。街上没几辆汽车，行人只需花上半个小时，就可以轻松地从协和广场走到蒙马特高地。我们喜欢揣一本口袋大小、棕色封面的《巴黎行政区划》地图册，并且有意地不走寻常路线。保罗这个摄影狂，总是肩上斜挎着老相机，兜里揣着速写本。我发觉当你循着艺术家的眼光看世界，你会在寻常景致里发现出乎意料的珍宝。保罗喜欢拍摄建筑的细部、咖啡馆的风景、晾晒着的衣物、市场里的妇人、塞纳河畔的艺术家。而我的任务是当他仔细构图、按动快门时,用我的高个子和长胳膊替他挡住镜头前的阳光。

闲逛的时候,我们发现了鳟鱼餐馆,这个餐馆的老板是鲁昂王冠餐厅老板多杭的堂兄。鳟鱼餐馆十分舒适,位置在圣奥诺雷区旁,美国大使馆的后面。店里的大厨名叫马赛尔·多杭,是个气质出众的老派人物,他的儿子也在餐馆里帮忙。这家店的烤鸡做得妙极了:鸡肉串在烤叉上,在通红的电烤架前旋转着;每过几分钟,一个服务生就把它转一转,然后把滴落到下方烤盘里的肉汁刷回鸡身上,而接汁的烤盘里盛满了烤着的土豆和蘑菇。喔,布雷斯鸡[1]太好吃了!那油滋滋、香喷喷的味道让我意识到,这么久以来,我已经忘了真正的鸡是什么味道了。鳟鱼餐馆的镇店之宝是诺曼底鳗鱼:把腌过的鳗鱼排煮熟,旁边摆上牡蛎和贻贝,浇上用葡萄酒、鲜奶油和黄油做出来的绝妙酱汁,再配上蘑菇。真可谓香得摄人心魄。我从没想过,鱼可以做得这么郑重其事,而且会有如此美妙、如天堂般的滋味。

元旦前的一个寒冷下午,保罗和我逛到了肖蒙山丘公园。在山顶小小的希腊寺庙旁边,我们向蒙马特高地望去。落日薄暮中,氤氲起层层雾气,圣心堂的剪影若隐若现。我们进了一家小酒馆,喝咖啡取暖,隔着脏乎乎的玻璃凝视着这个城市。在保罗的脑袋后面,有只白色的肥猫卧在账本堆上呼呼大睡。一只混血种的大狗在我旁边大声地"汪"了一声,然后懒懒地打起盹来。两只小猴子在折叠椅后大嚼花

---

[1] Poulet de Bresse,法国布雷斯地区出产的著名鸡肉品种,被誉为法国的"国鸡"。

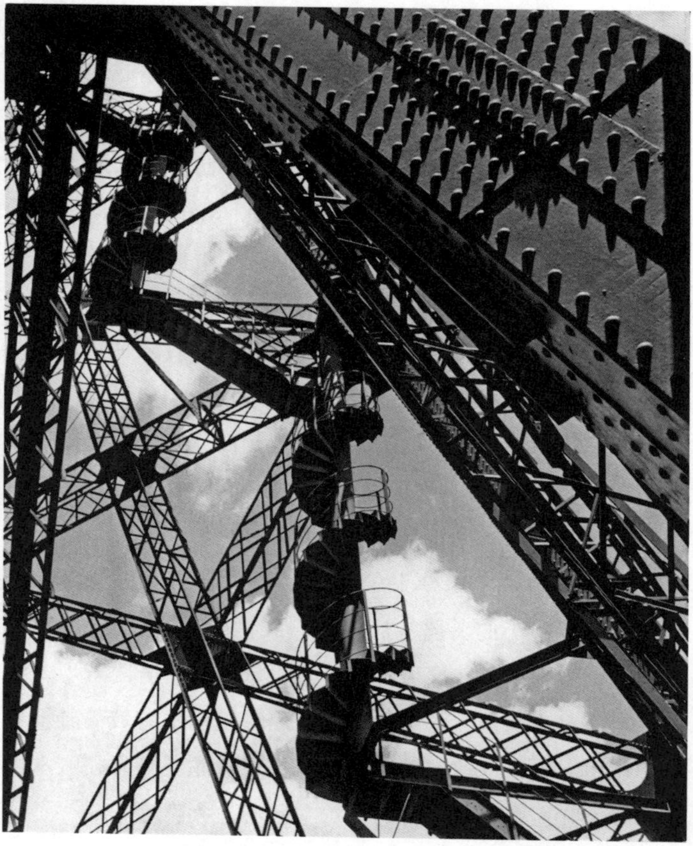

第一章 美丽的法兰西

生，不要命地追打着、尖叫着，弄得周围闹哄哄的。邻桌上，3个男孩子在玩骰子。一个老头正在写信。吧台旁有个邋遢的金发女郎在和一个戴着贝雷帽、架着玳瑁眼镜的男子闲聊。有只白色的胖狗穿了件绿色小衣裳慢慢地溜达过去，女郎咕哝道："哟，那小卷心菜真可爱。"

5
普罗旺斯

"我觉得，带你看看法国的其他地方是我义不容辞的责任。"有一天保罗说。于是1949年2月底，我们俩和伊莲一起开车离开了阴冷的巴黎，向温暖明亮的戛纳驶去。

在离巴黎4小时车程的普伊，一顿丰盛的午餐给这次旅行定下了基调。保罗提前给名厨皮耶哈先生写了信，请他为我们安排一顿"大餐"。皮耶哈先生果然照办了。我们用了3个小时大快朵颐：陶盘派、肉酱、红肠、熏火腿、美式酱汁鱼、鸡血、沙拉、奶酪、酒焰可丽饼，搭配一瓶1942年的普伊芙莫干白。甜点是甜醇柔滑的蜜李干。乐呵呵的大厨过来加入了我们，这道甜品为大餐画上了句号，我们也被彻底征服了。真是美妙绝伦的一顿饭，温暖明亮的幸福感笼罩着我们。

当晚我们在维埃纳过夜，因为皮耶哈大厨的那顿丰盛午餐还没消化完，所以晚餐我们简单地吃了点东西。我们几个人浑身上下都洋溢着满足，就连"蓝光"也舒服得直哼哼。

"不可思议！太美了！"第二天，一片片美景掠过眼前，我们几个齐声感叹道。每块田地都开满了艳丽的花：叶子花、紫雀花、金合欢、雏菊,空气中洋溢着香味。地中海那带着盐味的和煦微风拂面而过,海岸边矗立着陡峭的石崖,顶着白雪的阿尔卑斯山隐约可见。天气晴朗,空气凉丝丝的。到处都这么美丽又芬芳,我的眼睛鼻子都快不够用了。

伊莲快活得像个小麻雀,她有一肚子的艺术史趣事。保罗身上挂着一大一小两个相机,还背着个单筒望远镜,兴高采烈地东拍西拍,一副美国观光客的模样。眼前的美景令人目不暇接:小山顶上矗立着造型优美的城堡,山脚下的桃园里飘起薄雾,一束束阳光投射其间;还有修建于14世纪的精美石桥,深涧里的小溪如同水银一般倾泻而下。我们嘴里咀嚼着牛轧糖,深深地呼吸着鼠尾草的清香。车驶过阿维尼翁的桥下时,我们高唱起"在阿维尼翁的桥上"。我们还坐

在艾克斯郊外的小山坡上,痛饮普伊干白。在米拉马尔,我们和莫勒夫妇会合,一起采撷了大捧的金合欢。入夜时分,我们欣赏着黑暗水面尽头戛纳的闪烁灯火。

这是我第一次来到著名的"蔚蓝海岸",而它早已是保罗心中的珍宝。我被这个地方深深吸引了,部分是因为它让我想起南加利福尼亚,部分是因为这里蓬勃旺盛的生命力。

回巴黎的路上,我们穿山越岭,眼前的景致也戏剧性地变幻着。开满鲜花、温室般的格拉斯[1]换成了寸草不生的土地,巨大的像太妃硬糖一样的石灰岩和飞流直下的河水,那河水源自融化的冰川雪水,呈现出澄澈透明的淡蓝色。山坡上小镇子里的每幢房屋都是用当地上百年历史的石头修造的。我们在卡斯特兰喝了咖啡和开胃酒,从深深的山谷里向上走去,空气清冷,阳光和煦温暖。穿过阿尔卑斯山口,驶入了一个常绿植物和冰雪的世界,小镇子如同长春花般星星点点散落在山间。在格勒诺布尔,我们遇上了一场突如其来的冰雾,后来在莱萨布雷找了一家干净的小旅馆过了夜。

次日早上横穿勃艮第的时候,莫勒夫妇嫌我们这种闲逛速度太慢,于是他们二人加速开回了巴黎。我们乐得悠哉,经过了一连串的小镇子,它们的名字念起来犹如叮当作响的钟琴:蒙哈榭,玻玛,伏旧,沃尔奈,默尔索,夜圣乔治,波恩。修女、红酒、可爱的庭院——有太多赏心悦目的美景了。一天下来,让人心里满满的。晚上八点半,我们回到了大学路,抱着大捧大捧的金合欢回了家。

---

[1] Gresse,法国南部海岸的小城,被誉为世界香水之都。

第一章 美丽的法兰西

春光笼罩了巴黎。西岱岛上的公园里，嫩绿的小草冒出头来，上了年纪的奶奶们、咋咋呼呼的保姆们带着新生儿也露面了。河畔的驳船一个挨一个地拴在一起，缆索上晾满了白床单和短袜。妇人们把粉色的内衣拿出来晾晒、缝补。渔夫们闲坐着，把脚浸在河水里，拿贻贝当零食。猫儿米奈特开始叫春了。它从窗户跳到屋顶上乱叫，在楼梯上上蹿下跳，跃到我膝盖上然后又蹦下去，再卧在毯子上继续嚎叫。兽医说米奈特哪里是什么杂种猫，它是个稀有的西班牙品种，叫作特里克莱（le tricolaire），我高兴极了。在它狼吞虎咽地大嚼我们摘回来的金合欢时，我们给它取了个名字，叫作米奈特·合欢·麦克威廉斯·查尔德。

4月初，我妹妹多萝西到了巴黎。她身高1.9米（我是1.88米），在家的小名是多特。不知为何，我弟弟约翰没有小名。多特刚刚从本宁顿学院毕业，名花无主，也不知道这辈子自己该干吗。所以我喊她来巴黎和我们同住一阵子，不用付房钱。不管哪个精力充沛的美国姑娘听见这个邀请，心里都会乐开花的，于是她跳上第一班船就来了巴黎。

多特来81号的第一天，就给人留下了深刻的印象。她不管自己法语有多烂，抓起电话就给商店打电话。"腻豪！"她大声说道，"请温，腻们几点馆门？……鞋鞋！"

多特比我小5岁，比保罗小15岁。说实话她和我并不算太亲近，刚到巴黎那几天，我觉得我对伊莲的了解恐怕比亲妹妹还多。但多特待得越久，我们就越发亲密起来。

巴黎人对这个"高个子美国姑娘"很有好感，喜欢她那不顾一切想要跟人交流的劲儿。有时候，她的法语会闹笑话。比如有天她跑到理发店去，想去洗头，然后修剪一下头发。于是甜甜地问道："Monsieur, voulez-vous couper mes chevaux avant ou après le champignon?" 发型师一脸不解地看着她，坐在一旁吹头发的姑娘们忍不住大笑起来。原来，多特想问的是："先生，是先剪头发再洗呢，还是洗好了再剪？"结果变成了："先生，是先剪马再剪蘑菇呢，还是蘑菇好了再剪马？"

她还花了1100美元买了辆小巧玲珑的雪铁龙牌汽车。车是黑色的，4个座位，装着小小的发动机。她爱极了这辆车，可买回来第2天就出了毛病。那天下午6点钟，车子的电路短路了，当时正赶上高峰时段，而且就坏在协和广场的正中央，在城市的中心位置引发了一场交通阻塞。到了晚上终于把车子弄回家之后，可怜的多特气得直哭。我们好言好语安慰她，跟她保证一切都会没事的。常给我们修车的师傅检查了一遍，很快多萝西就又开着这辆车到处闲逛、找找工作，以及和那帮旅法的年轻人出去玩到深夜。

6月25日，邦比·海明威迎娶了拜拉·帕克·惠特洛克。

邦比时年25岁，个子不高，满身肌肉，一头硬硬的金发，一张轮廓鲜明的面孔，带着一种阳光的气质。二战期间，他在战略服务处工作，跳伞降落到敌后去组织情报人员团队。德国人抓到他好几次，可每次他都成功逃脱了。如今他在柏林,为美国军方的情报机关效力。婚礼地点之所以选在巴黎,是因为邦比没时间回国结婚,而且他的母亲和继父也在巴黎。况且,这儿可是巴黎啊。

帕克是个坚强又漂亮的爱达荷姑娘,皮肤黑黑的,身材高挑纤细。她曾经在联合航空工作。她的前夫惠特洛克中校是个飞行员,在对德战争中牺牲了。1946年,她和邦比在爱达荷的太阳谷相遇,从那时起邦比就开始追求她。他们俩在巴黎没有熟人,所以我当了伴娘,保罗和多特负责迎接宾客。

婚礼在贝里路上的美国教堂举行,保罗就是在这儿赢

得了"教堂猿人"的外号。主持婚礼的牧师是约瑟夫·威尔逊·科克伦。1926年4月查理和弗蕾迪在同一间教堂结婚的时候，也是他主持的婚礼。这次庆典办得自然质朴，很是完美，恰如莫勒夫妇的为人。宾客接待处颇有些拥挤，来宾里有作家艾丽斯·B.托克拉斯[1]，一个身材娇小的怪异妇人，穿着平纹布衣裙，戴着一顶软塌塌的帽子；还有西尔维娅·比奇，著名的莎士比亚书店的店主。（邦比的老爹海明威没有出席。）天公作美，几缕薄云飘在澄澈的蓝天上，杜伊勒里花园里玫瑰盛开，满眼都是碧绿和明黄。傍晚，我已经沉浸在微醺的香气中：草莓、樱桃、香槟、白兰地、蒙巴齐亚克白葡萄酒、蒙特拉谢白葡萄酒、卡尔瓦多斯苹果酒，身上也沾染上了星星点点的青草汁。

6
大维富餐厅

我们那位感情丰富的女佣弗丽达在另一幢大楼里找了个门房的工作，所以"当季玛丽"帮我们又找了个女佣。新来的姑娘名叫库凯特，每天早上8点到11点来我家兼差干活儿，打扫灰尘，擦亮镀金用品。而她真正的东家是住在街角的亲王和王妃夫妇。

库凯特是个挺可人的姑娘，可有点傻乎乎的，私底下我们叫她"库库"。像弗丽达一样，她也出身贫寒。很自然地，

---

[1] 旅居巴黎的美国著名作家格特鲁德·斯泰因的同性爱人兼助手，她自己也是作家。

她相当尊崇显赫的亲王夫妇。王妃可不是平常的王妃呀,库库上气不接下气地跟我说,人家是"双料"王妃呢,而且是英国人!亲王名叫菲利普·毕(这个姓氏的正确念法应该是"波依")。他有个城堡,而且是个著名科学家的儿子。库库还说他们家里养了4只京巴狗,模样招人爱,而且很通人性。"夫人哪!"库库叹息,说亲王夫妇是那么矜贵、时髦、优雅,那么符合至高无上的巴黎氛围。可家里的狗没人遛,在公寓里到处撒尿。所以,房子闻上去就像个垃圾桶。那王妃碰见这事怎么办?王妃嘛,手边有什么她就抓什么——亲王的衬衫、餐巾纸、睡衣,甚至是她自己的真丝裙子——去擦狗尿。

8月,王妃带着狗儿们去诺曼底度假了,把亲王一个人留在了巴黎。这可不是什么好事,因为他很难伺候。库库会给他做可口的午餐,可不到下午3点亲王不会露面,因为整个上午他都要和一帮狐朋狗友泡在咖啡馆里喝开胃酒。他抱怨土豆的价钱,欠缝外套的老太太400法郎却不肯付。等到他终于前往城堡去度假的时候,他忘了付库库的社保费,以及2000法郎的工资。库库气坏了。可人家是亲王,能拿他怎么办?

没过多久,左邻右舍都听闻库库这进退两难的境地。一个可怕的事实浮出水面:亲王两口子欠整条勃艮第大街的钱!唉,一听见这夫妇俩的名字,从卖菜妇人到卖下水的小贩,都厌恶地摆摆手,一点办法也没有。

亲王夫妇从度假胜地回来之后,情况并没有改善。亲王四处搜寻小钱,然后拿去赌马或是买酒喝。王妃会到著名精品时装店"买"上一件裙子,穿去重要场合露个面,然后再退给店里。简直是丑闻!

终于，库库受够了，发作起来。她告诉亲王，要是没钱买土豆和给她发工资，干脆把亲王的头衔给卖了（或许还有城堡）补贴家用。亲王没理她。等到王妃更加苛刻地对待她时，库库宣布说要撂挑子不干了。可她没走，毕竟自己的东家是亲王，这话说出来还是很有分量的——虽然他俩是一对游手好闲的吝啬鬼。他们欠她不少薪水，她盼着起码能要回来一部分。我觉得这一切真是太有意思了。

有一天，保罗和我正在皇宫花园里闲逛，发现在园子那拱形柱廊的转角处，有家古典风格的漂亮餐馆。我们隔着玻璃窗往里看去。餐室里面金光灿烂，全是镀金装饰，天花板上描着彩绘，墙壁上装饰着玻璃和镜子，地上铺着华美的地毯。店名叫作大维富餐厅。我们无意中闯入了一家最著名的巴黎老餐馆——1750年前后，这家店就开张了。领班发现了我们，招招手请我们进来。此时已快中午时分，尽管我们对这般优雅的风格很不习惯，可还是对视了一下，心想："有何不可？"

店里的客人还不多，我们被安排到墙边一处华美的半圆形长沙发上坐下。领班递来了菜单，随后侍酒师到了。这是一位50来岁的红酒专家，仪表堂堂，很是亲切。他点头自我介绍一下："敝姓伊努克。"渐渐地，餐馆里坐满了人。接下来的两个小时，我们享用了一顿从容又完美的午餐。头盘是盛在小贝壳里的蘑菇酿扇贝肉，浇着酒香浓郁的经典奶油酱汁。然后是一道极妙的鸭肉，还有奶酪和香浓的甜品，最后是咖啡。出门的时候,我们浑身上下笼罩在愉悦里,跟人家握手握了个遍,几乎眼含泪光地跟店家保证,下次一定还来。

漫步回去的时候,我依然鲜明地回忆着那顿饭——我们受到的款待如此殷勤周到,加上坐在那么优美的环境里,我感到深深的快乐。显然,我们俩只不过是一对境况平常的年轻食客,却得到了最为真挚周到的对待,好像我们是贵宾一样。他们的服务娴熟而适度,菜品堪称滋味绝佳。价格挺贵,可就像保罗说的:"周围的一切让你恍若梦中,以至于付账单的时候,你还觉得感激不尽呢。"

自那以后,我们差不多每个月都要去一次大维富,一旦找到窍门——如何获得有钱又懂吃的朋友们的邀请——就更是如此。因为我个子高,性格又外向,而保罗在美酒美食方面知识渊博,所以伊努克先生和店里的侍者们总是给我们最高礼遇。就是在这里,我们第一次看见了"国宝"科莱特。这位著名的小说家住在皇宫区的公寓里,大维富餐厅在店堂最里头的靠墙位置给她留了一个专座。她是个矮小的女人,长着一张引人注目的、凶巴巴的脸,顶着一头纠结的灰色乱发。她像女王一般穿过厅堂,避开了我们的目光,却把每人盘子里的菜打量了一番,然后撇了撇嘴。

7
淡季

报纸上说,1949年的夏天是自1909年以来最为干旱的一季。河床上满是石头,田野变成了烤面包片般的金黄色,草地踩上去沙沙作响。枝头的叶子都干枯了,蔬菜毁了,葡萄枯死在藤蔓上。几乎没有水可供水力发电,人们开始担忧冬天的食品价格。那个时候,空调这东西还没有问世。

到了周末,人人都出城去,找个心爱的秘密野餐地点去乘凉。情侣们骑上双人自行车,男的在前,女的在后。他们打扮得都很相配,比如穿着蓝短裤和红衬衫,戴着白帽子。他们沿着高速公路拼命蹬,有时候前车筐里躺着个婴儿,有时候后车座上卧着个颠来颠去的小狗。

7月4日,美国大使馆举办了上千人的聚会活动,好像全巴黎的美国人都来了,大家一同聊天闲谈。我们惊讶地认出了5个熟人,之前我压根儿不知道他们也在巴黎,其中也包括我们的老友艾丽斯和迪克。他们的举止很奇怪,尤其是艾丽斯,她的态度相当冷漠。我不明白为什么。或许她过得不开心吧。可随后她突然抱怨起来,说她多么憎恨巴黎人,

我从位于大学路的家中窗户看出去

巴黎人都是讨厌鬼,卑鄙、贪婪、狡诈、一点儿也不友善。一天也不想多待啦,她说,并且她再也不会回来。

次日早上,艾丽斯的话还在我耳边回响。我去了市场,我的车子爆了胎,我打破了牛奶瓶子,还忘了拿刚买的一篮草莓。可我碰见的每个人都和善又热心肠,亲切的卖鱼老太太还送了个鱼头给米奈特吃呢。

我对艾丽斯失望又不解。我一度认为她是个善良又有同

理心的朋友,可现在我却没法理解她。跟她正相反,每当我朝窗外看去,都能感到一种纯粹的快乐。我已经得出结论,我一定天生就是个法国人吧,只是没人告诉我这个事实罢了。我热爱这里的人,这里的美食、景致、文化氛围,还有这悠闲的人生步调。

人们都说巴黎的8月是"淡季",是个沉寂的季节。但凡度得起假的人,都忙不迭地出城去了。满城的人们倾巢而出,如游牧部落一般朝着海边的山上挪去,引发了交通拥堵和各种各样的事故。我们喜欢的餐馆、乳品店和洗衣房都空了,卖肉的、卖花的、卖报纸的全都不见了,三个星期之后才会回来。有天下午我去尼古拉斯红酒铺买酒,结果发现除了送货师傅,所有人都走了个精光。送货师傅留下来看店,同时练练嗓子,希望在一出歌剧里谋个角色。他身旁坐着的门房老太太,25年前曾在一位著名的服装设计师(曾在旺多姆广场上开店)的手下当过裁缝。她和送货师傅回忆起往昔的辉煌岁月:拉辛、莫里哀[1],还有喜剧歌剧[2]。看见这幅情景真叫人高兴。看起来,在巴黎你可以和任何人(从拾荒者到市长)讨论古典文学、建筑或者伟大的音乐。

8月15日,我满37岁了。保罗送了一本《拉鲁斯美食大百科》(*Larousse Gastronomique*)给我。这本绝妙的书有1087页,讲的全是烹饪和美食,书里有上千幅黑白插图和16页彩图,满是各种各样的定义、食谱、信息、故事,还

---

[1] 拉辛(Racine),法国剧作家、诗人;莫里哀(Molière),法国喜剧作家、演员、戏剧活动家。

[2] Opéra Comique,盛行于法国19世纪初,早期具有喜剧性内容,以说白与歌唱并用为特征。

有美食烹饪的小窍门。我如饥似渴地读着它，甚至比读阿里·巴布还要迅速和投入。

到这会儿我已经明白，法国美食是我的心头爱。我没法抗拒那纯粹的美妙滋味。可朋友们（法国人、美国人）觉得我不正常：烹饪远非中产阶级的嗜好。他们就是想不明白，我怎么会喜欢干这些事儿呢，竟然愿意亲自采买、烹煮、上菜。可我就是喜欢！保罗鼓励我，让我不必理会别人的意见，只管追求自己的激情。

在大学路，我一直在热情满满地做菜，可总觉得少了点什么。在我看来，对着《拉鲁斯美食大百科》垂涎三尺、跟"当季玛丽"闲聊又或者研读美味馆子的菜单，这些已经不够了。我想要挽起袖子，进入法国美食的世界。可我该怎么做呢？

出于好奇，我去蓝带厨艺学校看了看。这是巴黎最出名的厨艺学校，那里有专业的大厨教授传统法国菜式，认真的学生们来自世界各地。参加了一下午的演示课程之后，我动心了。

下一期课程将在10月份开始。我注册了一门为期6周的密集课程，咂咂嘴巴，期待着那一天的到来。

第二章

蓝带厨艺学校

I
大厨巴格纳德

1949年10月4日星期二,上午9点钟,我走进了蓝带厨艺学校的大门。由于感冒,我双膝酸软,还不停地流鼻涕。这时我才发现,原来我注册的是一整个学年的课程,不是6周的密集培训。一年的学费要450美元,这可不是儿戏啊。可讨论一番后,保罗和我一致同意这门课对我相当必要,我应该投入进去,把它学好。

在大楼顶层一间洒满阳光的教室里,我的第一堂烹饪课开始了。同学是一位英国女士和一位法国女士,年纪跟我差不多大,她们从没下厨做过饭。(让我大为吃惊的是许多法国女性的烹饪知识比我多不了多少;有相当多的一批人对做饭完全没兴趣,可说起下馆子,绝大多数人都是专家。)这种主妇式的课程实在太简单了,两天后我就知道这完全不是我想要的东西。

我去找学校的老板伊丽莎白·布拉萨尔夫人,她从主持这所学校50年的玛莎·迪斯泰手中接管了这桩事业。我跟布拉萨尔夫人解释,我想接受更严格的课程。这位女士个子矮矮瘦瘦，不是个好说话的人。我们讨论了一下我的厨艺水平、学校的高级烹饪课程（专业级别）和中级烹饪课程。她的意思清楚得很：她不喜欢我，也不喜欢任何美国人。"美国人哪里会做菜！"她说道，好像我压根没在她眼前坐着似的。不管怎样，布拉萨尔夫人认定我的水平没到上高级班的程度（也就是为专家开设的6周课程），但可以加入为期1年的"专业餐馆老板"课程。这门课刚好才开始。带这个班的老师是大厨马克斯·巴格纳德，一位经验丰富的专业厨师。

"行啊！"我毫不犹豫地答应了。

这时候，我真想念弟媳弗蕾迪·查尔德。我们在华盛顿相处得那么亲密无间，以至于人们说"双胞胎来了"的时

和巴格纳德大厨学切鸡

候，指的是我和弗蕾迪，而不是保罗和查理。她是个天生的厨艺高手，为了吓唬那两位当丈夫的，我们开玩笑说要开个饭馆，名字就叫"蓝带双姝：查尔德夫人＆查尔德夫人"。

暗地里，我很拿这个想法当回事，打算说服弗蕾迪到蓝带跟我一起学艺。可她没法抽身过来，丈夫和3个孩子还在宾夕法尼亚。唉，我只好单打独斗了。

原来，这个专业餐馆老板课程的学员是11名退伍老兵，他们获得了《退伍军人权利法案》的资助，来这儿学烹饪。布拉萨尔夫人这样安排，到底是因为想整我呢，还是只是为了多赚点美元，我无从得知。可当我走进课堂的时候，那帮老兵让我觉得，我入侵了他们的"男生俱乐部"。幸运的是，二战期间绝大部分时间我都待在男人说了算的环境下，他们可一点儿也吓唬不了我。

这11位老兵极有老兵风范，跟电影里演的一样：和善、热忱、强悍、阳刚十足。他们中的绝大多数都在战时当过随军厨师，或是在美国开过热狗小摊，或是"家学渊源"——父亲是面包师傅或是屠夫。老兵们学厨的时候相当认真，但是有种上"职业学校"的感觉。他们满脑子都是生意经：开个带餐馆的高尔夫练习场啦，公路边的小酒店啦，或是回老家找个不错的地方做自己的生意。在厨房里同学几天，我们相处得很快活，可我瞧着他们没人具备艺术家的素质。

和家庭主妇课程所在的洒满阳光的顶层教室刚好相反，我们这个班开在蓝带学院的地下室。厨房中等大小，摆了两张长长的切菜条案，3个炉子，每个有4个灶头，房间一边放了6个小电烤炉，另一边是冰箱。12个学生加1个老师站在里面，拥挤又闷热。

多亏有大厨巴格纳德当我们的老师。他真是个宝贝！他快80岁了，中等个子，胖鼓鼓的，戴着一副厚厚的圆框眼镜，长着海象式的翘胡子。他的大半辈子都是在餐饮业里过的：起先，他在家里开的乡下馆子里打下手，也在巴黎的好几个优秀餐馆里实习过，在横跨大西洋的轮船上当过厨师，又去了伦敦，在伟大的厨师埃斯科菲耶[1]手下磨炼了3年厨艺。二战开始前，他在布鲁塞尔开了自己的餐馆"味多小馆"。战争毁掉了他的小馆子，可布拉萨尔夫人把他请到了蓝带学院，显然，他热爱这个"手握实权"的角色。谁不爱呢？他可以有规律地上下班、带学生，而且学生们对他的一举一动都既尊敬又喜爱。

　　每天有太多新东西要学，一上来还真有点理不清头绪。我们12个人同时切菜、搅拌、问问题。绝大多数老兵都不适应巴格纳德那连珠炮般的语速，但我很庆幸——学做菜前我就已过了语言关。可就算这样，我也必须随时竖起耳朵，碰上不懂的东西赶紧发问，哪怕是些蠢问题也无所谓。搞不懂的可不止我一个。

　　巴格纳德先教我们基础知识，上手做基本酱汁：苏比斯酱、基础褐酱、半釉酱和马德拉酱。一段时间后，为了在一节课中展示多种烹饪手法，巴格纳德会做一套完整的菜肴给我们看，从开胃菜到甜点一样不缺。所以我们学到了不少东西，比如怎么拌蔬菜沙拉、炖小牛肉、烩洋葱、煎各种各样的可丽饼。我们做出来的所有东西都会在学校当午餐吃掉或

---

[1] 奥古斯特·埃斯科菲耶（Auguste Escoffier），世界著名的大厨和酒店管理人。由于厨艺精湛，获得过"国王的厨师和厨师的国王"的美称。此外，他还制定了欧洲餐饮旅馆业采用的现代厨师制度。

是卖掉。

尽管工作量很大,可巴格纳德有着无穷无尽的耐心,他会不厌其烦地讲解,而且他是个天生的"演员"。他用一套细致的标准训练我们——做任何事情都要用"正确的方法"。他会把做菜的程序拆解成步骤,把它们变得简单易懂。他声音不高,却充满权威,不断向我们强调,要潜心去感受食材的质地和风味:"味道如何,'希尔德'夫人?"

有天早上他问道:"今天谁做炒蛋?"

老兵们一言不发,所以我自告奋勇地承担起炒蛋的职责。巴格纳德专心地看着我的动作。我磕了几个蛋,加入鲜奶油,搅打起泡,把煎锅烧热,滑进一块黄油。黄油在锅里滋滋作响,变成了棕色。

"不对!"我没来得及把蛋汁倒进锅,巴格纳德就惊骇地叫道,"完全不对!"

老兵们的眼睛瞪大了。

大厨巴格纳德脸上挂着微笑,磕开两个蛋,加入一点盐和胡椒。"要像这样。"他一边说一边轻轻地用叉子把蛋黄和蛋白搅开,"别搅得太厉害。"

他拿了块黄油,在煎锅的锅底和锅壁上抹一抹,然后慢慢把蛋汁倒了进去。火开得很小,他专注地盯着锅子。锅里一点动静也没有。漫长的三分钟过去了,蛋汁开始凝结成奶冻的样子。他用叉子快速搅动蛋糊,拉动煎锅,炒蛋渐渐成形了。"要松软,这非常重要。"他解释,"现在,加入鲜奶油或黄油。"他扬起眉毛看着我:"这样锅里的温度就不会继续升高,明白没有?"我点点头。他把炒蛋倒到碟子里,撒上一点欧芹碎,说:"成啦!"

他炒出来的蛋总是很完美。尽管这道菜他必定已经做过上千次，可每次他依旧带着极大的自豪感，开开心心地演示着。巴格纳德强调我们要专心致志，学习正确的技巧，而且要享受烹饪的过程——"没错，'希尔德'夫人，要快乐！"他总爱这么说，"要开心！"

这是难忘的一课。没有任何一道菜会让他烦心，就算是最普通的炒蛋。"你绝不会忘记自己做出来的漂亮成果。"他说，"就算吃下肚，也不会忘记那滋味。它会永远伴随着你——永远。"

他的热情和想法真叫人开心，我将它们吸收消化，变成了自己的一部分。身为地下室教室里唯一的女性，我小心翼翼地表现出一副甜美幽默的样子，可在内心深处我很冷静，心无旁骛地吸收知识，能学多少就学多少。

烹饪课一周周地过去，我渐渐养成了严格的作息习惯。

我会每天早上 6 点半醒来，往睡肿的脸上泼把水，摸黑快速穿好衣服，喝掉一罐番茄汁。6 点 50 分保罗准备起床的时候，我就出门。走过 7 个街区到达车库，我跳进"蓝光"，一路轰鸣着开到福宝大道。在那儿找个车位停好，然后买一份法国报纸，一份美国报纸。接着我会找个温暖的咖啡馆，叫一杯牛奶咖啡，来一个热牛角面包，一边浏览报纸，一边瞧瞧街景。

7 点 20 分，我走过两个街区，来到学校，套上我的"工作服"：一件不合身的白色罩衫，一条蓝色厨师围裙，再把一条干净的洗碗布掖进腰带。接着挑选一把锋利的削皮刀，我开始跟老兵们一边闲聊一边削洋葱皮。

7 点半，大厨巴格纳德到了，我们匆匆忙忙地开始学做菜，直到 9 点半。然后我们聊聊天，收拾收拾。放学时间是 9 点 45 分，我会快速采购点东西，然后回家。到了家我又开始煮菜，用一些比较简单的菜式练练手，比如烤个奶酪塔、煎一碟扇贝之类的。12 点半，保罗回来吃午饭。有时饭后他会小睡一会儿，但大多数时间，他还是会匆匆赶回塞纳河那边，处理大使馆那些十万火急的事儿。

下午 2 点半，蓝带学院的演示课开始了。通常由一位嘉宾厨师带两个学徒，给我们演示三四道菜的做法，比如奶酪舒芙蕾、肉冻镶鸡、奶油菠菜，最后来一个苹果夏洛特蛋糕。上演示课的大厨们都有条不紊、手脚麻利，不会浪费太多时间来"暖场"。他们会在 2 点半准时开始，讲解食材和分量，一边做一边解说。下午大概 5 点钟的时候，我们下课。

演示课程在一个方形的大房间里进行，演示厨房搭建在一个平台上，光线明亮，一排排椅子面向厨房摆好。这场景很像个教学医院，医学院的实习生们围坐在梯形教室里，看着著名的外科医生（在我们这里是大厨）示范如何截肢（在这里是做奶油酱汁）。这是个效率很高的教学方法，很快就能传授大量知识。大厨们展示技艺，同时回答问题。只要付 300 法郎，谁都可以来观摩下午的课程，所以除了蓝带的固定学生，底下坐着的还有家庭主妇、年轻厨师、老年人、街上的闲人和一两个饕客。

我们学做各种各样的菜肴：烤鹧鸪（用美味的卷心菜、豌豆和切成丝的胡萝卜和大头菜装饰）；勃艮第红酒炖牛肉；炸鱼球（很漂亮的一道菜，抽去小鱼的脊骨，把鱼卷成小球，然后放到滚油里炸）；巧克力冰激凌（用蛋黄做的）；蛋糕上的奶油霜饰（把糖浆煮至浓稠，然后打入蛋黄、打发的黄油和调味料，做成厚厚的蛋糕霜饰）。

做演示的厨师水平都很高，其中有两位格外出色。

皮埃尔·蒙哲拉是乐皮克路上"艺术家小馆"的主厨。他将课安排得满满当当，而且上得潇洒利落。他教我们做传统菜式：法式咸派、香煎鳎鱼、酥皮派、肉冻鳟鱼、普罗旺斯什锦蔬菜煲、煨牛肉等。他的菜谱清清楚楚，很容易理解。我大段地记着笔记，回家练手的时候，我发现他讲的东西很容易上手。

另一位明星是巴黎咖啡馆的前任甜点师傅克劳德·提蒙。他曾在圣昂热夫人的门下受训，后者写出了法式家常菜的奠基之作《圣昂热夫人的妙厨艺》（*La Bonne Cuisine de Madame E. Saint-Ange*）。带着至高无上的权威以及甜点师傅那标志性的对细节的关注，提蒙给我们演示千层酥皮、派皮、布里欧修面包[1]和牛角面包的制作方法。可他的拿手绝活是一些别致的甜点——漂亮的水果塔、多层蛋糕，还有赢得满堂喝彩的夏洛特马拉科夫甜品[2]。

在蓝带，我犹如置身纯粹又香喷喷的美食天堂。由于我已经具备了不错的基础知识，这些课程就犹如新点子的催化剂，几乎是在顷刻之间，我的厨艺就有了长进。来这儿学习之前，我经常在菜里加上过多的香料。可现在，我学着使用法式料理的方法，把食材原本的、饱满的香味诱发出来，例如把烤鸡做得鸡味十足。

---

1 Brioche，一种油脂含量很高的面包，质地比一般面包轻盈松软。
2 Charlotte Malakoff，用浸了橙酒的手指饼干和慕斯馅做成的甜品。

突破性的进展出现了。我学会了在烤鸽子的同时给胡萝卜和洋葱上糖色,用收浓的蔬菜汤汁来增加鸽肉的风味;反之亦然,烤鸽子的肉汁也会让蔬菜变得更加可口。有天下午,演示课程讲的是勃艮第红酒炖牛肉,我看得跃跃欲试,一回家就如法炮制。要我说,那是我吃过的最美味的炖牛肉。

但并非一切都那么完美。布拉萨尔夫人在这门课里安插了太多学员,巴格纳德大厨没法一对一指导,而那才是我渴求的。有好几次我有尖锐的问题要问,或是有个不吐不快的好点子,可我没法引起他的注意。但这些困难让我学习得更努力了。

我一向满足于一种轻飘飘、开开心心的日子,很少在乎什么。可在蓝带,在巴黎的市场和餐馆里,我突然发现厨艺是一门博大精深、无比诱人的学问。最恰当的说法是:我爱上了巴黎的美食——它的滋味、器具、制作过程、仪式、历史、无穷无尽的变化、严格的规则,还有花样百出的创意和可爱的人。

除了老公和猫咪,我这辈子还从未对任何事情这么认真过,现在我几乎离不开厨房了。

多有趣啊!仿佛一场苏醒。要是大学路的公寓里原本就配了个技艺精湛的厨子,那该多可怕!我终于找到了人生的方向,这实在太棒了。

"茱莉的厨艺真是长进了。"保罗给查理写信,"悄悄说,其实我原本没抱什么期望,可她真的长进了。她的技艺变得更加简单,却更加经典了……我真嫉妒她有这个机会。要是能跟她一起做菜该有多快活。"

丈夫的支持对我来说至关重要,我一直保持着高涨的学习热情。不过因为我的时间都被蓝带占去了，他只能自己找乐子。保罗参加了"巴黎美国人俱乐部"——一群商界人士和政府官员每周聚会一次，一起吃午饭。在这里，他认识了一个水泵工程师，介绍他加入了另一个人数更少的美国人圈子，这些人都是葡萄酒的狂热爱好者。绝大多数美国人懒得理会法国美酒的知识，哪怕是一丁点儿也不愿学，而这群人对此深感挫败，于是他们共享资源并且请到了皮埃尔·安德里厄先生，他是著名美食美酒品鉴组织"品酒杯骑士协会"的三级骑士，《法国美酒史》（*Chronologie Anecdotique du Vignoble Français*）一书的作者。安德里厄给他们讲解各地区的红酒，回答关于酿酒的问题，教他们搭配菜品。

每隔 6 周左右，这群人就会挑个著名餐馆会面，比如拉佩鲁斯饭店、佩朵克女王烧烤餐厅、铁钩餐馆、李子树小馆，去吃顿美餐并且品鉴一个特定产区的五六种美酒。偶尔他们会离开巴黎，比如去勃艮第的伏旧园探访金丘[1]的所有酒窖。保罗尤其喜欢这个小组织，因为它没有正儿八经的会员制度，不设会长，没有名字，也无须缴纳会费。每顿饭 6 美元，包含食物、酒和小费，堪称是美食史上最划算的聚会了。

2
永远不说抱歉

1949 年 11 月初，街边的下水道里已经落满了湿漉漉的金棕色树叶，天气转凉了，雨每天下个不停。可这恩惠对可

---

[1] 勃艮第葡萄酒产区的北部俗称金丘（Côte-d'Or）。

怜的农民们来说已经太晚。接着天气真的冷了下来。幸运的是，保罗刚给家里装了暖气。为了在那个华丽得不正常的客厅里暖和地待着，我们把暖气开到最大，一屁股坐在暖气片上面，好似一对冻僵了的君王夫妇。

巴黎充斥着各种各样的展览和博览会，你能想到的都有。秋季汽车展、芭蕾演出、艺术展、花卉展等。特蕾丝·艾旭和我去夏乐宫快速逛了一圈，参观每年一度的艺术展。走在四面透风的画廊里，踏在水泥地面上，过了40分钟我俩就冻得嘴唇乌青，牙齿打颤。我们从那里跑出来，猛灌了几杯热乎乎的烈酒充当"防冻剂"。

没过多久，伊莲·保楚就证实了我们的怀疑——巴黎的湿冷能侵入骨髓。她告诉我们，在德军占领期间，巴黎人总结出3个最致命的敌人：第一个，也是最厉害的，是盖世太保；第二，寒冷；第三，持续不断的饥饿。

伊莲的战争故事让我不禁思考起法国人和他们深切的饥饿感来。他们把美食当作艺术形式，把烹饪看作一项"体育运动"，而在钟情之下潜藏着的或许是深切的饥饿感。我怀疑这个民族对美食的饕餮之欲并非源自艺术之光的照耀，而是根植于法国人若干世纪以来那种深刻、黑暗的匮乏感。

保罗和我并不感到匮乏，我们在为未来储蓄。自打我给父亲写了两封政治观点颇为激进的信之后，父亲没有回信。相反，他到银行里给我存了500美元，让我买些得体的冬衣。这让我陷入了两难境地。父亲帮忙，我当然很感激，可我是不是真的想要他的钱呢？唉，我真的想要啊。不过当父亲提出要帮保罗"飞黄腾达"的时候，我们礼貌而坚定地拒绝了。

阴冷的巴黎

1949年11月3日,我们到巴黎整整一年了。当日大雨滂沱,跟一年前的那天一模一样。回首看看,真是成长的一年。保罗的性格也更成熟了,虽说薪水没什么长进,但他的智慧可增进了不少,在艺术方面的洞察力也在不断精进。我的法语水平提高了(尽管仍然不算流利),厨艺也是。法国人的甜蜜、慷慨、礼貌、温柔和人道都告诉我,如果你友善地对待时光,人生将是多么幸福。

可在情感和智力发展方面,我没多大进步,这让我有点心烦。我没有像期望中的那样思维敏捷、谈吐犀利、自信满满。跟温妮和埃德这对美国夫妇吃晚餐那天,这一点表现得很明显。温妮是个天生的热心肠,埃德是个成功的商人,有种粗放的魅力,可观点非常保守。大家讨论起世界经济的话题时,我理屈词穷,最终思维混乱,频频为自己辩护。在埃德的压力下,我对一些重要问题的看法站不住脚了,比如,马歇尔计划是否有效帮法国恢复了生机?该不该成立欧盟?社会主义是否会接管英国?原来我那些观点都是情绪伪装的呀,这可不行!

反省过后,我发觉自己有3个主要弱点:思维混乱(证据是:我了解的事实不充分,整理想法的能力差,不能顺畅地表达观点);自信心不够,这导致我常常放弃已充分申明的立场;太过情绪化,有失理性和缜密。我37岁了,仍然在探索"我是谁"这个问题。

有一天,妹妹和我偷偷练习如何在打电话的时候不让人家听出我们的外国口音。多特用大拇指和食指捏住鼻孔,用尖利的颤声模仿着巴黎人:"是,是,我听着呢!"小猫米奈特本来正卧在花盆上熟睡,听到这声调突然跳了起来,蹦到多特大腿上,照着她的手,充满爱意地轻轻咬了一下。这太神奇了,于是我也试试看——"是,是,我听着呢!"——米奈特给了同样激动的反应。这引得我俩大笑,来了更多句"我听着呢",换来更多亲昵的轻咬。我们的高音想必触动了猫咪神秘的心弦,让它变得这样多情。

多特很快就在巴黎的"老外"圈子里交到了朋友,并且在美国俱乐部剧院的业务部找到了工作。这是个业余的表演团体,领头人是个来自纽约的强悍女人。他们在容纳150名观众的蒙梭剧院里演出。这群演员都是敏感、相当情绪化的人,多特要面对浓厚的紧张气氛还有冗长的工作时间,可薪酬却很低。保罗一点也不喜欢他们,因为他们总在半夜造访大学路,吵吵闹闹,还喝掉家里的好多烈酒。

多特不断地给我们带来欢乐和惊诧。有天晚上,她的朋友安妮来了,一脸惊慌失措的表情。"我坐地铁的时候,有个男人在我屁股上捏了一把。"她说,"我不知道怎么办,如果是你们会怎么办?"

"我会说:'先生,放尊重点!'"保罗说。

"我会飞脚踹他蛋蛋。"安妮的男友彼得说。

多特应声道:"我会说,'先生,放尊重点',然后飞脚踹他蛋蛋!"

有一天,妹妹开着她的雪铁龙小车经过协和广场,一个法国人的车剐蹭了她的保险杠。情形并不严重,那个男人看都没看就开走了。见到这男人如此冷漠,多特气得要死。于是她闪烁车灯,按着喇叭,在引擎的轰鸣与轮胎和地面的摩擦声中展开了追逐。最终,在 10 个街区外,她把那男人堵在了警察面前。我那身高一米九的妹妹,气红了脸从雪铁龙车的天窗里探出头来,修长的手指颤抖着,指着那个肇事的家伙,义愤填膺地大喊:"Ce merde-monsieur a justement craché dans ma derrière!"她想说什么很明显,可她说出来的却是:"这不要脸的男人刚朝我屁股吐口水!"

保罗热爱红酒,可 20 世纪 20 年代时他是个穷艺术家,买不起高品质的好酒。如今他结识了葡萄酒商尼古拉斯,此人的美酒储藏量惊人且品种繁多。其中有些在战时被埋了起来,躲过了万恶的德国鬼子。尼古拉斯在店门上贴了一张语气强硬的告示:"由于藏酒品类珍稀,本店只供应消费需求,恕不满足藏酒之需。若逢数量过大之订单,本店将自行删减。"尼古拉斯把店里窖藏的好酒评为三个等级:佳酿(比如 1926 年的 Clos-Haut-Peyraguey[1],400 法郎一支)、上品(1928 年的 La Mission Haut-Brion,600 法郎)、妙品(1929 年的 Chambertin Clos de Bèze,700 法郎)。更好笑的是尼古拉斯还储有"珍品"(1899 年的 Château La Lagune,要价 800 法郎)和"绝品"(1870 年的 Mouton Rothschild,1500 法郎)。遇上好酒,尼古拉斯会在上酒前一个小时把酒装进暖篮,亲自送酒上门。

---

[1] 此处原文为多个酒庄名,并无固定中文译法,故保留原文。

保罗特别推崇这种注重细节的习惯。在保持条理方面，他自己就是个"顽固不化"的家伙。他参照尼古拉斯的酒单样式，为自己的藏酒做了一份精细的清单，把酒名、年份、价格一一列上。对着这张单子，他和朋友们会一连研究好几个小时。

到了十一月末，我惊讶地发现自己已经在蓝带学习7周了。每天都过得那么开心，时间嗖地一下就过去了，仿佛只过了几天而已。这会儿我可以麻利地擀出相当不错的饼皮，做出一整张比萨来，将一捧干面粉变成新鲜出炉的薄饼只需要30分钟。可我学得越多，就觉得自己懂得越少，我发现自己才刚刚迈进厨房的门槛。要是我还在原先那个6周的课程里学习该有多糟糕啊，八成什么也学不到。

我在蓝带学到的最有价值的经验之一就是：把事情变得简单。拿烤小牛肉为例吧，在大厨巴格纳德的教导下，我只需要把小牛肉用盐和胡椒腌渍入味，再包上薄薄的培根片，把切成丝的胡萝卜和洋葱一起放进锅，加一大匙黄油，烤的时候刷上油脂就行了。简单得不能再简单。肉熟了之后，撇去油脂，加少许高汤、一块黄油和一丁点儿水，在火上收汁几分钟，然后将过滤后的酱汁浇在牛肉上即可。一道绝对美味的菜就完成了。

可以用自己的方法一次又一次做出这么香喷喷的菜，还用不着查书，也用不着想太多，真是太有成就感了。

大厨巴格纳德是调制酱汁的圣手，我最爱的一节课就是他教的"诺曼底鳎鱼"。煎锅中抹黄油，放入 200 克的鳎鱼排，鱼骨那一面朝上，撒上盐、胡椒、切碎的红葱头。接着加入以下材料，分量是刚刚没过鱼排：一半白葡萄酒、一半水、再加上煮贻贝和牡蛎的鲜汁。就这样炖吧。鱼肉熟了之后，一边保持锅的温度，一边做黄油面糊。在面糊中加入一半刚才的炖汁，加热。把剩余炖汁收干到三分之一杯的量，然后再将这收浓的汤汁加入黄油面糊中，在火上搅拌。之后就是大厨巴格纳德的神来之笔：把锅从火上移开，加入一杯鲜奶油和三个蛋黄进行搅拌，最后再加入 340 克黄油。在这么普通的酱汁里加蛋黄是我从没听说过的，但结果却是天差地别。

老天啊，法国的鳎鱼太美味了！

巴黎的绝大多数地区每周都会停 1 次电，持续几个小时。保罗和我很幸运地住在波旁宫附近，出于特殊的政治配给，这片区域不会停电。可到了星期三，蓝带学院所在的区域却总是没电。每逢这种时候，大厨巴格纳德就要想点办法变着花样上课。他经常带我们去市场，光是这种体验就值得设立个研究生学位。

真的，在我看来，在巴黎采买食材的经历改变了我的人生。我天天去勃艮第路菜市，有时也去更大的、位于克里路的市场，而最棒的是巴黎市中心那个著名的、乱中有序的中央市场。正是从这些经历中，我学到了人生中最重要的一课：人际关系的价值。

法国人对人与人之间的气场是非常敏感的，他们相信，有付出才有回报。如果哪位观光客走进食品铺子，先入为主地认为自己要上当受骗了，那么铺子老板肯定能察觉出来，于是会心安理得地坑了这个客人；但如果店主感到来客走进店里很开心，对他卖的货品由衷地感兴趣，那么他会像一朵开放的花儿一般敞开心扉。巴黎的菜贩们坚信，一个人应当用心跟他们打交道。要是我懒得花时间了解他们和他们卖的东西，那么我提回家的菜篮子里就不会装着最新鲜的菜、豆和肉。当然，这"害"得我为了晚餐卖力干活儿，可那是多么美妙的晚餐哪！

　　有个星期三，巴格纳德大厨带我们去了中央市场，为接下来的课程选购食材：肝、鸡肉、牛肉、蔬菜、糖渍紫罗兰。我们在奇妙又杂乱的建筑中费力地穿行——每幢楼里都满是食品摊子和厨具小店。日光之下，应有尽有。我们在各种各样的摊子间闪避着：刚刚宰杀好的兔子、斩好的猪蹄、拆着成篓成篓贻贝的大块头男人、闪动着蓝黑色光泽的贝壳、高喊着叫卖上好蘑菇的热心妇人。与此同时，我还急匆匆地记着笔记：哪个摊子是卖什么的、位置在哪里。这市场像个眼花缭乱的大迷宫，我担心下次来就再也找不到这些摊位了。

　　最后，我们到了德耶兰厨具店。我瞠目结舌。这是一个给餐馆酒店供应厨具的店铺，里面满是各种各样的奇妙玩意和工具：又大又亮的铜水壶、菱形的烧鱼锅、炖鱼和鸡的炖锅、模样古怪的煎锅、小小的木头汤匙、巨大的菜铲、巨型沙拉盘（仿佛是给大象用的），还有各种样式和尺寸的刀、模具、浅盘、打蛋器、盆、黄油刮刀，还有巨大的土豆压榨器。

看到我那副痴迷的样子,巴格纳德大厨把我拉到一边,介绍店主德耶兰先生给我认识。我问了他一大堆问题,很快我们就成了朋友。有次他甚至借钱给我呢。那次我在中央市场里采购,结果法郎花完了,银行又下了班。他知道我会好借好还的,我是他最忠诚的客户嘛。结果,我成了个刀具狂、煎锅狂、小厨具狂——更有甚者,铜器狂!

"茱莉娅的指尖仿佛能迸发出各式各样的快乐火花,像风车焰火似的。"保罗满怀热情地给查理写信,"有天晚上招待客人,她试着做了一道甜点,是她之前看人家做过的⋯⋯一种法式的苹果布丁之类的东西⋯⋯结果相当不错。"

尽管得到了好评,可我离真正的美食高手还差得远。请朋友温妮吃午饭那天就是明明白白的例子:我给她做了一道可怕至极的"佛罗伦萨蛋"——大概除了英国,全世界哪儿都找不到比这更难吃的菜了。我大概是对自己的厨艺太过自信,所以没有按食谱称量面粉,而是凭感觉估计,结果做出的奶酪白酱非常黏稠;菜市场里没买到菠菜,我用了菊苣代替,结果味道也相当吓人。吃午餐的时候,我俩痛苦万分地维持着礼貌,避免提及菜的味道。我没有为此道歉,这是我的原则之一。

一些人总爱为自己做的菜找借口,我对此不以为然。听着某位主妇自我贬低,比如"噢,我不会做菜⋯⋯"或是"真是不好意思⋯⋯""这个菜八成很难吃⋯⋯"之类的话,然后你还得向她保证，所有的菜品其实都香喷喷的、好吃得很（不管真的假的），这简直太恶心了。况且，自我贬低只会让人家注意你的弱点（或是你自认为的弱点），也会让别人想："一点不错，这饭难吃透了！"或许你家的猫掉进了汤里，或许莴苣冻成了冰棍，或许烤出来的蛋糕塌了一块——管它呢！

通常，人的厨艺会比自认为的水平要好。如果做出来的菜真的很差劲，好比我那道"伪"佛罗伦萨蛋，那就咬咬牙，带着微笑勉强吃下去吧——然后从错误中吸取教训。

3
疯狂科学家

1949年末，我们从报纸上读到一种名叫"电视"的东西，听说如风暴般席卷了整个美国。报纸上说，全美上下的人们都在修建"电视厅"，里面有小酒吧，放着塑料座椅，都是为了一连好几个小时盯着那个新奇的魔盒看。报上甚至说，将来公共汽车和出租车里也要安装电视，所有地铁里都能看见电视广告。很难想象这幅情景。据我们所知，巴黎没有电视——想在收音机里找点正儿八经的音乐都够难了。（绝大多数电台播放的都是流行曲，听上去简直像是《巴斯克维尔的猎犬》里烘托荒野气氛的背景音乐。）

有篇文章写电视对美国人的家庭生活造成了可怕的影响，读到它之后，我们问查理和弗蕾迪有没有买电视（他们没买）或者他们是否认识谁家买了电视的（也没有），以及家里没有这玩意儿，侄子侄女们有没有觉得跟不上潮流？

("没有……目前还没有。")

12月中旬,保罗给弟弟写信:

> 看着茱莉在炉子前忙着煎炒烹炸,就像看交响乐队里的定音鼓手表演一样赏心悦目。(如果我不坐下看着她,就根本别想看见她。)……想象一下这画面:茱莉围着一条蓝色牛仔布的围裙,一块洗碗布掖在腰带间,双手各抓一只汤匙,同时搅动着两个锅。定时器的铃声响起,好像指挥台的信号;空气中弥漫着大蒜味的蒸汽,带着芬芳的旋律。烤箱的门开关得那么快,你几乎觉察不到她那麻利的动作——一只勺子伸进了炖锅又送到了嘴边,她在尝味道——就像时机拿捏得刚刚好的双拍鼓点。她站在那儿,身旁围绕着一大串厨具,洋溢着权威又自信的气氛……
>
> 她已经变成了一个专家级的掏内脏高手、去皮高手、剔骨高手。多妙啊,她能把鸡肚子里的所有物件从鸡脖子上的小洞眼里拽出来,然后从这个小洞开始,把鸡皮和肉分开,方便将松露碎粒塞进皮肉之间,弄出豹纹一般的模样。她能给整只鹅去骨,一点也不会弄破皮。你应该看看她是如何给野兔剥皮的——会让你想到那句歌词:"她刚刚从山后过来哟,手里握着短猎刀。"

保罗开始把厨房称作我的"巫师的炼丹房",管我叫"寒鸦茱莉"——这种疯狂的鸟儿会把所有捡到的东西带回窝里:小棍子、廉价珠宝、小物件、绒毛。这是因为我会定期造访德耶兰厨具店,把各式各样的小工具往家里买。如

今，我们家厨房里的刀都够装满一条海盗船的了。我们有铜锅、陶锅、锡锅、搪瓷锅、陶瓷锅；有量尺、量杯、温度计、定时器、开罐刀、瓶子、盒子、袋子、砝码、刨丝器、擀面杖、大理石案板、花里胡哨的压榨器。厨房一边，摆着一排7个阿里巴巴式油罐子，好像一排胖乎乎的士兵，里面盛着常用的浓缩汤汁。另一面墙上钉着钩子，挂的全是量具：一升、半升、四分之一升、十分之一升、二十分之一升。其余地方到处塞着专门工具：黄铜的煮糖锅、烤肉用的长签子、用来刮筛子的龟壳做的椭圆形小工具、圆锥形的漏斗筛，还有专门用来煎可丽饼的小煎锅、烤馅饼的圆圈模具、枫木做的搅铲、无数个装着长铁把手的沉重的黄铜锅盖。我的厨房里塞满了奇怪有趣的小工具,可我总觉得还不够。

有个星期天,我们去了巴黎郊外著名的跳蚤市场,想找件特别的物什:做白斑狗鱼丸用的研钵和捣杵。这道可爱又清淡的鱼丸菜看做起来甚为费事:把鱼片放进大研钵里捣碎,过筛,然后加入鲜奶油,把碗放在大盆冰块中进行搅打,然后做成慕斯。跳蚤市场是如此之大,几乎什么都有。经过好几个小时的搜寻,我终于凭着特殊的厨艺嗅觉找到了它。研钵是深灰色大理石做的,那尺寸和重量几乎比得上教堂里的洗礼池;捣杵看上去就像原始人用野苹果树的粗枝做成的大棒。我一看见这套东西,就知道我要找的非它莫属。保罗看着我,好像我是个疯子。可他知道我就爱这种特殊的玩意儿,于是耸耸肩,微笑着掏出了钱包。然后他深吸一口气,半蹲下去,用上吃奶的力气再加上一点点技巧,把我的战利品扛上了肩。他背着这东西,步履蹒跚地挤过狭小逼仄的市场通道,膝盖酸软,呼哧带喘地回到了车子前。当他把这巨大的研钵和捣杵装上车,"蓝光"猛地往下一沉,哼哼了几声。

这趟采买保罗出了大力气,有足够的理由骄傲自得。一周后,他得到了奖赏——我这辈子第一次做的白斑狗鱼丸。细腻、轻巧、汤匙大小的鱼茸丸子,在调过味的肉汤里煮熟,搭配着奶油酱汁。真是大获成功啊。尽管那阵子保罗十分克制饮食,可他还是狼吞虎咽地把鱼丸吃光了。

从此我一发不可收,在6周之内做出了:兔肉陶盘馅饼、洛林馅饼、肉冻镶鸡、佛罗伦萨土豆丸、费南雪蛋糕、阿尔萨斯酸菜炖肉、香缇鲜奶油、夏洛特苹果蛋糕、柑曼怡舒芙蕾、海鲜烩饭、脆烤奶油蘑菇扇贝、牙鳕鱼球、藏红花炖红鲻鱼、马伦哥酱烩童子鸡、香橙鸭和香槟酱汁多宝鱼。

哇啊!

保罗有根心爱的旧皮带,是他战时在亚洲弄到的。这年8月,皮带扣到了第2个洞,他史无前例地胖到了86千克。他顶住巨大的困难,强迫自己节制碳水化合物的摄入,也控制住了饮酒量,他还去参加了健身班,跟着一群年纪比他小一半的小伙子投掷沉重的实心球。结果到了12月,皮带扣到了第5个洞,标志着全新的苗条身材——77千克。我真崇拜他这种自律的劲头。然而尽管活力十足,保罗却时常有些健康困扰。有些毛病,比如肠胃问题,是他二战期间染上阿米巴痢疾落下的病根,另一些是神经质的结果。(他弟弟一次体检也没做过,他说保罗会把小病小痛全包了,果不其然,查理几乎从不生病。)

小时候,保罗和查理喜欢扭打、赛跑、爬墙头,争强逞能,互相赶超对方。安静下来的时候,这对双胞胎会利用家旁边的一切东西来玩游戏。他俩最爱的游戏之一是用真的针和线来"缝纫"。7岁那年,查理正在缝着,保罗突然趴到弟弟身上想看他在干吗。查理的针脱了手,一下子刺进了保罗的左眼。多可怕的事故啊。保罗戴了一年黑眼罩,左眼从此看不见了。可他从没抱怨过这个,他能顺畅地开车,而且画画的成绩那么好,以至于他后来还教授过透视法呢。

去英国过圣诞节喽!我们去了剑桥,和朋友比克内尔夫妇待在一起。彼得是大学老师，也是个登山家，留着一把大胡子，性格很可爱；玛丽做得一手好菜，曾在伦敦著名的沙得勒之井剧院研习过芭蕾，如今教孩子们跳芭蕾舞。夫妇俩有4个孩子，很爱吃法国菜。我们在厨房里共同准备了圣诞大餐，菜式有：家常鱼排、烤松鸡、柑曼怡舒芙蕾，还有香醇的美酒——其中包括一瓶1929年伊甘酒庄甜白酒，用来搭配舒芙蕾。

接着我们出发去了气氛欢腾的老伦敦城，在那儿闲逛，吃遍了全城佳肴；然后又到了纽卡斯尔，最后去了朋友在赫里福德开的农场。乡间风光如诗如画，处处是大树、牛群、篱笆和覆着茅草的小屋，教人不禁想起湖畔诗人华兹华斯的诗句。不过正如巴黎朋友们事先警告我的那样，这里的饭食每一口都那么难吃。

有天晚上，我们在一家极有特色的都铎时代的小旅馆歇脚，在那儿吃了份炖鸡。鸡皮上黏着细毛，一些肉块上浇着典型的英式白酱汁。哈，我终于尝到这种声名狼藉的酱汁了——法国人在酱汁方面一向很自大。这种酱汁就是面粉和水做的（鸡汤都没加），连咸味都没有。菜真难吃啊，可这是绝妙的文化体验。

英国人承受了那么多苦难，我对他们心怀无上的崇敬。他们都很高尚，会为行人停车让路，称呼"先生"或者"女士"。可一周之后我就要发狂了。那些红润的英国面孔，充满责任感的矜持态度，那种"此事已完成""此事尚未完成"的调调，以及没完没了地大口喝茶和叽叽喳喳聊天的习惯，让我恨不得像个土狼似的干嚎两声。对祖籍英格兰的眷恋从没在我心中唤起过共鸣。

从某种程度上，我觉得自己能够理解英国人的气质，因为这让我想起马萨诸塞州的亲戚们，他们比我要传统、守旧得多。

我的母亲茱莉娅·卡罗琳·韦斯顿（昵称卡罗）在马萨诸塞州多尔顿的一个富庶家庭长大，有9个兄弟姊妹（其中3个夭折了）。韦斯顿家族的血统可追溯到11世纪的英格兰，他们曾在普利茅斯殖民地[1]居住过。我的外祖父创立了韦斯顿纸业公司，是西马萨诸塞州很有名望的公民，曾担任过副州长。

我父亲的家族是苏格兰人的后裔，祖父的名字也叫约翰·麦克威廉斯，来自芝加哥附近的一个农民家庭。16岁时祖父离开农场前往加州淘金，他投资了加州的矿山和阿肯色州的稻田，于19世纪90年代退休回到帕萨迪纳。他活了93岁。我的祖母厨艺相当好，会做香喷喷的烤鸡和好吃的甜甜圈。她的老家在伊利诺伊州的乡下，19世纪80年代，她的家中曾雇有法国厨子——那时候，这是相当常见的事情。

我母亲是史密斯女子学院1900级的学生，她是篮球队长，以一头狂野的红发、直言不讳的脾气和幽默性格著称。我的父亲则是高个子、性格缄默，像个运动员，他1901年毕业于普林斯顿大学历史系。1903年他俩在芝加哥相识，1911年结婚后定居在帕萨迪纳。父亲接管了祖父的地产生意。我出生在1912年8月15日；我弟弟约翰·麦克威廉斯

---

[1] 1620年11月，英国清教徒乘坐"五月花"号登陆北美，在登陆地点建立了普利茅斯殖民地，后来成为马萨诸塞州。

我妈妈卡罗、弟弟约翰和我

三世出生于 1914 年；妹妹多萝西出生于 1917 年。孩提时代，我们偶尔会到马萨诸塞州东部的多尔顿和皮茨菲尔德探访众多姨妈、舅舅和表姊妹兄弟们。在那儿，我知道了自己和新英格兰的渊源。

我一出生就在史密斯女子学院排上了号，1934年从那儿毕业，拿了个历史学的学位。我那中产阶级的父母完全不是知识分子，二战之前我从没结识过饱学之士。在史密斯学院，我学了点表演，还有一点儿写作，也打打篮球。可我是个彻头彻尾的浪漫主义者，做事情只肯花一半心思，在大学的绝大部分时间只是徒增年岁而已。当时有禁酒令，但大学四年级的时候，一群朋友挤进我的车子，开到了霍利奥克的一个秘密酒吧里。多危险，多邪恶啊。那个秘密酒吧开在一家仓库的顶楼，天知道里头都有些什么人？结果那儿的人都挺好，我们一伙人把每样酒水都喝了一遍。绝大多数人都喝得够呛，难受得要死。

我毕业后原本打算当个有名气的女作家。我搬到了纽约，在皇后区大桥底下租了间小公寓，和另外两个女孩子同住。不知道为什么，《时代》(*Time*)、《新闻周刊》(*Newsweek*)、《纽约客》(*The New Yorker*)都不愿意雇我，于是我去了斯隆家具公司的广告部工作。起初我很开心，可一周只能赚25美元，日子过得捉襟见肘。1937年，我回到帕萨迪纳去照顾生病的母亲，2个月后她由于高血压过世了。那年她才60岁。

我帮爸爸打理家务，为红十字会做些志愿工作，觉得人生毫无目标可言。我知道自己不想当个标准的家庭主妇或职业女性，可我不知道自己想干什么。幸运的是，多特刚从本宁顿回到家，所以当她留在家里照顾父亲的时候，我就去华盛顿探访朋友。接着第二次世界大战爆发了，国难当头，我想为国家尽点力。可我个子太高，没法参加陆军妇女军团或海军的志愿紧急服役女兵队，最终我加入了战略服务处，投身世界，寻找冒险机会去了。

有时候我可能非常情绪化，可幸运的是，我有个井井有条的脑瓜，擅长分门别类。我在一个海空联的救援部门工作了一段时间，我们设计了一种信号镜来帮助被击落的飞行员；我还去了"赶鱼"部门，研发驱赶鲨鱼的药剂；接着我被派往斯里兰卡，担任登记处的负责人，保管并处理情报员的高度机密材料。

而保罗和弟弟查理、姐姐米达（比他俩大两岁）是在马萨诸塞州的布鲁克林长大的，那儿是波士顿外围的乡间地带。他们的父亲查尔斯·垂普勒·查尔德是个电气工程师，1902年罹患伤寒过世。那时候，双胞胎兄弟才6个月大。他们的母亲柏莎·库欣·查尔德是位歌手、通神论者、素食主义者。那个年代，寡妇是很难找到体面工作的，可柏莎长得漂亮，有一头长长的蜜金色秀发，还有一副清亮的嗓子。

当时有在私宅里举行"温和"娱乐活动的传统——诗朗诵、演讲、灵修会等。于是保罗拉小提琴，查理拉大提琴，米达弹钢琴，他们组建了一个表演团体，名叫"查尔德夫人和孩子们"。那时的布鲁克林满是来自爱尔兰、意大利的新移民，还有很多犹太移民，黑帮活动很兴盛。有一天，十几岁的保罗和查理穿着灰色的法兰绒西装（他们对此深恶痛绝），背着乐器去演出，结果被一帮流氓拦住了。查尔德家的男孩子可是跟朋友家的日本仆役学过柔道，于是他俩坚守住了阵地。数年后，查理这样写道："像操着笨重的战斧一样，我们挥舞着乐器，令人心惊胆战地叫嚷、咒骂着……我俩上前迎战。哐！小提琴砸到了谁的脑瓜……咚！

查理和保罗

大提琴也上了……好像两个暴怒的日本武士……我们冲进了咆哮着的敌人当中。"保罗和查理打赢了。可当他们穿着扯破的西装,鼻子上带着血,背着砸坏了的琴去见老妈的时候,"查尔德夫人和孩子们"也没戏唱了!

尽管保罗没上过大学,可我认为他是个知识分子,因为他对知识有着真正的渴求。他博览群书,写诗,也时常训练自己的头脑。1944年我们在斯里兰卡相识。保罗从印度的德里过来,在康提领导了战略服务处的展览组,在那儿他为蒙巴顿将军搭建了一个秘密的军情室,描绘地图,比如滇缅公路。

我们驻扎在一个秀丽的老茶园里,透过办公室的窗户,我能看见保罗的办公室。那时我的性格还不成熟,而他比我大10岁,饱经世事;他追求过其他几个女人,可我们渐渐地走到了一起。我们去佛牙寺游览,骑着大象进入丛林(大象知道如何拧开水龙头喝水),而且我俩对当地的美食

和习俗都有共同兴趣。和绝大多数军队机构不同的是，我们这个战略服务处相当奇妙，什么样的人都有：人类学家、地理学家、传教士、精神病学家、鸟类学家、制图师、银行家、律师。他们对斯里兰卡的风土人情非常感兴趣。"啊哈！"我对自己说，"我这辈子都想认识这类人，现在终于碰上了！"

　　之后保罗被委派到中国重庆和昆明，为魏德迈将军设计军情室。我也被派到了昆明，管理档案工作。这时候，我们已经成了情侣。我们热爱纯朴的中国人民和当地的小馆子——拥挤、吵闹得令人惊叹。我俩花了很多业余时间，寻访各种地方美食。

二战结束回到美国后,我们用了好几个月的时间来了解正常生活中的彼此。我们去帕萨迪纳看望了我的父亲和继母费拉,然后驾车穿越美国,和查理和弗蕾迪两口子在缅因待了一阵子。那是 1946 年的夏天,我快要满 34 岁,保罗 44 岁了。在那儿过了几天之后,我们深吸一口气,向大家宣布:"我们决定结婚了。"

"早该结了!"查理和弗蕾迪这样说。

1946 年 9 月,我们举行了婚礼——极度幸福,只是身上带了一点前一天的小车祸留下的伤痕。

当保罗和我从英国回到巴黎,庆祝 1950 年的元旦时,我松了一口气,心里充满快乐。哦,我是多么喜爱甜蜜又自然的法兰西啊!我爱这里人与人之间的温暖情怀,爱它美妙的气味,它的殷勤、舒适,它的自由灵魂!

每年这个时候,巴黎都有很多好东西可买。爱马仕是最广为人知的名店之一,为那些"什么都不缺"的富庶人士开设。店里有几条名贵的丝巾,是我长久以来垂涎的对象,可价钱实在高得吓死人。这家店太时髦优雅了,我只敢去了两次。就算穿上最好的衣服,戴上漂亮帽子,身处那般奢华精致之中,我依然觉得自己像个邋里邋遢的老太太。

我想要变得时髦优雅,充满巴黎格调,可我天生一副大骨架,又长着一双大脚,绝大多数法国衣服我都穿不上。我爱穿式样简洁、美国制造的裙子和衬衫,配一件薄薄的毛衣和帆布鞋。很多次，我不得不从美国邮购衣服，特别是需要漂亮鞋子的时候。有天晚上，我和朋友罗茜（即罗斯玛丽·马尼尔，她也是一个高个子的加州女孩）一起盛装打扮去参加美国大使馆举办的时髦派对。我们花大钱做了头发，穿上最好的礼服裙子，戴上最优雅的帽子，画上最精致的妆容。我们两个人对视了一下，说："还不赖。可算不上惊艳。"我们尝试过了，这是有史以来我俩最漂亮的一次。

1950年的第1周，蓝带恢复了往日的熙熙攘攘。回顾一下自10月以来学到的东西，我意识到自己花了整整两个月全身心地沉浸在学习中，才掌握了这些知识。或者说，刚开始掌握。因为我学得越多，就越是明白一个道理——成为行家里手之前，还有多少东西有待学习啊。

我生平第一次见识到了正确的烹饪手法。我学着花时间（甚至是好几个小时）、花心思准备香喷喷的饭菜。老师们狂热地追求细节，永不会放松要求。巴格纳德大厨反复地向我强调技术有多么重要，比如如何用正确的手法旋转着切蘑菇，才能雕刻出螺旋状的花纹，而且要练习、练习、再练习。"花的力气总是有回报的，'希尔德'夫人！"他总说，"尝味道！尝味道！"

当然了，我也犯过不少错误。起初觉得很伤心，可后来我慢慢明白了：学习如何补救错误或是接受错误，正是成为大厨的一个重要部分。从双手、胃口和灵魂中，我开始渐渐地体会到精致法国菜的感觉。

不上课的时候，我就在家里练习。渐渐地，我变得有点像个"疯狂科学家"了。例如我花了无数个小时研究蛋黄酱，尽管没人觉得这东西有多重要，可我觉得它奇妙极了。如果天气转冷，蛋黄酱就会突然变得很难搞，因为那坨乳状的糊糊会分层；如果橄榄油换了品种或是室温出现变化，这东西就做不出来。我回到操作程序的最开始，科学地研究每个步骤，把心得逐一记下，终于掌握了做蛋黄酱的窍门。到了"研究"结束的时候，我深信，在蛋黄酱这个主题上，我写下的心得比史上任何人都多。我做了那么多次蛋黄酱，以至于保罗和我一口也吃不下了，只得把实验成果倒进马桶，真惭愧呀。可我终于掌握了百试百灵的配方，也真令人骄傲！

我自豪地把这个食谱在打字机上打出来，分发给美国的亲友，请她们试着做做，然后把评论给我发回来。可我得到的只有沉默。嘿，关于酱汁，我还有很多可说的呢，可要是没人想听这些心得，那我把这些完美的边尼斯酱[1]和芥末蛋黄酱冲进下水道里还有什么意义？

我有点生气，可是没死心。我继续前进了。

我做了香喷喷的美式龙虾——把活龙虾斩件（它立马就死了），然后加入白葡萄酒、土豆、大蒜和香料炖煮。4天里我把这道菜做了两遍，余下那两天全用来改进它的食谱。我努力把自己的食谱做得绝对精确又清楚简洁，这是个极好的锻炼，不管我将来要在烹饪领域做什么，都大有帮

---

[1] Sauce Béarnaise，也称伯那西酱汁，是以荷兰酱为基底，加入醋、干白、红葱头和龙蒿等香料做成的浓稠酱汁。

助。我的下一步计划是积累起一批百试百灵的食谱,这样我就可以自己当老师了。

沉浸在厨艺的世界中,我发觉某些深深埋藏着的儿时记忆渐渐浮出水面。我想起了在帕萨迪纳时家里的厨子做的那些饭菜,比如大块的火腿和灰扑扑的烤牛肉,配着蘸了黄油的土豆,这些都是好吃却基础的东西。可始料未及的是,一些埋藏得更深的记忆也回来了——当我还是小姑娘的时候,家里的名厨做过更为精致的美食,比如浇上酱汁的鲜美鱼肉。孩提时代,我极少留意这些真正的厨师,可如今他们的面庞和做出来的菜肴却突然栩栩如生。人的记忆真是奇妙啊。

4
顶级奢华游

大学路对面的墙上贴着醒目的黄纸海报,上面写着"美帝国主义正企图接管法国政府""为了和平而罢工!"之类的话。

冷战是如此寒冷入骨,以至于保罗和我几乎相信苏联人(那些"狡猾的人",保罗这么叫他们)将会入侵西欧。核战全面爆发成了他的噩梦。他一心认定,比起法国对战争的毫无准备,那些吞噬他时间的繁重事务都显得微不足道了。因此,工作中的保罗变得焦躁不安。我郑重声明已经做好准备,要保卫美丽的法兰西,还有像皮埃尔夫人、伊莲·保楚塞提斯、"当季玛丽"和大厨巴格纳德这样亲切可爱的巴黎人!

与此同时，许多美国媒体却声称法国"干坐着，寄希望于在印度支那采取绥靖政策。"这说法荒谬透顶。法国依然处在战争的伤害中：成千上万的男性在德军占领期间死去，国内仅有最少量的工业设施。如今，它又陷入棘手的印度支那战争当中。法国政府相信，为那里的稻田作战，是在"拯救其他国家"。可事实证明，这场战争昂贵无比，而且不得人心。事实上，美国在给法国供应武器，这让战争持续下去，可也引发了民众的反美情绪。全国的罢工和乱子层出不穷。美国站着说话不腰疼，可我看不出法国还能采取什么行动：他们只能设法一天天熬过混乱期，希望一切好转。

有些人对法国全无真正的认识，却喜欢抨击。我的双亲，大个子约翰和费拉，合称"费拉爸"，就属于这一类人。多特和我下定决心要改变这种情况，所以邀请他们到法国来玩。我们想让他们看看，这里的生活和人究竟是什么样子——在我们眼中，这一切是多么温暖，多么令人满意啊。随后，我和多特会陪他们去趟意大利。（保罗不想把珍贵的假期浪费在老丈人和丈母娘身上，这我很理解。）

他们到了，在丽兹饭店住下。父亲看上去就像个真正的老人，从前的他可不是这副模样。他用英语长篇大论地谈论美国的商业和农业，把我们的法国朋友听得一头雾水。由于怕惹上肠胃毛病，他和费拉吃得很简单。妹妹和我已经做好了接受最坏状况的心理准备，可"费拉爸"令人意外地好相处。

4月10日，我们一家四口驱车慢悠悠地开往那不勒斯。法国的高速主干线上充斥着疯狂赶路的卡车以及埋头阅读《米其林指南》的人们，所以我们只能靠边行驶。到了地中

费拉和爸爸

海边，那浓丽的色彩、棕榈树和层层海浪唤起了我们这些加州人的共鸣。

可我觉得这不是真正的旅行。费拉喜欢把在美国杂志上读到的花哨地方逛个遍，可她并不关心究竟到的是什么地方。父亲感兴趣的是法国人的生意经，比起城市他也更喜欢乡间，可是因为关节的毛病，他没法走太多路，而且他对古迹、文化和美酒美食毫无兴趣。当我们开着车子从奥朗日的古罗马凯旋门前呼啸而过的时候，他咕哝道："噢，罗马，唔。"

这些天里，多特和我无休无止地开车、开车、吃饭、再开车。我们在最大、最豪华的餐馆用餐，在最大、最豪华的酒店入住。真见鬼！感觉我们好像哪儿也没去，什么也没做，整趟旅行就是为了让费拉爸在回到帕萨迪纳之后，能跟别人说起"我们去过了法国和意大利"。事实上，我一点儿也不喜欢这种顶级奢华游。没错，酒店房间里有浴室、早餐时有妥帖的服务当然好，而且我也八成没机会再进这些华丽酒店的大门，可在我看来没有一样东西有异域风情。一切都是那么"令人愉悦"地平淡无奇，好像又回到了"美国"号邮轮上。我不喜欢每个人都说一口完美流利的英语，我宁肯费劲地翻字典。

可蒙特卡洛的巴黎饭店是个例外。这个巨大的旧式华厦就矗立在赌场对面。多么盛情的款待！金碧辉煌的餐厅是路易十六时期的风格，装饰着黑白相间的卡拉拉大理石柱、镀金嵌线、丘比特雕像；壁画上描绘着纯洁的裸女，撩拨着林间的清泉；天花板上悬挂着金光灿烂、高度将近25米的枝形吊灯；弦乐队演奏着维也纳华尔兹，等等。这一样样细数起来似乎有点疯狂,可整体效果充满了昔日的优雅风采。晚餐简直登峰造极,服务无可挑剔——每桌都有一个领班、两个副领班、两个侍者和一个打杂小弟殷勤招待。这一切让我们觉得,好像回到了镀金时代[1]一样。

意大利风景宜人,一艘亮闪闪的庞大游艇停泊在菲诺港,只是整个海岸线依然残留着战争的创伤。就连比萨到佛罗伦萨的高速公路也仍然处处是残骸,许多桥梁和通道都尚未修复。这个国家看上去十分穷困。菜式也没给我留下特别的印象,做得并不精致。意大利没有像法国那样让我感到震撼,不过或许这是我痛恨自己不在丈夫身边的缘故吧。

保罗和我喜欢以同样缓慢的步调旅行。他总是懂得那么多东西,总能发现隐藏着的奇迹,留意到古老的城墙,或是嗅出当地特有的气息。我想念他的温暖陪伴。曾几何时我对单身女郎的身份还挺满意的,可如今我没法忍受了!

尽管如此,我真心希望费拉爸喜欢这趟超级奢华的旅行。我也尽了最大努力,扮演他们想要的角色:和善可亲,乖乖听话,不多嘴,对任何事情都不要有想法和感触。

我们飞速地逛了佛罗伦萨、罗马、索伦托、那不勒斯、科莫湖。在碧提宫待了30分钟后,父亲宣布他"受到了熏陶"。这可怜的人恨不得立即回到加州。"我没法跟这些人说话,只能在街上瞎逛。"他嘟哝道,"在家多好啊,在家有舒服的房子,有朋友,而且能开口说话。"老爸的世界富裕、崇尚物质,没有一点点内省,而我已和这个世界相隔万里。

---

[1] 指大约从19世纪70年代到20世纪初,美国经济飞速发展的一段繁荣时期。

他的世界观曾经带给我深远、可怕的影响。想到这些我震惊至极，难怪我在史密斯学院时那样幼稚！

5月3日，我们回到了巴黎。我扑向保罗的怀抱，紧紧地拥抱了他。

回到蓝带，我重新过起了紧锣密鼓的日子，从早上6点半一直忙碌到午夜。除了周末，天天如此。可我对学校的不满越来越强烈了。150美元的学费是很昂贵的，可布拉萨尔夫人对管理细节漫不经心。很多课程都混乱无序，老师们缺乏基本的装备。经过了6个月的密集训练，我班上的11位老兵没有一个人知道法式白酱的配方，也不知道如何用正确的方法清洗一整只鸡。他们一点都不认真，对此我相当生气。

就连巴格纳德大厨也开始重复那些菜了：诺曼底鳎鱼、烤春鸡、煎蛋卷、可丽饼。一遍遍地练习固然有用，我也总算能不假思索地做出不错的饼皮，可我想学到更多的东西。还有那么多东西要学啊！

我想巴格纳德大厨在不动声色地注意我的学习情况，而且对我有了足够的信任，因此他开始把我拉到一边儿，给我讲些不会给"那帮小伙子"讲的东西。带我去中央市场的时候，他会私下里把他最中意的肉贩、菜贩和葡萄酒商介绍给我。

我决定暂停在蓝带的学习了。可我不想失去动力，所以我继续去上下午的演示课程（每节课1美元），也尽量不错过甜点演示课（每节课1.99美元）。同时，我不断地在家里练习。私底下，大厨巴格纳德偶尔会到我家来给我开小灶。

我热爱法国菜的原因之一就是，可以用基础食材变换出无穷多的花样。例如土豆片可以用牛奶和奶酪做，也可以用胡萝卜和鲜奶油做，可以搭配牛肉高汤和奶酪，或者洋葱和番茄，等等。我想全部尝试一遍，我也确实这么做了。我学会了如何专业地做菜，比如用13种方法处理鱼肉，学会用厨房里的专业词汇："petits des"是精切的蔬菜丝；"douille"是裱花嘴，也就是装在裱花袋前面的锡制喷嘴，用于在装饰蛋糕时把奶油挤成花饰。

实际上，我这么疯狂是有原因的：我在为结业考试做准备。布拉萨尔夫人说，只要我觉得准备好了，什么时候考试都可以。我也下定决心要参加考试。毕竟，如果我打算开个餐馆或成立个厨艺学校，什么文凭能比得上法国巴黎蓝带厨艺学校的毕业证书呢？

我知道，我必须不断地磨炼厨艺，直到掌握所有的食谱和技巧，能够在压力之下娴熟运用。考试没有吓倒我，实际上，我期待着那一天的到来。

5
法国国庆日

"Ça y est! C'est fait! C'est le quatorze juillet!"这支法国革命歌曲的调子相当上口，可真要翻译过来，其实也没什么实际意思。我觉得应该是："万岁！我们成功了！7月14日！"

哦，法国大革命当年的狂潮！人们纷纷涌向那些被人憎恨的、象征皇权的符号，尤其是巴士底狱。他们一块砖一块砖地把它拆了，然后把拆下来的砖石撒向全城。有些石头用作了大学路81号的地基。

1950年夏天，查理和弗蕾迪终于带着3个孩子（艾瑞卡、瑞秋和乔）来巴黎看望我们了。大家在巴黎相聚的美梦成真了。同时，保罗和我请了个新女佣。拜《时尚》杂志所赐，我曾经认为法国女佣的标准形象是那种穿着白色上浆围裙的时髦女郎。但曾经的库库改变了这种印象，如今这位珍妮更是永远地打破了它。珍妮是位身材矮小的妇人，微微有点斜眼，顶着一头蓬乱的头发，想法十分孩子气，时常冒出些怪念头。

珍妮非常勤快，绝对忠心耿耿；她和猫儿米奈特迅速成了朋友；开派对时，她比我们还激动。可我们给她起了个绰号，叫"疯珍妮"，因为她的模样看上去挺疯狂的，而且有时候真能干出疯狂的事来。

夏天最热的那几天，家里所有的马桶突然都没法冲水了。这可是亲爱的巴黎啊，我们找不到愿意来修理的管道工。遭了几天罪之后，终于有人来了。经过一番挥汗如雨的清理，管道工发现，有个美国啤酒罐卡在下水管道深处。我问疯珍妮，是不是她把这罐子冲下了厕所，她回答说："是呀，我把垃圾都扔进马桶嘛，这多方便。"唔。维修费用：100美元。

我们准备在7月14日"巴士底日"（法国国庆日）当晚，在传统的焰火晚会开始之前，开一个特别的自助餐派对。压轴菜是小牛肉卷：把小牛肉片里填上馅儿，卷成肉卷，搭配香浓的酱汁趁热吃。派对前两天，我和疯珍妮熬

"疯珍妮"

了一大锅完美的、名厨埃斯科菲耶式牛肉高汤,准备炖肉卷。这可以算是我做过的最精致、最香浓的牛肉高汤了。接下来,我们把小牛肉精心打成肉糜,里面加了相当数量的鹅肝、蘑菇酱、干邑白兰地、马德拉酒。我们还氽烫了甜菜叶,准备做漂亮的盘饰。接着我们把肉糜填进小牛肉片里,放在干净的布里紧紧卷起,放进冰箱备用。我还用一些牛肉高汤做了超级棒的松露马德拉酒酱汁。因为珍妮要回乡下跟家人一起过国庆节,所以13日晚上我们就把一切该准备的都弄好了。为了这个派对,她激动得睡不着觉。

7月14日大清早,我们一家7口早早出门去看国庆游行。我们穿过和谐大桥,沿着香榭丽舍大道往前走到圆形广场的前方,排到了人群前面。很幸运,我们到达的时机刚刚好,大拨人群还没涌进来呢。终于,军乐声响起,仪仗队开始一波波地走上香榭丽舍大道。各式各样的军乐队嘟嘟吹打着,远处走来了穿着笔挺制服的法国步兵和骆驼队;非洲士兵们穿着色彩鲜艳的民族服饰,骑着骏马;法国骑兵军官穿着精美的军装,胯下的坐骑也昂首阔步地走着。时不时地,有人推过加农炮,一队战机挟带着震耳欲聋的轰鸣声俯冲过来,从我们头顶上掠过。

人群欢呼鼓掌,每当一队人马经过眼前,就发出"喔——啦——啦"的赞叹声。这是货真价实的欢庆游行,人们自发地挥洒着爱国热情。看到这幅壮观景象和异国情调,艾瑞卡、瑞秋、乔这几个孩子开心极了。

当天晚上,我们在家里举行了非正式派对,客人大概来了20位。有几位是保罗、查理和弗蕾迪的老朋友,是20世纪20年代他们三个在巴黎过波西米亚生活时结交的,那时候我还没出现呢。其中有一对夫妇是塞缪尔和纳西莎·钱柏林。塞缪尔是个蚀刻画家兼美食作家,写过一本精彩的回忆录《厨房里的克莱门汀》(*Clementine in the Kitchen*),讲的是一个美国家庭和一位超级女佣兼厨艺高手克莱门汀在法国乡下生活的故事。纳西莎协助丈夫工作,同时帮丈夫设计食谱。客人中还有一位突然造访的、鹩鹦模样的女人,她穿着黄褐色的风琴褶衬衫,头戴黄褐色的宽檐帽子。她是那么瘦小,以至于帽子都压住了脸,直到她抬头往上看,你才认出来这是艾丽斯·B.托克拉斯。她总是这样,突然在巴黎的某个地方冒出来。她只喝了杯红酒就走了,没留下来吃晚饭。

一轮优雅得体的香槟和祝酒词过后,我们动手享用起丰盛的自助餐来。牛肉卷获得了惊人的成功:我将肉卷事先在鲜美无比的牛肉高汤中炖煮过,并且浸泡了一会儿,让肉更加入味,最后搭配松露酱汁。看着亲朋好友们开心地享用着美食,每一滴肉汁都不想放过(牛肉卷层次丰富的味道也衬托得肉汁更加香浓),我偷偷地用一个法国厨房里顶级的词汇表扬了自己:无可挑剔。

可焰火庆典就要开始了!晚餐之后我们上了一道漂亮的甜点:一个蛋白糖霜的巧克力慕斯蛋糕,是从附近巴克路上的精美甜品店里买来的。吃完甜点,我们快手快脚地收拾了一下。查理和保罗坚持要我们几个去楼下客厅里等着,由他俩把堆积如山的碗碟提到三楼的厨房里去。下楼时,他俩的脸上染上了干完体力活的红晕。随后我们便一起去蒙马特高地看焰火。

焰火晚会悠然地拉开了序幕,一次一支,烟花在空中划出一道道弧线,好让大家有时间品味艺术之美。灿烂的礼花绽放开来,人群赞叹着。节奏逐渐加快,一连串疾速的震响之后,三声地动山摇的大焰火为庆典画上了句号,人群陷入了带着敬畏的沉寂。大家四散走入温暖的夜色中,纷纷发出心满意足的慨叹。那感觉就像是法兰西终于再度焕发了生机,摆脱了战争的噩梦。

我们跟着欢庆的人群走下蒙马特高地。回到家,等孩子们都睡下后,我上楼去厨房做完最后的清洁工作。兄弟俩干得真漂亮,食物残渣都清理掉了,盘子摞在大水槽里。可他俩把垃圾扔哪儿去了呢?我找来找去。炖完牛肉卷之后,我把那个大汤锅放到地板上,以便将汤汁晾凉。一瞧见汤锅,我就知道坏事了:俩人把垃圾全倒进了锅里——倒进了我那珍贵、喷香、独一无二、无与伦比的牛肉高汤里!

我哀叹一声。已经没法再挽救了,我只能在内心深处呜呜抽泣。我对自己发誓,今后绝口不提此事——也绝不会忘记。

6
水土不服

1950年9月,保罗的胸口和背部出现了奇怪的疼痛,他睡不好,而且总是想吐。通常他不太理会这些毛病,等着身体自己好起来,可这一回不行了。大使馆的医生诊断为神经紧张以及心脏的某种"局部状况",大概是在很久以前的一次柔道事故中留下的。"可能是吧。"保罗耸耸肩,将信将疑。

他又去找了个法国医生。这位沃尔弗拉姆医生碰巧是个热带病症的专家。他看了保罗以前的病历：斯里兰卡、中国、华盛顿，没发现热带病的证据。可检查了保罗的肝和脾脏之后，他认为保罗的症状是阿米巴虫痢疾，他曾经在法国的殖民地见过这样的病例。胸部和背部的剧痛可能是由于肠内虫子产生的气体。保罗不大相信，可经过更多化验之后，沃尔弗拉姆医生真的在保罗体内发现了活的阿米巴虫。治疗方法是打上几针，然后吃药，还要遵循严格的节食计划。保罗做梦都想吃黄油煎腰子，可医生不让他吃浓郁的酱汁和油脂，也不让他喝葡萄酒和烈酒。住在巴黎，身边有个好厨娘，却不能吃任何好吃的东西，这真是极度的折磨呀。

我也开始肠胃不舒服了。从前我拥有"铜肠铁胃"，不管什么时间、什么地点，想吃什么就吃什么，吃多少都没关系。可自打上次和费拉爸一起去了意大利之后，我就失去了这种能耐。回到法国之后，有好几次我都感觉身体里有种奇怪的难受感觉。"肯定是水的问题。"我对自己说。可当我不断地感到恶心、想吐的时候，我心想："啊哈，终于怀孕了！"

我们试过要孩子，可不知道为什么没能成功。挺令人伤心的，可我们没花太多时间去纠结这个问题，也从没考虑过领养。没什么大不了的，我们的生活很充实。我整天忙着下厨，计划朝饮食行业进军。保罗曾经当了很多年的老师，觉得跟孩子们待在一起的时间也够长的了。所以这个问题就搁置了。

一位法国医生给我看了病，说我这顽固的呕吐毛病正是常见的"肝火",还有个别名叫"水土不服"。显然,绝大多数美国人的消化系统都不适应油腻的法国美食。看看我们那些大吃大喝的记录,我对这个诊断结果一点儿都不惊讶。我们每天的午餐基本上是香煎鳎鱼、奶油小牛胸腺这样的菜,再配上半瓶葡萄酒。晚餐可能是蜗牛、煎腰子,再来半瓶葡萄酒。平日里还有连续不断的开胃酒、鸡尾酒和干邑白兰地。难怪我肚子不舒服!在一家好餐馆里,就连做最简单的胡萝卜奶油浓汤也会先把胡萝卜和洋葱在黄油里稍稍煎上10~15分钟,然后再下汤锅。

唉,我采取了清淡饮食,保证了足够休息,但呕吐的问题还是没解决。听说这件事后,沃尔弗拉姆医生说我可能也是在亚洲染上了什么毛病。他给我开了治痢疾的药,然后严格限制我的饮食。真没意思!

保罗和美国文化参赞李·布雷迪正筹划着在大使馆举办一连串精彩的展览,其中包括摩西奶奶[1]的画展、现代艺术博物馆的舞蹈照片展,还有美国的雕刻和画册展。为了举办这些展览,他不得不变成外交官、掮客加恶霸,才能协调法美两国官僚间巨大的文化差异。

法国人那种崇尚个人主义、艺术家的天性让美国专家们很难开展工作。保罗称这批美国人为"马歇尔计划中间人"。

---

1 美国最多产的著名原始派画家之一。摩西奶奶 76 岁时开始绘画,80 岁时在纽约举办了个展,曾引起轰动。

当这些美国专家向法国人提出"有用的"建议,希望帮助他们"提升生产力和利润"的时候,一般的法国人都会耸耸肩,意思是:"你的这些主意毫无疑问挺不错的,可我们有自己的事。每个人都过得很好,没人有问题。有时间我就写写巴尔扎克研究的小论文,我的工头喜欢侍弄他家的梨树。实际上,我们不想像你建议的那样改变。"

美国人甚至无法"恐吓"法国人改掉旧方法。法国人会觉得何必要改换这个规模虽小,却人人满意的系统呢,难道让敌人趁机接管不成?法国人自己是很爱国的,可他们太个人主义了,没法创造出一个惠及整个国家的新体系,而且对新机器的成本、忙忙碌碌的生活方式、变革带来的不稳定等因素心怀疑虑。

这种文化冲突挺有意思的,可是尽管保罗和我从性情上更同情法国,但我们也成了文化差异的受害者。有一次,一位法国朋友带我们去了一家位于右岸的小咖啡馆(是那种藏在偏僻地方的小馆子,只有当地人带你去,才能找得到),把我们介绍给老板娘认识。"我给你带了几个新客人!"朋友自豪地说。结果老板娘看都没看我们,直接挥挥手说:"喔,我的客人已经够多的了……"这种反应在美国是不可想象的。

1950年末,李·布雷迪突然被派往越南西贡担任公共事务官,负责美国新闻处在中南半岛的事务。这可以说是最棘手、最危险的工作了。他将被迫与保大政权[1]合作,而这个政府不是经由民主选举产生的。保罗很是失望,因为美国

---

[1] 指保大帝阮福晪,原名阮福永瑞,是越南历史上最后一个王朝阮朝的末代君主。

政府总是发现自己扶持的人是个懦弱角色：希腊的乔治国王、中国的蒋介石、南斯拉夫的铁托，如今又来了个保大帝。当反对势力问美国政府为何又扶持了一个傀儡、独裁者或恐怖分子的时候（这说法没错），美国政府的特使又该如何回答呢？

保罗在他策划的展览上为参观者讲解

7
艺术家小馆

10月了,天气很冷,可甜蜜多汁的巴黎梨子上市了。尽管肠胃脆弱,我们还是在早餐时就着玉米片和麦片吃了一些。我们喝的是中国茶,比起咖啡来,茶对肠胃的刺激比较小。

哦,实在太冷了。我真痛恨这天气。水管尚未冻上,可气温已有零下两三摄氏度,到结冻的时候了。离开温暖的客厅,走到冰窖一般的其他房间去非常需要勇气。在那些房间里,呼出的气都变成了白雾。每年这个时候我就十分怀念华盛顿那温暖舒适的小房子:只要按个按钮,5分钟之内整间房子都会暖和起来。但我又自我批评了一下:我的生活已经够舒服的了,从没挨过饿,没领略过真正的恐惧,也从未在敌军的铁蹄下生活过。世界上有那么多人过着那样的日子,这么想想对我有好处。

1950年11月7日,我们庆祝了来到巴黎的两周年纪念日。我俩突发奇想决定去艺术家小馆大快朵颐。这个地方在圣心堂附近,我们经常光顾。在波旁宫,我们跳上开往皮嘉尔广场[1]的地铁,朝着蒙马特高地方向步行了几个街区。路上,我们停下脚步,看着张贴在自然主义者酒馆外的裸女照片。有一张好有趣:一排姑娘齐刷刷地提起裙子,露出一溜儿光屁股。正当我们瞧着这个的时候,一个年轻的、语速奇快的捐客连珠炮似的向我们推销,煽动我们去瞧瞧里面的奇风异俗。他滔滔不绝地讲了大概5种语言——法语、德语、

---

[1] Place Pigalle,巴黎有名的声色场所。

意大利语、英语，还有一种怪怪的语言，大概是土耳其语。我们大笑起来，继续沿街往前走，挤进摩肩接踵的人群：有玩射击游戏的，有玩大力士测试的，有玩旋转木马的。我们停下来，用全金属的弓射了 10 支箭，然后在乐皮克路走进了餐馆。

艺术家小馆的店面很小，很干净，只有 10 张桌子（大概 40 个座位），可它的酒窖内秘藏着近 5 万瓶佳酿。就餐区暖意融融，总是充满香味——加了白葡萄酒的鱼高汤正在收汁，上好的黄油里不知道正煎着什么好吃的东西，油醋汁拌的沙拉正散发着清香鲜嫩的气息。

一进门，老板兼领班凯雍先生和负责结账的太太便迎上前来，好像我俩是一对迷途知返的浪子。他们年轻的女儿（多幸运的姑娘呀）正跟蒙哲拉大厨一起在厨房里忙活。蒙哲拉是蓝带里我最喜欢的老师之一，个子小小的，相当热情，长着一头黑发和一双犀利的黑眼睛。他起先是个甜点师傅，和这个特殊圈子里的很多人一样，最终成了技艺精湛的大厨。他有一双优雅的手，灵活熟练得犹如外科医生。我曾亲眼见过他收拾整鸡——拔光细毛、掏出内脏、把鸡斩成块儿——只需要 4 分钟。

8 点半我们开吃了。开胃酒是白中白香槟和黑醋栗甜酒。邻桌坐着一个胖乎乎的比利时人和他丰满的太太，正在吃切片兔肉，啜饮着瓶身落满尘埃的 1924 年勃艮第红酒。跟他们闲聊红酒的时候，我们的第一道菜上来了：炭烤海鲈，鱼肚里塞满了茴香。为了配这道菜，我们喝的是 1947 年的夏龙堡，这是一支汝拉省产的白葡萄酒，酒色犹如黄玉，味道相当特别，几乎有点像西班牙的曼赞尼拉雪利酒。

("这酒是用晒干的葡萄酿的——把葡萄拣出来,高挂起来,风干 6 个月,像葡萄干似的。"凯雍先生说。)随后是保罗点的主菜:两块鹿肉排配栗子泥,佐以红酒酱汁。那酱汁收得那么浓醇,看上去已近似黑色。我的菜是烤云雀配上松软的土豆泥。我们喝了一瓶 1937 年的圣埃美隆。最后是一小块布里奶酪和咖啡。完美的一餐。

到了 11 点,我们成了馆子里的最后一桌客人。蒙哲拉从后厨里出来,跟老板夫妇还有我们坐在一起聊天。我们谈起了法国菜,蒙哲拉说,法国美食如今正在走下坡路。为了应对这种危机,他成立了一个专业厨师协会,人数限制在 50 人,目标是推广经典美食。他们正在合作撰写一本食谱,把全部法餐经典菜式公之于众。他希望能得到财政资助,这样就可以给创新菜品颁发奖项,就像龚古尔文学奖那样。

我们不可避免地聊到了蓝带。蒙哲拉透露说,他觉得学校的专业性正遭到严重损害,因为管理层只想着赚钱,而不是专注于给学生提供高质量的课程。他说学校正在自降标准,有时候甚至连演示课上用的基础调料,例如胡椒和醋都没有,只得差人飞奔去街角小铺买,用的还是大厨自己的钱!这个厨师团体看到了成立竞争学校的机会:做一个真正高标准的学校,传授经典的厨艺。

看到蒙哲拉对这个行业这么投入,还打算采用系统的方法来保证传统的延续,我真是打心眼儿里崇敬他。可就连这么一位精力充沛、深具艺术感的厨师,也得为了保护法国文化不受野蛮主义的侵袭而艰难打拼,可真是令人伤感。回家路上保罗感慨,要是早一年知道这个厨师协会就好了,他就能把经济合作署用于资助旅游业的资金拨给他们,可如今美国政府的关注点已经从黄油变成了枪炮,太迟了。

"最近又扔大饼了没有?"这是伊万·卡曾斯对多特说的第一句话。多特大笑起来,可并没认出他是谁。

伊万来自马萨诸塞,有着爱尔兰血统,身材不高,衣冠楚楚,爱好音乐。二战爆发前,他去佛蒙特的贝宁顿大学看望朋友,坐在餐厅里的时候曾目睹一位个子高得惊人、瘦瘦的活泼姑娘正把一块饼摔到另一个女孩子脸上,然后大笑着逃开。那就是我妹妹。

在巴黎的美国俱乐部剧院,伊万认出了多特。她在剧

举杯祝福多特和伊万

院的业务部工作,而他刚好在剧团里当演员。他任职于经济合作署(也就是管理马歇尔计划的部门),不上班的时候就在剧团里演戏,表演桑顿·怀尔德的《快乐旅程》(*Happy Journeys*)之类的。战争期间,他自愿加入海军,升到了少校军衔,在太平洋上率领一艘鱼雷艇(他几乎被一颗浮动鱼雷给炸上天去)。战争结束后,他在海军的朋友,自称拉里·费林的诗人劳伦斯·费林赫迪说服伊万一起去巴黎"冷静冷静"。在巴黎,伊万跟费林赫迪住在一起,也加入了巴黎的外国人群体。

多特和伊万开始约会,跟剧院里那些沉迷波西米亚情调的年轻人泡在一起。过了一阵子,我们这对"老家伙"建议多特或许该找个房子自己住了。她也觉得到了时候,就在莫布尔塔大道找了个小小的单身公寓,一间面积不大的公寓房。之所以叫这个名字,是因为法国家庭会把这种房子出租给儿子(和女朋友)居住。房子的位置在左岸,靠近亚历山大三世桥,离大学路不远。

圣诞节的时候,我们再次去了英国剑桥和比克内尔一家过节。此时,保罗的胃口好起来了,也胖了几千克,睡得像一根木头一样沉。我的肠胃问题也消失无踪了。因此,在安静的假日里,我们吃了大量当地菜,比如苏格兰松鸡还有洒满香料的蛋糕。圣诞前夜,玛丽和我又做了柑曼怡舒芙蕾,搭配1929年的伊甘酒庄甜白葡萄酒。这依然是个完美的搭配,如今这成了我们节庆的传统。

新年前夜,我们回到了巴黎。我泡了个热水澡,拿了本书窝到了床上。保罗写信。十一点一刻,我们举起盛满普伊芙莫干白的酒杯,庆祝未来,然后睡觉。

8
"惊喜"小牛肉

1950年末，我感觉自己已经做好了准备，可以参加期末考试，取得蓝带学院的毕业证书了。可当我请布拉萨尔夫人安排考试日期的时候——起先是彬彬有礼地申请，然后是越来越坚决地催促——我的请求如同石沉大海，杳无回音。真相是，布拉萨尔夫人和我的关系很紧张。她好像觉得给学生们颁发证书，就如同把他们纳入了某种秘密组织。于是，学校里充斥着嫉妒和不信任的气氛。在我看来，布拉萨尔夫人是个糟糕的管理者，缺乏职业经验，天天陷在细枝末节的琐事和办公室政治里。由于学校声誉在外，世界各地的人们都来到蓝带学艺。可是学校的领导者却缺乏能力，这损害了学校——在世人眼中，或许还损害了法国厨艺甚至是法国本身的声誉。

我敢肯定布拉萨尔夫人如此推三阻四，必定跟钱有关。我选了在地下室上的"专业课程"，而不是她推荐的楼上的"常规课程"（学费更贵），我也从不在学校吃饭，她对从我身上赚到的钱不够满意。可我认为学校校长不该只想着赚钱，而是应该在学生身上下更多功夫，毕竟学生才是（或应该是）她最好的招牌啊。

我等啊等啊，等着考试日期排定。最终，我在1951年3月给布拉萨尔夫人发去一封措辞严厉的信件，写着"我所有的美国朋友，甚至是美国大使本人"都知道我在蓝带"没日没夜"地刻苦学习。我坚持要在4月份回美国探亲之前完成考试——这趟旅行我已经计划很久了。"如果学校里面没地方，"我还写道，"那么我很乐意在设施齐全的自家厨房里考试。"

好些日子过去了，依然没有音讯。我实在受够了，终于跟巴格纳德大厨说了这件事情。他答应给我问问。瞧啊，布拉萨尔夫人立马就把我的考试安排在了4月的第1周。哈！于是我继续练习厨艺，背菜谱，用能想到的一切方法准备着。

考试那天我来到学校，他们递给我一张用打字机打出来的小卡片，上面写着："写出如下菜式中所用的食材，三人份：嫩煮蛋配边尼斯酱、惊喜小牛肉、焦糖布丁。"

我瞪着卡片，不敢相信自己的眼睛。

嫩煮蛋是什么东西？我不记得了。怎么会把它给忘了呢？（后来我发现这玩意儿就是文火煮出来的溏心蛋嘛，剥壳后装盘就行。）"惊喜小牛肉"又是什么？我不晓得。（把小牛肉煎一下，两面铺上碎蘑菇，盖上火腿片，裹到一个纸包里——这就是所谓的"惊喜"——然后放进烤炉里烤成金黄色。）我记得焦糖布丁的准确数量配比吗？不记得。

他奶奶的，真是活见鬼！

我卡了壳，只能凑合着乱做一气。我知道实际操作这部分算是砸锅了。至于笔试嘛，题目是如何熬制褐色高汤[1]，如何做绿色蔬菜，如何做边尼斯酱。我准确而完整地写出了答案，可这也没有消除心中的郁闷。

我对自己非常生气。不记得嫩煮蛋是什么，尤其不记得焦糖布丁的细节，这简直没有任何借口可找。尽管我永远

---

[1] 用烤过的牛骨炖出来的高汤，汤汁呈褐色。

也猜不出"惊喜"小牛肉是个什么玩意儿——用纸包着肉，这根本就是蠢兮兮的花招，就像是那种新婚小主妇第一次在家里的晚餐派对上端出来，让婆婆"惊喜"的菜式。出于浪漫的天性，我一直把注意力放在更有挑战性的食谱上，比如瓦莱斯卡鳎鱼、图卢兹母鸡、威尼斯酱汁。哼！

考题里没有提到复杂的菜或酱汁，没有考到我会使用什么技巧和方法。相反，他们希望我记住最基本的菜谱，也就是印在蓝带学院的宣传小册子上的那些东西。那些是给刚入门的厨师看的，我瞧都没瞧。对于一个在厨艺学校刻苦学习了6个月的人来说（更不要提她花了多少业余时间去市场采买，在炉灶后练习了），这次考试实在太过简单。

我一肚子郁闷，自尊心严重受伤，怒火中烧。最糟的是，这全是我自己的错！

我绝望了，学校永远也不会屈尊给我颁发证书了。我可以在12分钟内把一只整鸡开膛破肚收拾干净，然后斩成鸡块！我会把石首鱼泥塞进鳎鱼肚子里，然后配上白葡萄酒酱汁，做出布拉萨尔夫人绝对想不到的鲜美滋味！我是厨房女王啊，我会做这么多菜：蛋黄酱、荷兰酱、砂锅炖菜、德式酸菜、白汁炖牛肉、安娜土豆、柑曼怡舒芙蕾、朝鲜蓟高汤、肉冻镶洋葱、山鸡肉冻慕斯、炖肉卷、肉冻、陶盘派、肉酱……气死我了，唉！

那天下午，我独自走到了蓝带学院的地下室厨房，打开学校的宣传小册子，找到了考题中的食谱——嫩煮蛋配边尼斯酱、惊喜小牛肉、焦糖布丁。带着伤心和毫无疑问的愤怒心情，我把它们麻利地做了出来，吞下了肚。

第三章

三饕客

I
圆镯美食俱乐部

1951年4月的一个星期五,我邀请了8位圆镯美食俱乐部的成员来大学路家里吃午餐。这个俱乐部的成员全是女性,成立时间可以追溯到1929年。当时曾经有个成员全是男性的美食俱乐部,叫作"一百美食会"(人数限制在100人),为了证明女性也懂得美食的奥妙,一些会员的太太们就联合成立了"圆镯"。如今,绝大多数的圆镯成员都70多岁了,她们家境很好,基本都是法国人,不过会长保莉特·埃特林格夫人是个精神矍铄的美国老太太,平时说话总是一半英语夹杂一半法语。每隔一周的周五,会员们就会在法国电力煤气公司提供的样板厨房里一起吃一顿午餐或晚餐,还会上一节美食课:专业大厨一边演示、一边讲解的时候,会员们便叽里呱啦地聊八卦,有时候打打下手,比如干点剥皮、去籽之类的活儿,然后坐下来享用一顿丰盛的美食。

埃特林格夫人想增加几个美国会员,于是在她的盛情邀约之下,我在几个月前加入了这个俱乐部。俱乐部的活动有趣极了,我也认识了形形色色的法国女士,还学到了不少厨艺。

我怂恿俱乐部把午餐聚会放在我家,因为我喜欢这些会员对美食的热情,希望对她们多些了解。可我真正的目的是想帮助巴格纳德大厨,他从蓝带退休了,正在找承办宴席和讲授私人厨艺课的机会。这意思我从没明说,但我的计划是,让巴格纳德大厨做出艳惊四座的美食,让客人们想要亲自聘请他。

会员们都是不肯马虎的人。我忙着掸灰扫地收拾屋子的时候,突然发现最爱的那套奥巴涅陶瓷餐具有点过于粗陋了,而且墙上有好几处的旧墙纸也都耷拉下来了。于是我不得不下楼去向皮埃尔夫人借了一些雅致的银餐具。家里的漂亮红酒杯倒是现成的。刚刚布置好这一切,门铃就响了。

8位客人年纪从45岁到73岁不等,个个都是优雅的法国女郎,眼睛里闪动着敏锐且期待的神情。

巴格纳德大厨端上来的前菜是海鲜:在蟹肉和虾肉里加上香料和蛋黄酱,捣碎后盛在酥皮里,旁边放上烤吐司。然后是令人惊叹的炖母鸡:用事先在黄油中煎过的胡萝卜丝、韭葱丝和洋葱丝铺底,放上在白葡萄酒和白高汤中煨熟的鸡肉,然后浇上厚厚一层用蛋黄和鲜奶油做成的酱汁。最后的精彩甜点是"烈焰橙香可丽饼",那闪烁跳动的火苗极具戏剧效果。

吃完这顿饭,会员们带着开心、满意的微笑,一致承认这位亲爱的大厨奉上了一顿精致佳肴。

每当圆镯俱乐部聚会的时候,成员的先生们(他们自称"被遗弃的王子")就聚在一起,找个绝佳的馆子一起吃午餐。保罗对此流露出明确的渴望,而第一次"王子聚会"也的确没有让他失望:"这么多年来,我一直在寻找这样高素质、有智慧、有文化的饕客。"遇上特殊日子,圆镯成员们也会和"王子们"一起吃饭。有一次,我们一行30多人去了乡下,在一家迷人的农场小饭馆吃饭;还有一次,我们组了个50人的团队,找了个导游去参观波旁宫。在那儿,我们参观了演讲厅、古老的图书馆,欣赏了壁画和雕像,还在附属的餐馆里吃了一顿丰盛大餐。就像加入了弗西林小组一样,结识了这些谈得来又非常"法国"的朋友,我们深感幸运。

有天夜里,我们出门去探索巴黎城。以前在战略服务处认识的两个朋友珂拉·杜博伊斯和珍妮·泰勒加入了我们,一起去银塔餐厅[1]吃晚餐。这家馆子样样都好,只可惜价格太昂贵了,以至于所有的食客都是美国人。11点半,我们开车到了画家云集的小丘广场,奋力挤过窄巷里招徕生意的商贩和摩肩接踵的游客。在狡兔酒吧,我们付了两千法郎,费力地挤到后排的板凳上坐下。酒馆里烟雾缭绕,一个小伙子在立式钢琴前弹着布吉舞曲。我们点了白兰地渍樱桃,可一直没上来。终于一个男中音唱了4支法国传统民歌。随后我们又挤到酒馆外,大口呼吸着深夜里清冽的空气。我们

---

[1] Tour d'Argent,巴黎最著名的餐厅之一,创建于1852年,传承着由地道法式烹饪技法做出的精致美食。

夜幕下的中央市场

沿着圣心堂前的石阶漫步,俯瞰整座城市。月光下的巴黎安详静谧,城市好像一直伸展到了天边。

接着我们朝皮嘉尔广场走去,走进了自然主义者酒馆。我们喝着淡啤酒,看着20个年轻女郎穿着镶满莱茵石的三角裤,踩着音乐在台上走来走去。演出并无亮点,于是我们回到左岸,找到了一家气氛欢快、名叫圣伊夫的夜店。店里的墙上贴满了19世纪90年代戏院时期的海报、明信片和传单。客人全是法国人,显然都开心得很。歌手的嗓音并不完美,可他们用个性和热情补足了。凌晨3点酒吧打烊后,我们去了中央市场,到处溜达着,敬慕地看着市场里膀大腰圆的工人们干活——从卡车上卸下成箱成箱的新鲜水田芥,码放好鲜切花,准备着当天的生意。夜色又黑又冷,可在电灯的点点黄色光晕下，广阔的市场相当美丽。当黎明曙光照亮天际的时候，我们坐在了猪脚餐馆里，喝着传统的洋葱汤、红酒和咖啡。五点一刻，我们晃回了家。

罢工在战后的法国首次合法化了。一切都乱糟糟的，反对党在国民议会里挑起争斗，在各处发动罢工。到了1951年春天，巴黎陷入了总罢工中，领导者是法国总工会（CGT），法国最大的工会联合会。据说他们以"为工人加薪"的名义（这是个符合公义的诉求）鼓动了燃气、电力、电信行业和码头工人罢工，但实则是为了谋求自己的政治利益（这个就不符合了）。

罢工的结果是城里几乎没有运行的公交车和地铁了，电只有一点点，厨房里的煤气弱得像在喘气。（为了避免气体混合发生爆炸或燃气泄漏，他们持续供应最小量的煤气。）做饭变成了挑战。就连一顿最简单的晚餐，比如羊排、土豆、罐头豌豆和葡萄柚，也突然之间变得不再简单——羊排要煎45分钟，土豆得煮1小时以上才能熟，热个豌豆也要耗费10分钟。我储藏的够吃10天的猫粮在冰箱里也化了冻。为了开个6个人的派对，我不得不在蓝带的地下室厨房里做好绝大部分的菜肴。

不少街道依然要靠煤气灯照明，街上那黯淡的光线让人不禁想起战时灯火管制的日子。晚上开车危险得要命，因为你压根看不见路上的行人，自行车看上去像是萤火虫，迎面过来的车辆每隔几秒就闪起大灯，晃得人头昏目眩。尚在运行的几辆地铁根本挤不上去,往常只要40分钟的车程如今要用上2~4个小时。

保罗和我发起了"蓝光公车服务",把大使馆的同事们分送到巴黎各处:克里希港、里昂车站、纳西翁和商业街。我们从没见过这么糟糕的路况。路上一半是自行车,另一半是用来输送通勤人流的军队卡车以及各种奇形怪状的交通工具——它们被人从废料场和地窖里拖出来,烧着家庭自制的燃料。

在这段混乱的时期,保罗全身心关注起两件事来:第一,绝大多数人竟然不相信有飞碟存在;第二,在让西欧防备苏联入侵的问题上,美国做的工作还不够多。对于这两点,他宣称:"人们总要亲眼看见才会相信。"保罗和查理,这对电气工程师和波西米亚歌手生下的孪生子具有双重性格:他们是彻彻底底的实干家,亲手盖个房子或是接电灯电路根本不在话下;可同时他们也关心神秘主义,喜欢听算命先生的喃喃低语,相信鬼神和飞碟的存在。

我没有这种天性,我更加关注眼前的事情,比如罢工期间如何在巴黎出行,上哪儿能买到最好的芦笋以及如何继续我的自我教育。

我一直努力阅读严肃的新闻报道,比如《哈泼斯》(*Harper's*)上关于战后英国的随笔,《财富》(*Fortune*)上关于自由贸易的文章,我尽力记住其中的事实和论证,为的是在晚宴派对上"知性"地谈论这些话题。可这相当折磨人,我的"筛子大脑"不愿记住日期和细节,它更喜欢让思维自由飘浮、胡思乱想。你说,要是往这一大堆事实里加点吉利丁和蛋清,它们会不会黏得紧一点儿呢?

2
返美探亲

多特和伊万订婚了,婚礼定于1951年6月在纽约举行。在伊万身边,多特像牡丹一样绽放,我很支持这一对儿。可大个子约翰对此不甚热心,这已经不是秘密了。和我一样,多特也选择了一个和老爸性格完全不一样的人做终身伴侣。

我们在81号给这对新人开了个热闹的送别会。当晚的压轴大菜是一只硕大无比的肉冻镶整鸡,这是我从那本《拉鲁斯美食大百科》里学来的,足足用了3天才做好。首先,你要用小牛腿、牛蹄和牛骨头熬出一锅上好的清汤备用;然后把一只近4斤重的肥鸡去骨,塞入猪肉碎和小牛肉条,放在加了松露的干邑白兰地里腌渍;把几颗松露排成一列,用猪肉碎包起来,再拿一片新鲜的肥猪油裹上,一起塞进鸡肚子里——但愿最后上菜的时候,这一串松露能留在鸡胸膛的正中间。把塞好馅儿的鸡整形、捆好,放进那锅鲜美的肉汤里煨煮。等到鸡熟了,把它拿出来放凉再开始装饰。我用了氽烫过的绿韭葱叶、切碎的红椒、棕黑色的松露片,再泼洒一点儿黄油来添加黄色。最后,把澄清放凉的浓肉汤一遍遍地浇淋上去,它会凝结成肉冻,把整只鸡包覆起来。

这道精致的菜很费功夫,可做起来好玩极了。最难的部分是装饰,因为我的"画画"手艺很拙劣,跟小孩子的涂鸦似的。所幸有善良的保罗·查尔德先生过来救场,把这道菜打扮得漂亮有型。我必须得说一句,最终呈现出来的效果真是令人叹为观止啊,用在给神采奕奕的准新郎新娘的告别宴会上正是合适。

第三章 三饕客

自 1944 年以来，保罗和我在国外待了 4 年半，在美国待了两年半。这年 5 月 4 日，我们怀着激动的心情搭上开往纽约的"自由"号，就要回到久违的祖国啦。

离开巴黎之前，我们难过地做出了决定：卖掉"蓝光"。这辆忠心耿耿的车为我们载过美国的火腿、勃艮第的红酒、意大利的面条、瑞士的打字机、缅因州的龙虾。可车子的每根管子都呼哧作响，弹簧失了灵，镀的铬脱落了，引擎里也有嘀嗒嘀嗒的声响，得花 200 美元才能修好。我们预订了一辆新车，回美国去提货。

与此同时，巴格纳德大厨告诉我，虽然我考试考砸了，可我已经相当够格做个"布尔乔亚家庭厨娘"了。这是个贴心的褒奖，可只是当个出色的家庭"煮妇"已经不能满足我的愿望。烹饪是如此有趣，我想把它当作终生的事业（尽管具体怎么做我还没想好）。我盘算着，第一步先教在巴黎的美国人学烹饪。我的指导原则是教会别人做菜，而不是一心想着挣钱。尽管亏钱的事儿我不干，但我会全身心地投入进去，在轻松友好的氛围中传授美食知识，并且鼓励大家追求精专。

此外，如果弗蕾迪仍然打算和我一起开"查尔德双姝"餐馆，我仍然需要蓝带学院的文凭。这意味着我要参加补考。

在我提出请求后，布拉萨尔夫人再一次置之不理。我烦透了，写信给她："看到你对学生如此漠不关心，我惊愕万分。"巴格纳德大厨又一次替我出面，我的考试日期也又一次神奇地安排好了。这次我没有埋头准备复杂的菜式,只是把学校小册子上的菜记了下来。考试当天,我在自己家的厨房里完成了题目。考试包括一组非常简单的笔试题,然后是为巴格纳德大厨和我的朋友海伦·珂派垂克准备相当基础的一餐。这回我通过了。

9月我们从美国回来之后,我终于拿到了文凭。上面签署着布拉萨尔夫人和大厨马克斯·巴格纳德的大名,而且日期填的是1951年3月15日!终于,茱莉娅·麦克威廉斯·查尔德是法国巴黎蓝带厨艺学校的合格毕业生啦。

与此同时,多特和伊万在纽约圣托马斯教堂举行了温馨的婚礼。典礼过后,保罗和我跳上从宾州火车站出发的列车,横穿熟悉又陌生的美国回到了加州。加州的天空、鲜花、树木永远那么明媚,每个人都开着凯迪拉克,正如伏尔泰笔下的"老实人"说的——"一切都至善至美"。

在帕萨迪纳,我们陷入了无休无止的鸡尾酒会、午宴和晚宴之中。那种轻松迷人的气氛让人觉得亲切,却又有种古怪的陌生感。在为期两周的逗留中,我尽了最大的努力,维持住礼貌的举止和积极的心态。保罗也是一样,他几乎绷紧了肌肉,竭力保留自己看法的同时也保留住良好的情绪。听到我父亲的朋友们草率地批评杜鲁门总统、犹太人、黑人、联合国或是华盛顿"那帮精英"的时候,他不得不拼命忍住,闭上嘴不说话。

回到纽约,我们拿到了新车。那是一辆亮闪闪的黑色雪佛兰豪华轿车，我们立即给它取名"黑郁金香"。黑郁金香载着我们一路北上，到了缅因州查理和弗蕾迪的山间小屋。在那里，崭新的轮胎和挡泥板上立即糊上了黏黏的棕色泥巴。接下来的一个星期，我们晒太阳、游泳，把加州的那些不愉快统统赶出了心间。趁保罗帮助查理修筑新路、砍树、为小木屋扩建新房间的时候，我在临时厨房里忙着烤面包、炖马赛鱼汤。天堂一样的日子啊。7月中旬，我们在怪石嶙峋的海滩上庆祝了我的39岁生日（提前1个月），侄女瑞秋送了我一顶傻得可爱的帽子，上面装饰着野花、贝壳和彩虹圈玩具。

终于，该回纽约了。我们在纽约搭乘"新阿姆斯特丹"号，平安地回到了法国。7月27日，我们抵达了勒阿弗尔港。

开车到鲁昂后，我们在王冠餐厅停下来吃午饭。我俩点了和两年半前我第一次踏上法国土地时一模一样的菜：牡蛎、香煎鳎鱼、蔬菜沙拉、法国白奶酪、滴滤咖啡。我的天哪！这顿饭和上次一样妙不可言，只是现在我分辨香味的速度比保罗更快，能自己点菜，并且能够真正地品鉴、欣赏厨房里的艺术了。餐馆仍是相同的餐馆，可我已经不再是当初的我了。

3
狩猎时节

淡季到来，将近百万的巴黎人都出城避暑去了，像样的馆子都歇了业，洗衣房也一样。我们原打算把厨房重新粉刷一下，可找不到人干活。保罗花了一晚上时间改造家居环境：修补餐厅墙壁上贴着的科多瓦皮革，把查理画的一幅可爱的裸体画挂到卧室，然后用装画的箱子的木料把床加长了30厘米。我12码的大脚丫终于可以放进被子里啦，不用再像一对怪兽滴水嘴似的伸到床外去了。

本地人都旅行去了，可巴黎的街头仍然挤满了来自世界各地的年轻人，其中很多是刚从奥地利世界童子军大会回来的童子军。我有个15岁的小表弟也在里面，名叫迈克·费思科。他来我家吃了午饭和晚饭，洗了个澡。

"童子军爱吃什么啊？"我问。

"他们爱吃的多着呢。"保罗笑道。他说得一点儿不错，迈克的胃口像俄罗斯狼一样大。走的时候迈克说："你们真是太好了！我在这里见到的人里面，只有你们家整天都有这么多好吃的！"

进入了9月，天气变得多雨而凉爽，厚重的雷雨云和灿烂的阳光交替上阵，巴黎一派美好的秋日景象。黑郁金香依然挂着纽约的牌照，但雨水冲刷掉了新英格兰的泥土和沙砾。保罗忙得要命，要安排弗兰克·劳埃德·赖特[1]的作品展，还要参加不计其数的会议。

10月，我们去埃夫里尔·哈里曼家参加鸡尾酒会，我注意到他把自己景仰的英雄的照片挂在了墙上，比如美国的空军将领谢里尔将军。这启发了我，如果我进入烹饪行

---

[1] Frank Lloyd Wright，美国现代建筑大师。

业，也应该把我心中偶像的照片挂出来，比如卡莱姆[1]、埃斯科菲耶，当然喽，还有大厨巴格纳德。人应该随时为未来做好准备！

秋天是狩猎时节，法国人相当热爱这件事。突然之间，市场里冒出了五花八门的野味，整只兔子、麋鹿腿、野猪、鹿，都带着完整的毛皮和蹄子。巴格纳德大厨解释道，店家肯定要这样做的，要是皮毛都弄干净了，你怎么知道买到的是什么呢？

我急迫地想试试这些鲜美的野味。巴格纳德大厨教我如何选购上好的鹿肉、如何烹饪的时候，我激动极了。我挑了一块漂亮的肉，放到红酒、芳香蔬菜和香料中腌渍，然后把它装在大袋子里，在厨房窗外挂上好几天。闻闻气味，我觉得到时候了，就把它放到炉子里烤了相当长一段时间，再搭配浓稠、醇厚、野味十足的酱汁同吃，真是豪华大餐哪。一连好几天，保罗和我大啖别有滋味的冷鹿肉。吃完肉之后，我把硕大的鹿腿骨给了猫儿米奈特。"咪咪，来尝尝这个？"我把大盘子放在地板上。它小心翼翼地凑过来闻了闻。来自山野的气味信号必然触及了它的中枢神经，因为它突然拱起了背，毛儿直竖，狂野地嗷嗷叫起来。它直冲到骨头前，用尖利的牙齿一口咬上去，然后拖啊拖，把骨头拽到了起居室的地毯上（所幸那是一块相当旧的东方地毯），它在那里大咬大嚼了个把小时，才昂首阔步地走开了。（就算在这种紧急关头，它也极少用爪子去碰骨头，更愿意直接上嘴啃。）

秋天打下来的鸟儿格外受人欢迎。每个村镇上都能看

---

[1] Marie-Antoine Carême，法国名厨，据说厨师的白帽子就是他发明的。

见大批大批的雉鸡、松鸡，还有长着长喙的山鹬、鹧鸪、野鸭。看上去法国人什么飞禽都吃：画眉、燕子、乌鸫、云雀（法国人叫百灵，就是那首儿歌里唱的"百灵，小百灵"）；好几次，我们吃到了一种体形很小却非常美味的鸟儿，叫作凤头麦鸡。

鹧鸪成了我最热爱的食材之一。有天一大清早，我们去中央市场采买，巴格纳德大厨在一个朋友的摊子前停下，拎起一只鹧鸪说："喏，这是 perdreau。"鹧鸪的正式名称应当是 perdrix，但烤着吃的小鹧鸪叫作 perdreau。他决定教我做一道著名的吐司烤鹧鸪，也就是把鹧鸪烤香，再把它的肝切碎，一起摆在煎脆的吐司上。

他把鸟儿的胸骨尖端扳了扳，说："你摸摸看，骨头梢那里能掰弯。"因为鸟身上有毛，所以起初我没摸到骨头，但后来找到了感觉。果然，在骨头末端大约有 1 厘米是软的。鸟的腿和爪子也逃不过大厨的眼睛：如果腿后部有个趾爪，就是老鸟；小鹧鸪在那个位置只有一个小突起，而且腿的颜色也没有变成深棕色。从羽毛上也能看得出来：幼鸟的每根羽毛的尖部都有一丁点儿白色。

他抓起一只老鹧鸪说："如果脖子到尾巴的骨头全是硬的，就是长成的鸟了。"他说这种老鹧鸪应当跟卷心菜一起炖，查特酒鹧鸪是经典的做法。

在乐皮克路上的艺术家小馆，蒙哲拉大厨端上了一道漂亮的大菜：烤鹧鸪卧在吐司块上，周围摆着水灵灵的水田芥，还有一小堆刚出锅的酥脆炸薯条。鹧鸪的头颈弯曲，塞在翅膀下，剪去了趾爪的腿卧在身下。这肯定不是美国式的上菜方法，却是热衷打猎的人们希望看到的——要确定盘子里确实是只鹧鸪啊。

大厨干净利索地分切腿、翅和胸肉,给每个人分了每个部位的肉,包括身子、腿、头和脖子(吃野味的时候,每个"零件"都要啃一啃)。他把胸肉摆在一片用黄油煎过的椭圆形白面包上,在胸肉上放上少量细细剁碎混合的新鲜培根和鹧鸪肝,淋上几滴波特酒和调味料,送进烤炉里烘烤一小会儿。酱汁?只要在烤鹧鸪时滴下来的肉汁里加上一点波特酒和黄油就行了。香喷喷!

鹧鸪体形很小,有种特别的气味,肉是深玫瑰红色的,相当诱人,带有一丝若有若无的腥味。悬晾的时间要足够长——拨开胸部羽毛,能闻到那种味道的时候就行了,然后就立即拔毛烘烤吧。

我热爱的正是这种食物:不求时髦新潮,但是非常好吃。这就是经典的法国料理,精心选择食材,懂得食材的特性,然后漂亮地烹煮出来。或者,用那位著名的美食家库农斯基的话来说——"做出原汁原味"。

4
厨友西姆卡和露伊瑟

1951年11月的一天,"圆镯"的一个成员来我家吃午饭。我们当然聊起了美食。她名叫西蒙娜·贝克·费施巴赫,是个身材高挑、精力旺盛的法国女郎。西蒙娜大约42岁,及肩长的金发梳在一边,白净的皮肤,高高的颧骨,戴着黑边眼镜,很有主见。

她生长在诺曼底的一个富裕家庭,祖父是利口酒"泵酒"[1]的酿造商。西蒙娜自小被英国保姆带大,所以说得一口优雅得体的英文(只是口音重些)。她热爱美食,擅长烘焙甜点。西蒙娜是个极有干劲的人,尽管从没上过大学,但她把精力用在了诸如书籍装订这类事情上,后来找到了自己的"真爱"——烹饪。她师从蓝带学院著名的厨师兼作者亨利-保罗·派拉帕拉特,而且也上着他的私人烹饪课程。对老家诺曼底的美食,她如数家珍。诺曼底在法国北部,以产量丰富的黄油、鲜奶油、牛肉和苹果而闻名。

西蒙娜的第二任丈夫让·费施巴赫是个性格开朗的阿尔萨斯人,在碧薇香水公司做化工工程师(她的第一次婚姻以离婚收场)。对西蒙娜和让来说,享用美食是一件珍贵又有意义的事情。二战期间,他们经历了可怕的遭遇:让被纳粹抓走了,西蒙娜把写给他的小纸条塞进梅子干里,送进了牢房。让是个幽默又有教养的男士,他给太太西蒙娜取了个亲昵的小名"西姆卡"[2]。因为高高的西蒙娜竟然挤得进自己那小小的雷诺车,让觉得十分好笑。(西蒙娜身高1.77米,在法国女人里算是很高挑的了。)

我和西姆卡相识于那一年的某一场派对上(客人都是与马歇尔计划有关的法国人和美国人)。派对主人乔治·阿塔莫诺夫(西尔斯百货公司的前总裁)知道我俩都酷爱美食,所以介绍我们认识。西姆卡和我一见如故,在接下来的1个小时里我们都在聊美食、做菜、红酒和餐馆。这些话题聊上一夜也不嫌多,于是我俩约好回头再碰面。

---

1 Benedictine,又称"修士酒",产自法国诺曼底地区,以葡萄蒸馏酒做基底,加入数种香草、兑入蜂蜜酿制而成。
2 Simca,也是二战后法国最大的汽车制造商和最流行的汽车品牌。

露伊瑟、西姆卡和我在大学路的厨房里,用那套著名的研钵、
捣杵和细筛做鱼丸

过了几天,西姆卡介绍我认识另一位圆镯俱乐部的成员露伊瑟·贝赫多。这是一位身材苗条的漂亮女士,留着深色的短发,曾在路易斯安那州的新奥尔良和密歇根州的格罗斯波因特生活过。她的先生名叫保罗·贝赫多,是一家美国化学公司驻欧洲的代表,他们有两个女儿。露伊瑟是个亲切的人,娇小整洁,性情十分柔和,很招人喜欢。保罗口中的"美国人心中完美的法国女郎"就是她这个样子。

原来,西姆卡和露伊瑟正在合写一本烹饪书,想在美国出版。此前西姆卡已经为欧洲李（也被称为西梅）爱好者们出版了一本薄薄的食谱，名叫《炉前梅干》，讲的是梅干和梅干利口酒。露伊瑟为她俩这本烹饪书贡献了几道菜，可是正如西姆卡所说，她自己才是那个像疯子一样到处搜罗食谱的人（从过去的经验，母亲的记事本上，家里的厨子、餐馆厨师、圆镯成员手中），她积攒下了100多道菜谱。她把这些食谱寄给一个在美国的朋友看，这位朋友名叫多萝西·坎菲尔德·费希尔，是佛蒙特的著名作家，也是"每月一书"俱乐部[1]编委会的成员。

在回复中，坎菲尔德·费希尔女士开门见山地说："这样写不行。你们只是干巴巴地把食谱放在了一起，却没有说明法国人对美食的态度和做菜的方式。"她说美国人习惯吃大量的肉食以及用化学方法加工过的食品，他们完全不了解法国美食是怎么回事。"你应该写一些背景知识，讲讲轶事和花絮，一些能够解释法国人烹饪方式的内容。"坎菲尔德·费希尔女士以一条建议结束了回信："去找个疯狂热爱法国料理的美国人跟你们合作吧，这个人要懂法国菜，同时也能以美国人的视角来解释法国料理。"

这是个好建议。通过露伊瑟的一个朋友，这两个准作家把这辑食谱交给了纽约的一家小出版社。这家名为艾夫斯·沃什伯恩（简称艾沃出版社）的出版社同意出版这本书，把书稿交给了自由美食编辑赫尔穆特·里珀格，以便适合美国市场。

---

[1] Book-of-the-Month Club，成立于1926年的美国读书俱乐部，每个月向会员推荐一本书。

听起来是个不错的主意,一本朴实的小书,里面是专为美国厨师们撰写的法式菜谱,而且都是经过实践检验的。祝她俩好运!

这些关于美食的闲聊让我更渴望完成自己的食谱并着手进行烹饪教学工作了。我理想中的学生是像我自己这样的人:一心想成为优秀的厨娘,想做出基本的精致法国菜肴和一些稍加创新的菜式,却不知该从哪里开始学起。我和西姆卡、露伊瑟聊起这个主意,而且讨论得越来越细致深入。没过多久,我们一致同意要一起开一个小小的厨艺学校,就在这儿,就在巴黎!

她俩了解美食,也有当地的人脉关系,而我刚在蓝带学院学习过,又很容易接触到美国人,这让我们三个人的合作顺理成章。大家一致同意收费应当合情合理,能抵扣成本就行,而且不设门槛,任何人想来上课都可以。露伊瑟把家里的厨房贡献出来当场地——她家是一幢豪华大宅,在右岸的雨果大道,正在重新粉刷。我负责在美国大使馆的报纸上刊发一则广告。由于我们因圆镯俱乐部而相识,所以经同意,我们厨艺学校的名字就叫作"圆镯美食学校"。

5
美食学校

1951 年 12 月,《生活》(*Life*)杂志上刊发了一篇讥讽蓝带学院的文章，名字叫《首先，剥条鳗鱼》("First, Peel an Eel")。作者是个名叫弗朗西斯·利维森的美国人，她在文章中描述了自己跟随巴格纳德大厨学习了为期 6 周的基础烹饪课程，行文风格诙谐逗趣，可也有种居高临下的傲慢。她花了很多笔墨描写面积狭小的教室、点不着火的炉子、老旧的菜刀、基础物资的紧缺、"神秘兮兮"的老师，还有法国人对卫生和水的态度（"对这两样他们都不上心"）。或许是为了增添戏剧效果，她有些夸大其词，但她写出的那些基本上都是事实。

大家十分担忧《生活》上的这篇文章将会对学校造成怎样的影响。可是当西姆卡和露伊瑟向布拉萨尔夫人提起此事时，她却不耐烦地摆摆手，否认学校有问题。

12 月中旬，巴格纳德大厨告诉我，自从文章刊登后，学校"没有任何改进措施"。圣诞节前几天，我去上了两节演示课，还是没法不注意到课堂上没有百里香，大蒜也不够，篮子破了，而且没有合适的锅来做马铃薯盏。唉。

1952 年 1 月 15 日，保罗和查理兄弟俩在大西洋两岸各自庆祝了 50 岁生日。保罗时而为这渐长的年岁而烦心，时而又觉得没什么："年老是心态问题和集体催眠，不是绝对的。"他决定采取乐观态度，援引那句老话："别让那混账东西吓倒你。"

在宾夕法尼亚州的兰伯维尔，查理和弗蕾迪以冰香槟拉开了这场半百生日宴的序幕，随后纵酒狂欢了一整夜。

与此同时在巴黎，为保罗举行的50岁生日庆祝会是迄今为止最让人印象深刻的一场派对。我们邀请了6对夫妇来家里吃晚餐。为了避免我整个晚上都在厨房里忙进忙出，我们请了巴格纳德大厨掌勺，再找来一位领班负责上菜，另一位负责斟酒。"疯珍妮"激动得手脚没处放，热情高涨地在厨房打下手。保罗亲手写了邀请函，我们还做了漂亮精致的徽章，上面绑着彩色丝带，镶着珐琅别针，还给每位宾客都起了个幽默的封号（我叫"失职的慕斯女爵"）。保罗从藏酒中挑选出若干种，来搭配巴格纳德大厨和我拟定的精美菜式：开胃小点是热乎乎的千层酥，上面摆着奶酪（在客厅里上，配克鲁格香槟）；卡里斯煎鹅肝；马提尼翁菲力牛排（几乎完美地搭配1929年舍宛堡波尔多）；奶酪碟（卡蒙贝尔、米朗布里、伊泊斯、洛克福、羊酪等多种奶酪）；水果盘；生日蛋糕；咖啡；利口酒；百年的陈酿干邑；哈瓦那雪茄和土耳其香烟。

生日派对的前3天，保罗起床时发现下颌又肿又痛。吃早饭的时候，他疼得连块软面包都咬不动。这是什么年老体衰的信号，或是对年满五十的潜意识反应，还是纯粹只是倒霉？保罗气得要命，猛吞止疼片，可一点用也没有。"多么讽刺啊，命运机器上的把手稍稍拧一下，就这样了。"保罗慨叹道。牙医诊断保罗的牙床上出现了严重脓肿，得拔掉3颗牙齿才行，而应急的办法是磨掉感染牙齿的表面，把牙龈下的钙质沉积刮掉，然后往肿痛处注射乳酸。

星期一晚上，保罗发烧了，完全不像我们预想中寿星该有的精神劲儿。更有甚者，他咬到了舌头。可不管怎样，生日派对的效果还是好极了。

保罗穿了件鲜绿色的羊毛背心,上头镶着铜扣,系上明艳的红领带,穿着耀眼的红袜子,帅气地微笑着。我头上戴了个缀着小玫瑰的花环,还加上了一个伊莲送的金色王冠。巴格纳德大厨在厨房里施展着魔法。大家一致同意,在这顿盛宴之前,我们从没在任何地方任何时候,享受过这等精致高级的佳肴。

派对过后没几天,厨艺学校这个尚有些模糊的计划突然间被迫推动起来——玛莎·吉布森,一位55岁、来自帕萨迪纳的富裕女士打来电话,说想来上我们的烹饪课。第二天她的朋友玛丽·沃德也说要参加。然后来了第3个学生:一位40多岁、名叫格特鲁德·艾利森的漂亮女士。这3个人都有大把的空闲时间和金钱。

现在只剩下一个问题了:我们这3个老师还没做好准备呢。露伊瑟家的厨房还没粉刷完工,我们还没讨论过菜单,就连教学方法也没商量过,而且我们仨从没一起做过菜。可是,对于一项新事业来说,特别是在烹饪这一行,有谁是彻彻底底准备好了才开始的呢?在这行里,做个土豆都起码有上百种方法啊。

管它呢,我们决定了:3个学生,3个老师——挽袖子开干吧!

1952年1月23日,美食学校的第1节课就在大学路81号我家的厨房里开始了。我们把重点放在法国菜(这是我们仨都懂得的)和传统烹饪技法上,我们认为一旦学生掌握了基础烹饪手法，就可以运用到俄罗斯菜、德国菜、中国菜……任何国家的菜式都行。我们讨论了不少教学方法上的问题，因为我们几个人的风格不一样。西姆卡和我比较偏"科学"（比如我们会精确地称量），而露伊瑟则更为"浪漫"（她会说"加一撮盐""倒点儿水"，凭直觉做菜）。

我这两位同事擅长品鉴、烹饪法国菜，并且合作撰写了一本烹饪书；而我学过如何清洗、切剁食材，做出美味酱汁，磨快刀子，而且作为生活在巴黎的美国人，我对如何在没有帮手的情况下采买、烹煮和清洗都有切身的体会和经验（西姆卡和露伊瑟可完全不懂这些）。我们花了一点时间磨合，但最终个性不同的我们仨配合得相当顺畅。

每周二、周三上午10点到下午1点，我们会上课，然后吃午餐。经典菜单是：炖鱼、煨牛膝、沙拉、香蕉塔。我们会事先采买食材，然后把做菜过程中的细节用打字机一一打出来，比如该如何准备、会用到什么烹饪技巧等。正如我们的期望，课堂气氛就像在家做饭一样亲切，充满了欢声笑语，轻松却充满激情。每个人都可以畅所欲言，如果出了错，我们会讨论出错的原因以及之后该如何避免。在早期的一堂课上，我们做了一道韭葱、土豆和水田芥的菜汤，里面没加鲜奶油而是加了变质的牛奶（放得太久都结块了）。真尴尬啊，可是我们坚持下去了。我们这几个老师学到的跟学生一样多，说不定还要更多呢！

最初3节课，我们收了7000法郎（大约20美元），平摊下来大约是每人每节课600法郎。这价格几乎包含了所有费用，还要加上大约每节课3美元的厨房损耗费。

菜场里的朋友对我们的学校大感好奇。克里路上那位可

我们的美食学校

爱的鸡肉小贩给了我们特别折扣,而且跃跃欲试,想手把手地教学生们如何挑选上好的肥鸡。肉贩也一样。厨具店老板德耶兰给我们的学生一律打9折。"疯珍妮"高兴得要命,她会1点钟过来,吃掉剩菜,然后帮忙打扫整理。猫咪米奈特也颇感兴趣,尽管它并没有吃到属于自己的那份厨余。

一开始就能招收到这样的学生真是幸运,她们对烹饪都非常有热情,而且勤奋好学。玛莎·吉布森和玛丽·沃德都是寡妇,生活过得很愉快,可两个人都还没找到生活的目标。格特鲁德·艾利森开咖啡馆已有3年,她在哥伦比亚大

大厨巴格纳德在我们的美食学校里客串授课

学学过经济学,相当有商业头脑。她还在弗吉尼亚州的阿灵顿开了个小馆子,名叫艾氏茶餐厅。那里午餐时段的客人基本上都是附近五角大楼的职员们,晚上接待的多半是出来吃饭的家庭。格特鲁德说,她在纽约跟随英国厨师狄俄涅·卢卡斯学过烹饪,觉得挺实用但不够精确。我问她餐馆的经营状况,她说晚餐的价格在 1.75 美元到 3.5 美元之间,而且房租不能超过毛利的 6%。

一个星期三,保罗回家跟我们一起吃午饭。他请了美国新闻处的图书管理员玛丽·帕森斯,她和玛丽·沃德同住一家宾馆。我们做了家常煎鳎鱼、加了白煮蛋碎的混合沙拉、柑曼怡火焰可丽饼。看着我们在厨房里忙碌的情景,保罗惊讶地发现,学生和老师们都如此自得其乐。

三个学生对葡萄酒知之甚少,经常说些外行话,比如:"喔,葡萄酒啊,我不喜欢。"玛丽·沃德说:"我从来不喝干红,我只喝干白。"保罗觉得这话有如人身攻击,他说:"这就像在说'我从来不跟法国人说话,我只搭理意大利人'一样。"然后他递给她一杯他认为相当不错的红酒——1929年的舍宛堡波尔多,一支带着花香、口感丰富的红酒。玛丽啜饮了一小口,说:"呵,原来红酒能有这个味儿!"

于是,保罗同意给大家上一堂红酒课。他教大家如何搭配酒和菜品,如何储藏,如何正确使用软木塞,等等。一堂课完毕,他拿出一瓶相当不错的1929年的梅多克招待大家,然后为红酒赢得了3位新拥趸。

在巴黎住得越久,我们就越是热爱这座城市和这里的人,尤其是保楚家的弗西林小组。那真是令人印象深刻的一群人啊。路易斯·葛洛德基(大家都叫他葛洛)是个严谨认真的波兰艺术史专家,总是戴着一副厚厚的眼镜。他大约39岁,专攻中世纪的染色玻璃。经由他的研究,将圣丹尼修道院的建造时期追溯到了6世纪,比那帮考古学家的结论早得多。他对自己的"胜利"得意极了。

艾旭夫妇成了我们的挚友。特蕾丝任教于语言学校,让是法国国立工艺学院(Conservatoire des Arts et Métiers)的建筑史教授。让遵循着严格的饮食限制，这都是布痕瓦尔德集中营给他留下的伤痛：由于被迫搬运沉重的石头，他患上了腰椎间盘突出。和他一起进去的1600个人里，只有200人活了下来。可艾旭夫妇仍然保持着热心肠，他们聪明敏锐，保罗和我非常喜欢和他们相处。

明艳可人的女主人伊莲大概是我在巴黎最亲密的朋友了，可她的先生尤吉斯却越来越自大和尖酸刻薄。保罗管他叫"酸奶"，尤吉斯好像对儿子小让漠不关心，小让是个可爱的男孩子，却缺乏照管。保罗和这孩子谈心，还教他画水彩画。我们甚至想过，万一这对夫妇遇上了空难，我们就把小让领养过来。

不过往往一旦你了解一个人，就会发现很多令人惊讶的事情。出乎我们意料的是，尤吉斯原来是个真正的战争英雄。20世纪40年代初，伊莲的继父亨利·弗西林逃往美国，通过秘密的电台频道向法国播送反法西斯的信息。可匆忙流亡之际，弗西林把许多重要文件遗留在了乡间的房子里，上面满是法国抗战人士的名字。那幢房子位于肖蒙附近，被一群德国工程师占领，结果他们并没发现这些文件。一年之后，这批工程师突然被调往别处。尤吉斯得知另一批德国人将会在两天内到达，于是他从巴黎赶到了肖蒙，闯进房子，找到文件，在新的小分队到达之前把文件销毁了。毫无疑问，这是多么无私的勇气啊。

1952年9月，我们与美国新闻处的4年合同到期了。

接下来怎么办？没人知道。尽管我们尽力揣测未来的走向，可华盛顿那边没有半点消息。我们只知道保罗可能会被委派到另一个国外岗位去，也可能会被召回美国或是被粗鲁地排挤出政府部门。

一想到要离开巴黎，我心里就难受。在巴黎这 3 年多的生活是如此美好，又过得如此飞快，而且给我们留下了那么多值得继续学、继续做的事情，所以我一想到要离开就闷闷不乐。我们讨论了好多次"接下来该怎么办"的问题，结论很简单：如果不打政府这份工了，我们就要尽力在巴黎找到别的工作，再待上 1 年——起码 1 年。

出于某些人际关系和心理上的原因，西姆卡、露伊瑟和我把学校的名字改成了"三饕客"美食学校，法文是 L'école des Trois Gourmandes，直译过来就是"三个老饕的学校"。《读者文摘》(*Reader's Digest*) 欧洲部的负责人鲍勃·利特的太太阿妮塔，还有其他几位女士注册了课程。在这个课程开始之前，西姆卡和我花了好长时间来实践和练习。

我们尝试了各种食谱、工具、配方，发现了很多有用的经验。例如，在做派皮这个问题上，我们测试了法国产的和美国产的原料。恐怖的是，我们发现法国的面粉比美国的更黏稠，而且若要用美国面粉做出酥脆面皮，得多加三分之一的油脂才行。为什么会这样？我想知道答案。我们猜想，美国面粉为了延长保质期，一定经过了某些化学处理，去掉了面粉中的油脂。相比之下，法国的面粉是天然状态，尽管这会缩短保质期，更容易生虫。为了让美国厨娘用上我们的法国食谱，我们尝试了各种不同的配比：面粉加黄油、面粉加人造黄油（我对这种东西深恶痛绝，管它叫"那种抹着吃的破玩意儿"）、面粉加克瑞斯可牌起酥油[1]，然后分别在热和凉的情况下品尝这些饼皮。根据实验结果，我们调整了食谱配比。这活儿很辛苦，可绝对是个令人满意的学习过程。

在开胃冷盘和烘焙糕饼方面，西姆卡有着无穷无尽的创造力，她能用糖、蛋清和杏仁粉做出各式好吃的东西。我记得杏仁粉这种东西在美国不大容易买到。为了调查清楚，我写信去问弗蕾迪，看她能否在当地超市找到。她回信说，尽管这东西在宾州乡下没得卖，但在曼哈顿和芝加哥这种地方大概会有。从美国妯娌那儿得来的反馈信息至关重要，她还把肉铺老板切出的肉块拍成照片寄给我，还给我寄了一套美国的量杯。就这样，我们一点点取得了进步！

与此同时，我一直在积攒自己的菜谱。经过认真仔细的实践，我惊讶地发现，即使在口碑甚好的烹饪书中，大多菜谱也不够严谨准确；我们的食谱若要有价值，必得准确到令人发指的地步才成。每道菜谱都需要很长时间才能确定，可我终于将这些配料整理得井井有条了。例如经过反复试验，我摸索出了一个精确的配比——要加多少吉利丁，多少水和多少蛋黄酱，才能在鱼盘子上做出漂亮的蛋黄酱花饰。

朋友们觉得我简直是疯了，花这么多时间在这些细节上。可我发觉，把食谱弄得像科学一样精密，这过程有趣极了。

在追求食谱的精确性上，露伊瑟没有像西姆卡和我一样

---

[1] Crisco，1911年宝洁公司在世界上首次推出的植物起酥油，在美国销量很广。

花这么多时间。可她好像认识全天下所有的人。有一次，露伊瑟带我们一起去跟艾尔玛·龙鲍尔共进午餐。这位女士正是《烹饪的乐趣》(*Joy of Cooking*)一书的作者，她当时正在巴黎度假。我一向崇敬这位"快乐太太"的烹饪书，她的个性跃然纸上。而她本人呢，是个非常和蔼可亲的老妇人，70多岁，一副美国中西部家庭主妇的模样。她对我们三人组非常感兴趣，把跟她那本书有关的事情都讲给我们听。《烹饪的乐趣》面向的不是富人，也不是穷人，而是中间的大多数人，这些人多半都会亲自下厨做饭。她知道，对这些人来说时间是多么宝贵，因此她把重点放在不那么花哨的菜肴上，不需要花太多时间准备。她还说最近和出版商遇到了麻烦：她想加个详细点的索引，可他们拒绝了，而且有大约5万本书的版税都没有结算给她。看起来，出版这件事还真是挺棘手啊。

6
王子殿下

有一天，露伊瑟带西姆卡和我去拜见著名的美食家库农斯基。他大约79岁，体形圆胖，蓝眼睛闪烁着光彩，长着鹰钩鼻子，还有三层下巴。他相当自负，可那摄人心魄的魅力、渊博的知识都令人赞叹不已。库农斯基最著名的成就是编纂了28卷的法国美食大全，他还在1928年创立了美食协会，也是《法国美食与美酒》(*Cuisine et Vins de France*)杂志的编辑。

库农斯基的真名是莫里斯-埃德蒙·赛扬。当年赛扬20

多岁时（那时他已经是个饕客了）被报社派去报道巴黎的一场俄国皇族的盛宴。那个年代，一切跟俄国有关的事都是大热门。他妙笔生花，写了一篇精彩的文章，可编辑担心他的署名未免过于平庸："毕竟，赛扬先生，你是个没名气的小记者。要是用真名，谁会看这篇报道？真遗憾你不是个俄国贵族。"

"这简单。"赛扬回答说，"我署名'库农斯基王子'就行了。"他真这么干了。他很聪明，用拉丁单词"Cur"（意思是"为什么"）、"non"（意思是"不"）和英语里的"sky"（天空），凭空创造出了这么一个隐约带着些俄国味道的笔名。

整个巴黎都读到了"王子殿下"的绝妙文章。"这个了不起的库农斯基究竟是何许人也，这么了解我们的美食？"每个人都想知道。

等到真相大白已是好几个月之后，那时库农斯基已经发表了诸多文章并且声名大噪。自打那以后，他一个字一个字地写出了（也一口一口吃出了）自己的声誉。

我们拜见他的那天是下午4点钟，库农斯基在自己家等着我们，他穿着一件宽大的睡袍，还披了件鲜红的浴衣，正在吃一颗白煮蛋。像往常一样，过一会儿他就要出门去赴茶会，或是参加鸡尾酒会。每到晚上，他需要做的最大决策就是该接受哪家的邀请——因为他手里总有大把请柬。在巴黎最优秀的餐馆吃过精馔佳肴之后，他就去剧院看戏、听音乐会或是去最新开张的夜总会坐坐（总有人给他付账），凌晨4点的时候上床休息。

西姆卡和我对这位老先生一见倾心。在我看来，他简直像是个小说里（或者从另一个世纪）走出来的人物。除了巴黎，我想象不出还有哪儿能找到这么一位美食"王子"了。

与库农斯基共进晚餐

　　多特来信说她怀孕了,她形容自己"胖且无助"。我真替她高兴,如今的她胸口盛满乳汁,是个真正成熟的女人了。伊万辞去了政府的工作,两口子迁到了旧金山,在那儿伊万去了加芬克尔商场,学做服装生意。

　　1952 年 8 月 15 日是圣母升天节[1],不仅举国放假,而且

---

[1] 亦称"圣母升天瞻礼"或"圣母安息日",是天主教、东正教的节日之一。

正逢巴黎淡季中的淡季。为了庆祝我的 40 岁生日,保罗给餐馆打电话订位子,可一连打了 9 家,没有一家开门营业的。最后,我们去里兹饭店吃了午饭,菜品还不错。当天下午,我们步行到圣路易岛去拜访外事处的朋友,罗斯玛丽·马尼尔和阿贝·马尼尔夫妇。阿贝是个天生的政治家,大嗓门,脑子灵光,使馆里的所有小道消息他都知道。罗斯玛丽是个高个子、金发的加州女郎,属于大地之母那种类型,她是个画家,我们很快就成了朋友。从他们家看出去的巴黎景致美极了,保罗大受震撼,说他要再来一趟,给那些倾斜的砖瓦屋顶画素描、拍照片,还要画个系列画。

当晚,我们在三星级的拉佩鲁斯饭店吃了第二顿精彩的生日大餐。我们特意选了有 7 张桌子的后厅,只为能看见几个食客(但不要太多)。由于正逢淡季,也由于价格昂贵,每张桌子都被美国人占据着。头菜是"sole aux délices"(鳎鱼浇上香浓的奶油酱,还有松露)和半瓶夏布丽干白,然后是烤鸭搭配不太浓的酱汁和一瓶 1926 年的香贝丹。随后是奶酪、咖啡、覆盆子利口酒。真是鲜美、专业、怡人的一顿大餐。尽管又大了一岁,可我的胃口依然好得很!

我也这辈子第一回独自给人上了一节烹饪课:如何做油酥面团。学生是个巴黎人,名叫索兰姬·瑞维雍。油酥面团我做过好多次了,可我还是趁索兰姬没来的时候先演练了一下,以便仔细想想上课的时候应该怎么讲、怎么演示。课上得很顺利,我们把面团擀成饼皮,里面填上蘑菇和奶油酱,做成午饭吃掉了。太有趣了!通过教别人,我自己也学到了太多东西。为了得到教索兰姬做油酥面团的机会,让我付钱给她(而不是收她的钱)我都乐意。

然后，我检讨了自己的教学技巧问题。人们花不少钱来上课，是为了跟随一位熟练、专业的老师学习的。我觉得，尽管我做的菜很不错，可我的讲解还不算清晰。我缺乏经验，自信心也不够。保罗曾有17年的教书经验，他提醒我说，给人上课的时候，必须要带点"扮演上帝"的感觉——换句话说，就是要有权威感。我知道他是对的，可我向来讨厌教条和武断。我更喜欢告诉学生们我有什么不知道，做一件事情还有很多种别的方法，并且承认我只知道其中几种。唉，我还有太多东西要学，烹饪只占其中的一半。我感到，我起码还得再讲上100节课，才能真正明白自己在做什么。

我们在华盛顿橄榄大道的房子里的租客搬走了，中介公司问我们要不要继续出租。我们不知道。显然，美国政府里也没人知道。这真让人受不了。保罗和我不想改变生活方式，也不想茫然无措地干等。保罗背地里抱怨起来。"我明白政府部门是怎么运作的，"保罗给弟弟写信，"在华盛顿那帮家伙看来……我不过是根木头。哪儿有空位就塞到哪儿去，管它是罗马、新加坡还是菲律宾。"

阿贝·马尼尔深谙官场之道，他说他会尽力疏通一下，让保罗接任他的位子——马赛市的公共事务官。"这是全法国最好的肥缺！"阿贝说道，"你应该马上争取。"在马赛这种地方，公共事务官是仅次于总领事的第二号人物。干这个工作的人应该是个外交多面手：既要处理公关事务（推动法美两国间的公共关系），也要应对政治问题（评估法国政党的影响）；既是文化桥梁（引进当地人民可能会喜欢的美国电影和书籍、推动教育交流、向媒体发言、安排运动赛事），也是外交事务的勤杂工（演讲、献花、揭幕剪彩、给美国海军士兵安排舞会什么的）。

"好啊，"我俩想，"法国我们第二喜欢的城市就是马赛。如果能拿到这个职位，为什么不试试看？"

带着即将离开巴黎的忧伤，我们走到蒙马特去看电影。随后，我们逛到了艺术家小馆。到的时候有些晚了，馆子里已经没有其他客人了，于是我们就来了个家庭式的聚会，和凯雍先生、他女儿、服务生罗杰一起围着大桌子坐了下来，亲切地聊天。然后，我们走下山去，沿着湿漉漉的街道回家——待在小馆子里的时候，天上下起了雨。水洼中映照出城市的灯火，巴黎圣母院在薄雾中若隐若现，我们心头一阵刺痛。若你已经知道，留在此地的时日无多，你自然会尽力把此情此景永远铭刻在心间。

7
实践才是检验菜谱的标准

1952年8月25日晚上9点钟，全巴黎的钟都叮叮咚咚地齐声敲响了。这是为了纪念1944年的这一天，巴黎解放日。任何一个当年听过、如今再听到这钟声的人，必定会感到心灵的震撼。

几天后，西姆卡和露伊瑟得到消息说，艾沃出版社雇来的那个自由编辑赫尔穆特·里珀格（负责整理她俩的烹饪书并推向美国市场的那个人）辞职不干了，留下了一本尚未

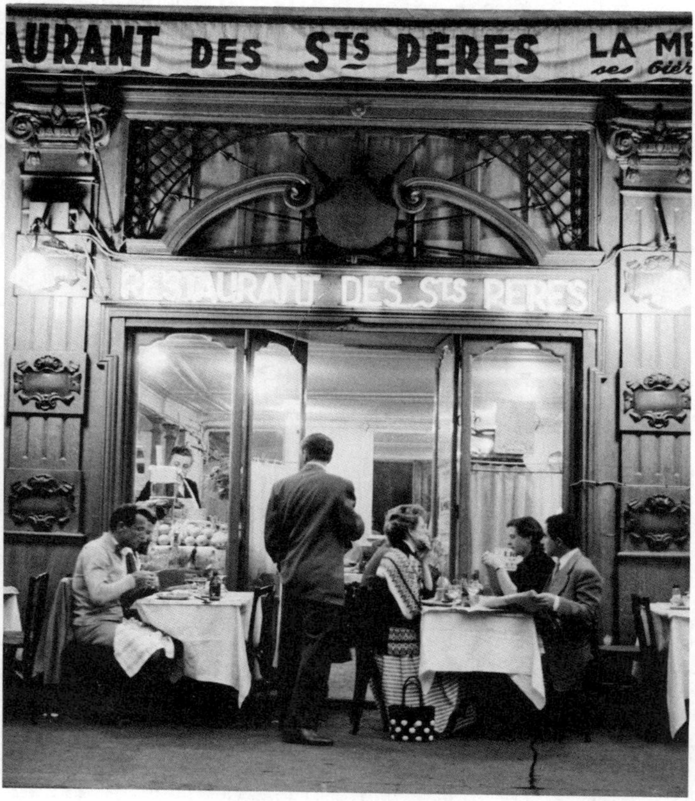
AURANT DES Sts PERES
LA ME
RESTAURANT DES Sts PERES

完工的书。她们俩很郁闷，把这本书的前前后后告诉了我。1948年她俩就开始一起写，1951年艾沃出版社同意出版后，"美食顾问"赫尔穆特·里珀格就以每周60美元的薪水被雇来，在她俩工作的基础上，编纂出一本小册子作为试读本。书名叫作《法国料理是什么》，署上露伊瑟、西姆卡和里珀格三个人的名字。看上去颇具吸引力，介绍和过渡文字也写得相当诱人，可食谱还不够专业。这本小册子有63页，包含50个食谱，定价1.25美元，可只卖出去了2000册。出版前，西姆卡和露伊瑟连小样都没看到，她俩气坏了，而且她俩觉得这本小册子让人十分尴尬。如今里珀格甩手不干，人也走得没影儿了，只留下一本尚未完成的"鸿篇巨著"。

如今，我这两个朋友十分灰心丧气，不知道该如何针对美国市场完成这本书。我们聊起这事的时候，她俩几乎是羞怯地开口问我，如果可以的话，我愿不愿意帮助她们写完这本书呢？

"我很愿意！"我回答道——人家几乎还没开口问出来，我就说出了答案。就这样，我们的合作开始了。

1952年9月初的时候，我第一次读到了这部近600页的手稿。我立即看出了它的潜力，也发现了它的问题。

跟其他烹饪书一样，西姆卡和露伊瑟也收集了一大堆食谱。书里的语言不够美国化，绝大多数本应该清楚明确的步骤却复杂得毫无意义，并且这本书的整体构思对美国家庭来说并不合适。实际上，我一点儿也不喜欢。但话说回来，我也从没见过哪本书是这样解读"精致法式美食"的。

我越是琢磨,就越有灵感。毕竟藏在这些食谱背后的,是我们在烹饪课上所教授的知识的自然延伸。我喜欢对一切问题追根究底,弄得清清楚楚。而如果能多做点工作,我觉得这本书可以做到这个效果,而且读者群会更广。我学做饭的时候年纪已经很大,我亲身体会过,跟着写得很烂的食谱学做菜,那种挫败感有多强烈。我下定决心要把我们的烹饪书写得清楚、精确、信息量足够大,就跟我们的授课目标一样。

若是两位搭档能接受的话,我得说,这书里没有一个食谱站得住脚。我要把这份改写的工作变成彻头彻尾的重写。我挽起袖子,摩拳擦掌,开始把我的建议一条条打出来——咔嗒咔嗒——像个坚决的啄木鸟。

身为一个讲求实际的美国人,我很看不惯法国人那种根深蒂固的沙文主义和教条观念。法国人认为烹饪是门艺术:如果名厨蒙塔涅[1]说要如此这般,那简直就是圣旨——在他门下那些都是业余爱好者组成的美食协会会员眼里尤其如此。而且老天哪,他们多能说啊!这盘菜有什么历史掌故,关于这道菜谁说过什么,又是什么时候说的——在这些人眼里全都至关重要。可是正像保罗常说的那句话,"语言不是事物本身"(这是他最爱的论调之一,是语义学家阿尔弗雷德·科日布斯基说的)。我写作这部书稿的时候,就一直提醒自己,不能只从表面意思上理解西姆卡和露伊瑟写的东

---

[1] Prosper Montagné,法国著名厨师、美食家。曾写过多部美食著作,其中包括著名的《拉鲁斯美食大百科》。

西。每道菜都该通过实践的检验,也就是说,除非你亲眼看到这方法行不行得通,否则一切都是纸上谈兵。

我把稿子里的每一道食谱都亲自做了一遍,也查证了各种各样的"无稽之谈",也就是一般的烹饪书里没有、可许多人确信的说法。这花费了不知道多少时间。

比如说做汤吧,我每天做一道汤。做蔬菜汤的那天,我参考了西姆卡的食谱,还有蒙塔涅的《拉鲁斯美食大百科》、阿里·巴布的菜谱、库农斯基的做法。我把这些全看了一遍,然后分别用了3种不同的做法,有两个严格遵照菜谱,另一个调整了一下,适用于高压锅(恶心、烦人、招人恨的高压锅——我讨厌这玩意儿!它把所有的东西都变得恶心兮兮的!可美国人爱用这东西)。餐桌上,我的"小白鼠"保罗夸奖了这3道蔬菜汤,可我不满意。我觉得这道汤的秘诀在于,要先用蔬菜和火腿熬出高汤做底,然后再放卷心菜;而且不能把卷心菜煮得时间太长,不然酸味就出来了。可是,该不该把卷心菜先汆烫过再下锅?我应该试几种不同品种的卷心菜吗?要是缩短用高压锅熬汤的时间,这该死的机器做出的汤会好喝一点儿吗?

我必须把这些"怎么做"和"为什么"的问题搞清楚;否则,我们写出的不过又是一本平庸的食谱——这绝不是这本书的定位。我感到我们应该尽一切努力,让读者看到该如何把一切做到完美无缺。如果可能的话,还要解释清楚为什么要这样做,而不是那样做。不能有一点点折中!

我在围裙上擦擦手,把问题和更正的答案潦草地记在手稿的空白处,然后继续下一道菜。炉灶旁的台面上,皱巴巴的纸页越堆越高了。

实践过程中，我在"量度"方面有了些发现，它们对我的重要意义，丝毫不亚于一位弗西林学者发掘到一座古墓。例如，做白酱的时候，法国的烹饪书上会把黄油和面粉的比例精确到克数。可美国的书上会写"加入一大匙黄油、一大匙面粉"，比起法国的食谱，这个配比里的黄油太多了。意识到这个之后，我们不得不重新修改食谱。在我们的白酱做法中，我们告诉读者应该用 2 大匙黄油、3 大匙面粉来做面糊。在某些人看来，这相当枯燥乏味，可对我来说，这等于发现了一个重要的而且被人忽视的步骤，随后我们给出了自己的、经过深思熟虑的解决方案。简而言之，这就是胜利！

当我正在跟"酱汁中的黄油"这个主题搏斗的时候，保罗带我去了一家小餐馆。这家馆子叫蜜雪妈妈之家，在塞纳河右岸的瓦格拉姆大道上。这家店的特色是"南特白黄油酱"，是一种浇在鱼类菜肴上的奇妙酱汁。这是个地区性的做法，算不上传统。关于这道酱汁的做法，连一流的法国烹饪书（无论从卡莱姆到阿里·巴布，还是《拉鲁斯美食大百科》到库农斯基）都写得极为含糊。我找不到清晰完整的白黄油酱的做法，于是我决定来一番实地调查。

走进这家馆子，我们见到了蜜雪妈妈本人：一位小个子、白头发、手脚麻利的女士，大约 62 岁。她告诉我们，1911 年她从卢瓦尔河畔的南特来到巴黎，14 年后开了自己的餐馆。而她先生的工作就是吃美食、喝葡萄酒，然后和顾客们聊天，他干这个十分在行。这个小小的餐馆只坐得下20位客人，但经营状况很好。这很大程度上是浓稠、柔滑的白黄油酱的功劳。说穿了也没什么特别的，只是把温热的黄油和用红葱头、葡萄酒、醋、盐和胡椒调成的酸味基底混合起来，一般搭配鱼、蔬菜或白煮蛋吃。浇在梭鱼上，就是白黄油酱梭鱼了。

蜜雪一家非常亲切和善，有了空闲，大厨便邀请我们走进她的厨房，给我们演示如何做这道著名的酱汁。她的老式炉灶上放着一个棕色的珐琅酱汁锅，我仔细地看着她把酸味的底汤收汁成为糖釉状，然后挖一勺冷黄油放进锅里，用非常小的火搅拌乳化。我们坐下来品尝了一道精心煨煮的多宝鱼，上面慷慨地浇着足量的白黄油酱，真是鲜美得无法形容啊，整个晚上都充满了暖洋洋的满足感。

第二天，在家中"实验室"里，我做出了蜜雪妈妈的白黄油酱，然后记下了它。我相信，这是世上第一份清晰完整的白黄油酱食谱。一天晚上，我通过了最终的测试：宴请几位朋友的时候，我在海鳗上浇上了白黄油酱。那真是个完美的历史时刻。

我们这三个老饕性格互补，配合得相当好。露伊瑟在创新方面提供了不少有价值的建议，比如该在什么时候、如何加入丰富的配料，例如大蒜、红葱头、新鲜豌豆或是番茄。这些都是地道的法国味，却很得美国精髓，因为美国人喜欢在食物上有所创新。不过西姆卡和我则更为一板一眼。

在食谱试做和记笔记这些事上,西姆卡非常专业,一丝不苟。有时候,她能一天工作10个小时。

至于我,除了知道出版行业竞争残酷,我对它一窍不通,可我发觉烹饪书写作正是适合我的工作。我发现自己可以写上一整天不休息。家里乱得不像话,可我没工夫管这些(保罗很理解)。有天黄昏,我们的朋友库布勒夫妇开着一辆红色吉普车突然造访,大家一起去了马里乌斯餐厅吃晚饭。当晚过得很开心,可我一回到家,就立马坐到了打字机前,一直工作到凌晨2点。

一旦开始了写作,我发现写烹饪书太有成就感了,我希望年复一年地写下去。

8
法式家常菜

有天晚上,在露伊瑟家里的晚宴桌旁坐着12个人。其中的8位女士再加上4位男士中的3位,开始冲着彼此大声嚷嚷,而不是好声好气地说话——这正是法国人的习惯。他们正快活地争论着什么:天主教义和神秘主义,美国在摩洛哥的政策、车祸,如何调制朗姆鸡尾酒,等等。我一头扎进了这场语言的大旋涡。保罗是桌旁唯一静默不语的人,他如坐针毡,低声说他想回去了。哎,我俩在这一点上很不一样。开车回家的路上,我们小吵了一架。一开始我认为保罗逃避真实的人生,想住在象牙塔里,可他不同意这说法;然后不知怎么地就跑题了,我俩傻乎乎地争论起《时代》杂志来。当然了,争吵的症结很有可能是别的问题,比如我们悬而未决的将来。

美国政府依然没有决定如何安置我们,我们留在巴黎的时间被"暂时"延长了。

1952年10月,清冷、晦暗、潮湿的冬天降临了巴黎。上面传来消息说,保罗不可能得到理想中的马赛公共事务官的职位。现任的公共事务官在延期的探亲假结束之后就要回来了。消息令人丧气,可阿贝·马尼尔给我们打气:"还有机会的。"有两个新的可能性摆在我们眼前:去波尔多做公共事务官,或是去维也纳做布展方面的工作。保罗和我商议了一番,然后决定:既然我们两个都热爱法国,说着这里的语言,交到了当地的朋友,而且不想离开这里,所以波尔多是我们的首选。

11月,我接到了艾沃出版社老板萨姆纳·帕特南的来信,说我们的书暂时定名为《法式家常菜》。"经过一年的挫折,我们离成品还有很远。"他写道,"现在重任落到了你肩上,你要决定什么该写,什么不该写,必须成为绝对的带头人。"他说里珀格关于这本厚书的工作"一点也不精致",还说"你可以把他的工作完全抛开不理"。

他继续写道:"买《法式家常菜》的美国女性很可能讨厌别人告诉她该怎么安排厨房布局、布置餐桌,该怎么拿煎锅或是怎么煮鸡蛋——这些东西她从妈妈那里,或是范妮·法默[1]

---

[1] Fannie Farmer,美国著名烹饪专家。

那儿早就学会了,你不觉得吗?她们会期望这本书教她如何给菜增添法国味……如果这些食谱……不能轻而易举地被你们学校里最蠢的学生掌握,那它们就太复杂了。"

帕特南这封信在我们仨、我们的先生、朋友们中间引起了激烈争论。看起来,在出版《法式家常菜》这个问题上,帕特南是很严肃认真的,而且露伊瑟一年前去纽约见他的时候,已经彻底被他的魅力折服了。可我从美国的朋友那儿听说,艾沃出版社并不是个很受人尊敬的出版社。显然,帕特南有钱,涉足出版业是出于兴趣;他对烹饪懂得很少,也很少为书籍做广告,而且我听人说这家出版社的财务很是马虎。道义上我们算是跟他许下了承诺,可法律上并没有,因为我们没有签订任何合同,他也没有给我们预付款。如今他想在1953年3月1日之前看到定稿,我们应该怎样回复他才好?

西姆卡和露伊瑟认为我们应当继续和艾沃出版社合作,她俩觉得我们是籍籍无名的作者,而且帕特南先生是个好人,也喜欢我们的书。毁约又有什么好处?

我不同意她俩的观点。我明白我们确实没有名气,可我们也没理由低声下气。我认为,改写后的书已经足够好,如果交到合适的人手上,自然会有好销路。我们足够专业,我们有清晰的愿景,我们的书将会成为全新的、激动人心的作品。我甚至大言不惭地预言,或许有一天,它将被人视作法式烹饪的扛鼎之作。因此,我看不出有什么理由要把我们的心血浪费在一家不靠谱的公司身上。

我们商量来商量去,终于一致同意目前还是先跟艾沃出版社继续合作下去吧。

作为三个人的代表,我写信给萨姆纳·帕特南,向他解释新版《法式家常菜》不仅仅是本食谱集而已,它将是法式烹饪技法介绍和食谱的综合。我们的方法建立在大厨巴格纳德和蓝带学院所传授的"基调与变化"的基础上,也建立在我们三个在自己的美食学校里摸索出的经验之上。我们将会以亲切的、人性化的笔调来撰写,会让读者感到烹饪并不是难事,而是一件充满乐趣的事。但是,这本书也会是一本严谨的、经过充分研究的参考书。我们的目标是把法式料理表面上的繁文缛节简化,留下合理的、本质的东西。而这个工作无论是在英语世界还是法语世界中,都从未有人做过。

"光说清楚'怎么做'是不够的,读者应当知道'为什么',知道哪里有陷阱,出了错应该怎么补救,怎么存放菜肴,怎么布菜,等等。"我写道,"这是一本全新的烹饪书。"我总结:"这个领域的竞争是残酷的,可我们预感这本书将成为法式料理的重要作品……并且可以成为常销书,一直卖下去。"

帕特南先生没给我回信。我用外交邮袋给他寄去了"酱汁"那一章,他也没有回音。真奇怪。

同时,我也给4位心腹密友寄去了3份"最高机密"的酱汁食谱——荷兰酱、蛋黄酱、白黄油酱,请她们在真正的美国厨房里用真正的美国食材检验一下。这4位"小白鼠"是多特、弗蕾迪·查尔德、多萝西·坎菲尔德·费希尔、弗里曼·盖茨太太(我的朋友),我请她们把每种酱汁都按照我们描述的方法试做一遍,然后诚实地给出反馈。"我们的目标是,向法式料理的入门新手和专业厨师解释清楚'如何做出法国菜'。"我在附信中写道,"你喜欢我们遣词造句的方式吗?你会重视这样的一本书吗?"

9
阿维丝

1952年春天,伯纳德·德沃托在《哈泼斯》杂志的"安乐椅"专栏中发表了一篇洋洋洒洒的文章,抱怨美国生产的厨刀质量不好。他受够了不锈钢,尽管这种材料不会生锈,可也很容易钝。正巧我对此感同身受,所以我给德沃托写了一封读者来信,还附上了两把法国产的削皮刀,这种刀不是不锈钢,而是碳钢的。

我收到了一封长长的、流畅的回信,是德沃托夫人从马萨诸塞州坎布里奇的家中厨房里写来的,她的名字叫阿维丝。原来在他们家,她才是那个下厨动刀的人,是她建议伯纳德写了那篇文章。阿维丝不仅是个文笔生动的作家,也是个深爱美食的厨娘。所以,我们开始了来来回回的通信,多半谈的都是吃。

阿维丝的信往往有六七页那么长,用回形针夹着。有封信里,她提到一种好吃的煎蛋卷,里面有胡椒、番茄、培根和洋葱。以前她曾在巴黎一家馆子里吃到过,从那以后,那喷香的滋味就一直萦绕在她的心间,阿维丝想知道是怎么做的。所以,保罗和我就找到那家小馆去瞧了瞧。馆子的外貌很不起眼,里面挤得要命,人声鼎沸,收音机也在大声喧闹。这地方我是不会再去第二回了,可蛋卷煎得真是棒极了,我在心里默默做了笔记。

我把酱汁那一章寄了一份给阿维丝,跟她说了说我们跟艾沃出版社之间的麻烦事。她立即回了信，她认为我们的稿子有绝佳的潜质，并且希望获得我们首肯，让她把稿子拿给霍顿·米夫林出版社（后文简称"米夫林出版社"）看看，她先生的书都是放在那儿出的。阿维丝指出，米夫林出版社运营状况很好，资金充裕，而且社里有一位烹饪专家多萝西·德·桑提拉娜夫人，懂得如何从美食的角度来评估稿件——而艾沃出版社显然缺乏这个。阿维丝担保米夫林是一家诚实慷慨的出版社，是上佳的合作伙伴。

我高兴极了。可当我把这消息告诉两位搭档时，露伊瑟不同意：她觉得我们有义务跟萨姆纳·帕特南合作。我反对说既然没有预付款，没签合同，而且那边一直杳无音讯，我们完全没有义务跟他们继续合作。经过一番权衡，西姆卡站到了我这边，而露伊瑟也心动了，同时对帕特南感到颇为歉疚。

我松了口气，赶紧给阿维丝写了一份授权文件，请她把酱汁那一章拿给米夫林出版社。随后我们这三个老饕只能祈祷自己好运，分头继续工作去了。

10月28日星期二，法国最著名的饕客、酒品鉴赏家、食品商和美食作家会聚一堂，在巴黎共赴飨宴。这种晚宴要价不菲，对消化系统绝对是个负担，此前我们一向婉言谢绝。可这一回不一样：这次聚会的主题是为库农斯基庆祝80大寿。

宴会共有387名宾客，分别来自巴黎的18家美食协会。

我来自圆镯俱乐部，保罗属于普罗斯帕·蒙塔涅美食协会（这个团体以那位厨神的名字命名，其中不少会员都曾经与他共事过）。我们在普罗斯帕·蒙塔涅这桌落座的时候，没法不留意到圆镯俱乐部那一桌传来几缕冷冷的目光。虽然如此，我们还是觉得蒙塔涅更有趣，因为这些人都是美食界的专业人士，而圆镯俱乐部的女士们都是热心肠的业余爱好者。

嘉宾们热情洋溢，全部盛装出席。女士们戴着华丽的帽子，男士们打着色彩明艳的领结，佩戴着奖章、徽章、金链子、标志着重要身份的花饰（设计中包含中世纪行业公会的象征符号）。衣香鬓影，真是华彩炫目，有趣极了。那些懂行的人为我们这些门外汉逐一指点，哪些人是品酒杯骑士协会会员，哪些人是法国国际美食家协会会员，哪些人又是餐桌旁的佳人良伴。

我的左手边坐着一位餐馆老板兼主厨，在乡下开着一间米其林二星的饭馆。我的右手边是中央市场一位"位高权重"的肉铺老板。保罗身畔坐的是这二位先生的太太，我们六人凑成了乐呵呵的一桌。每个座位前都摆着9个酒杯，一顿美餐下来，从夏朗德甜酒到1872年的雅马邑白兰地，我们品尝了一系列佳酿。当晚菜式亦是神来之作：牡蛎、多宝鱼、牛排、雪芭、鹧鸪、沙拉、奶酪、冰激凌（多宝鱼和鹧鸪是特地献给库农斯基的）。16位厨师（不用说，一定忙得手脚朝天）合作完成了这场令人叹为观止的盛宴。

生日蛋糕像个硕大无比的宝塔，共有8层高，插着80根蜡烛，镶满精致的奶油花饰，由巴黎一位烘焙大师亲手装饰。

用完咖啡，美食作家协会的一位老者起身为库农斯基致生日贺词，这位老先生一头乱发，犹如爱因斯坦。而贺词冗长得要命，15分钟后，听众们开始不耐烦；20分钟后，厅堂四周响起了嗡嗡的低语聊天声；半小时过去，这位德高望重的文学家每讲几分钟就暂停下来，瞪着人群批评道："如果你们只懂得欣赏美食的艺术，却不懂得文学的精妙，那我建议你们回家去！"

他每说一次，底下就响起热情的欢呼和口哨声。

等老先生终于讲完，热烈的掌声响了起来，16 名厨师从厨房中鱼贯而出。库农斯基喜笑颜开，跟 3 位领衔大厨一一颊吻。已经深夜 12 点 3 刻了，趁着演讲的空隙，我们溜了回家。

作为对这位伟大美食家的最高致敬，巴黎 27 家一流餐馆做了一些小小的黄铜牌子，上面镌刻着库农斯基的名字。这些牌子将安装在各家餐厅最好的位置上。只要哪天库农斯基想去某个馆子，比如说大维富餐厅吧，这个位子就会自动留给他，而且他将享受一顿免费的美味大餐。

我的继母费拉做了个手术，切除了肠道内的一块息肉。我给在帕萨迪纳的爸爸拨了个 3 分钟的越洋电话。他告诉我那块息肉是良性的之后，我们还剩下 2 分钟 45 秒的时间。这种紧急的事说完后，就不知道该说什么好了。我只好说："艾克[1]当选了，帕萨迪纳的人大概很开心吧。"

"开心？当然了！"大个子约翰咆哮道，"谁会不开心？每个人都开心！当然了，你们在那头，才不会知道民众的反应——你们看见的新闻都是一面之词。"

这话很难服人，尤其是从他嘴里说出来——父亲只看《洛杉矶时报》(*L. A. Times*)。顺便说下，保罗和我如饥似渴地阅读的都是《纽约时报》(*The New York Times*)、《国际先驱论坛报》、《费加罗报》(*Le Figaro*)、《时代》、《财富》、

---

[1] 第 34 任美国总统艾森豪威尔的绰号。

《新闻记者》(*The Reporter*)、《哈泼斯》、《纽约客》,甚至还有法国的《人道报》(*L'Humanité*),更不用提使馆的电讯、情报、简报,还有从世界各地源源不断涌入的、24小时不间断的新闻通信和消息了。所以,究竟谁看的才是一面之词?

几天后,我收到亲爱的继母费拉寄来的便笺,她说自己的身体状况甚好,让我别再拿政治话题惹老爸了,弄得太闹心。然后我弟弟约翰也插进来,让我把那些自由派的观点讲给自己听去。这帮人!

我很认真,每周都给父亲写信,可既然我不能再提政治,也不能说自己的人生观,剩下那就没什么可说的了。他是个亲切的人,是个慷慨的父亲,是社区里真心为大家谋福利的好人。事实上,他具备成为一名举世无双的英才的一切素质——除了他对政治问题太过情绪化(我也是,可我在训练自己更理性、更客观地看问题)。他上的是普林斯顿大学,可他并不理性,而是偏执又冷漠。他认为保罗是个"艺术家",又是个"新政派",所以完全不把他放在眼里。这意味着我们父女之间不会有真正的情感沟通。他简直是个反面教材,太遗憾了。

1953年1月第一周,我们收到了阿维丝·德沃托的来信,我大声地念给西姆卡和露伊瑟听:

> 我刚刚看完了你们的书稿。我必须得说,它把我给震撼住了。我太着迷了,它比我想象中的还要好……

我恨不得立刻把稿子送到多萝西·德·桑提拉娜家里去给她看，我知道她会像我一样迷上它的……我相信，也希望这本书会成为经典巨作，成为必备读物，而且影响深远……我无比喜爱它的写作风格。恰到好处——亲切自然，偶尔幽默两下……如果找对了出版商，不管测试期和编辑期有多长都没有问题。如果出版商对此感兴趣，他会心甘情愿地等着你们完成大作。没问题的。我刚刚跟多萝西·德·桑提拉娜通过电话，明天就拿着稿子去她家——这稿子我片刻也不想离手。她激动着呢……咱们静静地祈祷吧……

10
五味杂陈

1953年1月15日，保罗年满51岁，他接到消息说"有98%的可能性"他将被任命为马赛的公共事务官。消息还说，他大概要立即走马上任，很可能3月份就得过去。但是由于我们尚未接到正式通知，一切都要低调保密。

我的第一个念头是：多幸运啊！我们很可能会被委派到雷克雅未克或亚的斯亚贝巴，可我们留在法国了！我的第二个念头是：突然要迁到法国的另一头，我们的烹饪写作可麻烦了，更不用提美食学校的课程。不过，会有办法解决的。

这悬而未决的调动弄得人心惶惶。我们浪漫地希望保罗的薪水会翻倍（在巴黎4年多了，他的薪水一次没涨过，也没升过职），除了悠闲地周游法国、学习新菜谱、拍照片、交朋友，大使不会再要求我们干别的了。有一天，我们正一边饮茶,一边读早报,保罗突然开口说:"去马赛之前咱们应该把名片先印好,这主意你觉得如何?"还有一次,正当我们沿着塞纳河漫步,我脱口说出一句:"要是房子没有酒窖,我可不干。我才不管他们说什么呢!"

随后举家搬迁的恐惧笼罩了我们。"说实话,一想起要在全新的地方重新开始生活,我就难受。"保罗咕哝道,"难怪小孩子出生的时候哭得那么凶……但如果说变化是人生的调料,那我人生里的调料肯定多得你听都没听说过,简直五味杂陈。"

他听人说,如果你是公共事务官,那么周末就是你一周之内工作最密集的48小时。"我不会喜欢这份工作的。"他给查理写信说,"什么时候休息呢?什么时候画画,什么时候停下来喘口气呢?什么时候给家里写信、悠闲地溜达溜达、听莫扎特、看海面上的波光呢?……显然,'奢侈'的巴黎生活把我变懒散了:在巴黎,一到星期五晚上,铁幕就落了下来,把工作隔在我真正爱做的事情之外。现在好了,我又要和茱莉坐上飞毯了……没有倒车的机会……一切就绪,他们就要'1,2,3'发令了……抓稳帽子,孩子们,我们又要出发了!"

1月16日,星期五,我们收到了阿维丝洋洋洒洒长达6页的信件。"伯纳德嗜好肉和土豆。"她写道,"他热爱辣味的菜(尤其是墨西哥菜和印度菜)和葡萄酒,但尤其热爱马提尼。"阿维丝有继发性贫血的毛病,但可以通过饮食来控制。她对美酒和美食的口味和我们很像。至于稿子和米夫林出版社的情况？——谨慎地保持乐观。阿维丝觉得，他们挺喜欢酱汁那一章，而且有相当大的可能性会出版这本书。但现在开香槟庆祝未免为时过早。

而萨姆纳·帕特南那儿连一张明信片也没有。

我写信给两位搭档："如果米夫林真的碰巧看中了我们的书，而帕特南也想要的话，我们应该跟帕特南好好谈谈。我倾向于和米夫林合作，因为他们是最好的出版社之一……我确信帕特南是个大好人，可我觉得，他没能力像人家那样，把咱们的心肝宝贝养大。"

几天后，西姆卡带着克劳德·提蒙大厨来到我家厨房，他是巴黎最伟大的甜点大师之一。他人很好，很诚实，经验老到，说话口音很重。他是来讲课，不是来吃饭的。我们这些学生做给他看——我们会烤蛋糕，也会裱花。可老提蒙强悍得很（他理当如此），要求标准很高，而且有一整套教人的方法。

"不错。"他评判着我们做出的第一个蛋糕，"但是还不够好！"

我们很快把提蒙大厨聘请为学校的客座教师。做派皮的时候，他简直有一双充满魔力的手。当你看见他给蛋糕裱花，你就会认同那句著名的话："世上只有4种伟大的艺术：音乐、绘画、雕塑、甜点装饰——而建筑或许是后者最不起眼的衍生物而已。"

这年 1 月，我用上新技法，为保罗的 51 岁生日做了个蛋糕。保罗盛赞这是"大师级的作品"。提蒙的评价是"不坏"，这就是他最高级别的表扬啦。我自豪地挺直了腰板。

"米斯彻尔"号是巴黎开往马赛的豪华特快专列，1953 年 2 月中旬，它搭载着我们一路南下，7 小时内穿越了卡其色调的国土。一路上阴湿多雨，一半土地都泡在雨水中，有时还会飘起雪花。晚上 11 点，我们到达了马赛，展开了探路之旅。

在闪耀着星光的澄澈天空下，这个古老的港口城市一直延伸向地中海。戴夫·哈林顿在车站接待了我们，保罗接任的就是他的工作。他带我们绕着城镇逛了一大圈，最后进了一家酒吧，喝喝啤酒，听他说说领事馆以及公共事务官的诸多职责。然后我们换了一家酒吧，继续喝啤酒聊天。哈林顿很有魅力，很容易相处，在当地有广泛的人脉关系。但很显然，他和总领事海伍德·希尔之间有过节，关系不好。这让我们踌躇了一下子。哈林顿看上去不像是那种爱树敌的人。走回酒店的路上，保罗和我都安慰对方，相信希尔领事会是个好人的。

次日一早，我们在灿烂明媚的天气中醒来，可四周充满了噪声。"我总是忘记，这是个多么喧闹、多彩的城市啊。"保罗写道，"喇叭声、齿轮的嘎嘎声、叫喊声、口哨声、摔门声、卸木材的声音、玻璃打碎的声音、收音机闹哄哄的声音、船的汽笛声、锣声、刹车声、怒吼声……这儿的声音

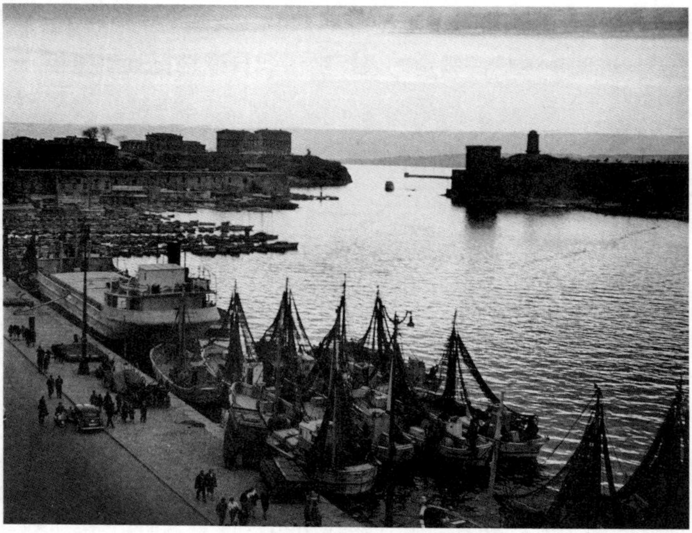

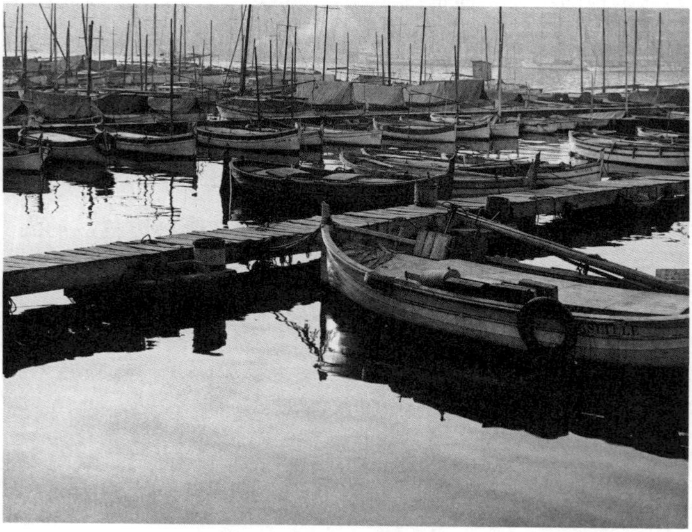

似乎比别处要响上 10 倍。"

我不认为当地人是在"怒吼",在我看来,马赛人彼此沟通起来其实很开心,只不过他们喜欢用上最大的肺活量。这里的人们非常友善,食材全是当季的鲜货,葡萄酒的味道年轻而强烈。换句话说,马赛正是理想中的古老的地中海港口城市的模样。

我留在酒店房间里,在打字机上疯狂地敲着我们的美食研究,保罗到领事馆去见同事、问问题,看各种各样的文件、报告、图表。他去跟海伍德·希尔面谈的时候,这位总领事一个问题也没问他,也没让他插嘴说一句话,而是给新上任的公共事务官来了一场甜蜜温馨的独白:"咱们这个小小的领事馆家庭应该是整个外事部门里最和睦、工作配合得最好的团队……"保罗说这位新上司是个紧张兮兮、喜欢大惊小怪的人,这个人凭着谨小慎微和保守的脾性,在外事部门里混了 25 年。不过保罗也承认,他俩才刚刚相处 7 分钟,或许希尔是个极好的老板也说不定。

13 号星期五,我们醒来后发现那些热带的棕榈树、红砖屋顶,还有嶙峋的地中海海岸上都覆盖着皑皑白雪!真漂亮啊,可也真够怪异的。保罗把车子开上泥泞的道路,前往艾克斯、阿维尼翁、尼姆和蒙彼利埃去参加一连串紧锣密鼓的会议,会见当地的市长、大学校长、音乐节导演、记者、房产中介和其他各路大人物。后来的日子里,我也陪他一起到"新辖区"各处去会见一批批的市长、编辑和学术界人士。西边我们去了靠近西班牙边境的佩皮尼昂,东边我们到了蒙特卡洛。一路上,我坠入了蔚蓝海岸的情网。

这里的人们都是热心肠,极有个性,又有波光粼粼的地中海，风里含着盐香，山势崎岖起伏，还有一望无际的葡萄园。（法国政府对种植葡萄的农民发放补贴，结果就是：有太多人种植葡萄，但赚到钱的人不多，于是就需要更多补贴。真是个疯狂的系统。）这里的天气总是变幻不定。前一天，天空还是冰蓝的，风冷得刺骨；可第2天，我们就能在暖阳中坐在橘子树下吃午餐，在金合欢花田里晒太阳；到了第3天，干冷的北风呼啸而来，席卷过嶙峋的大地，狂暴地拍击着树枝、灌木、野草和葡萄藤。

"老天啊，咱们怎么有这么多东西！"我们在大学路81号收拾行李时，保罗感叹道。分拣打包的时候，我想把所有东西都留着，而保罗则想全部扔掉。（数年前，有次扔得兴起，我们把结婚证书给扔了，太过火喽。）我们喃喃咒骂，汗流浃背，最终几乎达成了一致，只留下了一丁点儿分歧。我俩是好伴侣嘛。

我最大的难题是收拾那堆书——重达数千克的手稿、参考书、文件盒子，还有散落的笔记，光是这些东西就塞满了两个沉重的行李箱，更别说打字机和厨房里的那些东西了。"黑郁金香"里塞不下这么多，所以保罗不得不使出搬运工的本事，把大箱子举上车顶的行李架绑起来：深蹲、吸气、扛上肩、呼气、放上行李架，再呼哧呼哧好好喘口气。

为了把皮埃尔夫人的公寓变回原样，我们不得不从仓库里把所有发了霉的家具拖出来，把所有的小摆设和边缘镀金的镜子挂回客厅，把57个装饰的小玩意儿重新安装回卧室，收拾、擦洗，给每个箱子上贴上标签，然后用棕色的鞋油把镶木地板上的每一条细微划痕补好。每把钥匙都要交还，租约上的每一句条款都要重新浏览一遍。如今环视这个老旧的公寓,看着那些天鹅绒坐垫的椅子、摇摇晃晃的桌子、裂了缝的瓷器、破了的地毯、生锈黯淡的厨房设施,我真不明白,以前我们怎么会觉得这个地方"迷人"呢。

皮埃尔一家子都是好人,有尊严,有原则,彼此相亲相爱。可我们很替他们忧心。皮埃尔夫人是房主,自打将军过世,是她操持着里里外外的所有事情。她已经82岁,越来越糊涂,也爱忘事了。更糟糕的是,她的女婿艾维·库埃迪克在前一年的夏天碰上了一件奇怪的事故——他在诺曼底的家里待着的时候,一棵树倒下来砸到了他的头,伤势很严重。如今他说话还不太清楚,走起路来一跛一跛的,神智也有些迷糊。他55岁,退休尚早,尽管他每周有3天仍然去办公室,但这可怜的家伙明白大势已去,基本上放弃了希望。

这些事情意味着,家庭的重担落到了可怜的库埃迪克夫人身上。她必须要养家糊口,照顾这幢房子,可为了家族的面子,她又不得不装作是母亲和丈夫在掌管这一切。太艰难了。库埃迪克夫人很有勇气,可有时候又出奇地羞涩,不够果断。雪上加霜的是,她的小儿子米切尔是个海军军官,就要出征去印度支那打仗。众所周知,法国每年在那儿损失的将士、军官的人数和每年军校的毕业生人数差不了多少。

据我们所知,房东一家的收入很少,其中大部分又来自我们交的房租。我们疯狂地到处寻觅租客,可运气很差。一对年轻的美国夫妇过来看了看,瞪着房间里的装潢呆看了4分钟,吓得直说:"这个我们可吃不消!"

保罗和我找到皮埃尔夫人和库埃迪克夫人,跟她们坐下来谈了谈:"二位,要是你们想提高房租,把房子租给外国人,就得清理掉一些花里胡哨的东西,新装几盏灯,再装个电话。"

"可那些红天鹅绒椅子都是'美好年代'[1]的东西啊。"皮埃尔夫人抗议道,"还有那些丝绒!"她就是没法理解,为何我们这些自以为是的美国年轻人就是没眼光呢?要是回到1875年,桃花心木上镶着的那些有虫洞的深绿色丝绒可是全巴黎最时髦的呢。而且皮埃尔将军从来不喜欢灯泡亮过25瓦。还有,电话这玩意儿纯属多余——"我奶奶就没用过这种东西"——房客想要,就自己装呗。

"那好吧。"我们对视一眼,"我们尽力了。"

怎么安置米奈特·合欢·麦克威廉斯·查尔德,是我们的最后一桩心事。我真舍不得把它留下,可我们没法把它带到马赛,那儿连个房子都没有呢。为了给它找个舒服的家,我到勃艮第街上的菜市场去找"当季玛丽"——这位人脉极广的万事通,是我在全巴黎乃至全世界最喜欢的人之一。当然了,她有办法。她带我去见了开猪肉铺的太太,她家一只年老的猫刚刚离世了。老板娘瞧了一眼米奈特,笑了。我觉得这个安排十分妥当,因为他们就住在熟食店楼上,还养着一条和气的老狗,这回米奈特有各种各样的香喷喷的碎肉吃啦。

终于收拾好,可以搬家了。打包工人周一早上7点半来到大学路,1个小时后,公寓里活像阿里巴巴的山洞。装箱打包用的细刨花、板条箱、纸、行李箱、家具、艺术品、酒瓶子、画、照片、亚麻床单、威尼斯水晶玻璃、阿索罗丝织品、锅碗瓢盆……堆到了膝盖。12小时后,搬家工人和我

---

1 La Belle Époque,指的是法国19世纪末到20世纪初的一段时期,那时法国从战争中恢复了元气,而工业革命也带来经济发展,社会一派繁荣的景象。

都歇手不干了。累死了。保罗一整天都陷在繁文缛节当中，填写诸如 FS-446 号表格和"给旅游管理部门的建议"之类的东西，还要上交煤气卡、福利社的购物本，安排运送家具物品、领工资什么的。

所有这些忙乱让我们感觉到，这回真的要切断我们与巴黎之间的联系了。唉！

西姆卡和露伊瑟在露伊瑟家里为我和保罗举行了一个告别晚宴。到场的有十几位客人，还有个大大的惊喜：库农斯基！之前，西姆卡和露伊瑟一再要求保罗带上相机，可就是不肯告诉他为什么。现在真相大白了：她们希望保罗给我们拍合影——三个老饕和王子殿下。所以保罗拍了一些，还用上了一个名叫"闪光枪"的新玩意儿。

那天晚上的基调是欢欣快乐，而不是忧伤送别，因为保罗和我已经说服了自己，与其想着我们要离开心爱的巴黎，倒不如认为我们要在法国开始一场全新的探索旅程。更重要的是，多萝西·德·桑提拉娜来信说，她看到我们的手稿后"激动万分"，而且米夫林出版社正在准备跟我们签订出版合同！哟嗬！

距离我们把稿子寄给艾沃出版社已过去了将近两个月，可我们从未收到只字片语，这实在太不专业了。1 月底，我们寄去了一封解除合作关系的挂号信。没过几天，我收到帕特南先生一封措辞激烈的来信，结尾倒还大方："祝你们好运。"

米夫林给我们的版税是 10%，并且预付 750 美元，每期 250 美元，分三期付清。

"别担心艾沃出版社那边。"我对两个紧张的搭档说，

"这不是损失，是收获。米夫林是更可靠的出版社。"西姆卡和露伊瑟小心翼翼地点点头。

第二天，天气晴暖，天空犹如月亮宝石般湛蓝，我们迎着车流向南开去。绝大部分迎面过来的车子上都架着滑雪板，或许刚从瑞士回来。在沟渠和树林的背阴面还有成堆的白雪，可田野里已经阳光普照，农民播种的身影已经星星点点地散落其间了。

第 四 章

马赛鱼汤

I
未知的领域

我们满怀期望地抵达了马赛,带着开放的心态和味蕾,准备品尝全新的滋味。1953年3月2日,下午5点刚过,满载着沉重行李的"黑郁金香"停在了小旅馆门前。得知我们特意选了这么一个狭小又不起眼的旅馆,领事馆的同事们都吓坏了。可我俩就是不喜欢那些时髦豪华的大饭店,一点儿当地风情都没有。我们像两台蒸汽机似的,奋力卸下行李,拖进房间。等一切收拾停当,已经6点半了。呼!

我看向四周。昏黄的灯光映照出房间里的物件:印满花朵的墙纸,一个坐浴盆,一张质朴的床。必需品都在这儿了。我们家庭守护神的小雕像带着一副安详的表情,坐在唯一的桌子上,环视着成堆的箱笼和行李。要是我也能像它这么沉着从容就好喽。

晚餐之前,我们沿着老港口的鹅卵石路逛了一会儿。空气十分冷冽,微风中带着港口的污水味和鱼腥味。码头上各色人等都有:水手、士兵、阿拉伯人、流浪儿、妓女、扒手、小店老板、游客、市民……都在忙碌着,喧嚣着。有一半的男人都打扮得像好莱坞电影里的黑帮,而身边的姑娘们都是一副压寨夫人的模样。汽车喇叭鸣叫着,卡车咆哮,摩托车轰鸣,一派乱哄哄的景象。街巷中堆满垃圾,四处一片混乱。想必这是中世纪遗留的作风,把垃圾抛到窗外了事。码头上,数十条木头渔船靠了岸,枯瘦的老人和壮硕的渔家妇人在小摊子或船尾上叫卖当天的渔获。一艘来自马约卡岛的双桅帆船小心翼翼地停在岸边,两名肤色黝黑的船员卸下一箱箱颜色鲜亮的橘子。

马赛的喧闹气氛和巴黎的冷静矜持实在太不一样了。在许多法国北部的朋友看来,这里就像是地图上未知的领域:他们从没来过这里,认为这是个原始、粗俗的南方之地。可马赛就像一大碗材料丰富的杂烩浓汤——那丰沛的活力、

第四章　马赛鱼汤

饱满的情绪和无拘无束的劲头震撼了我。用保罗的话说，这是一道真材实料的"城市大杂烩"。

美国新闻处的办公地点在美国领事馆内，是一幢5层楼的小别墅，附带一个花园。地址是在靠近市中心的开放式大广场，罗马广场5号。保罗的头衔是"领事"，而鉴于他之前认识的几位领事，他对这个头衔并不怎么欣赏。他更喜欢之前那个"区域主任"的头衔，觉得更有神秘感。我们到领事馆的时候，同事们都很热情，给我们提了一大堆建议：上哪儿去买东西，如何租房子，如何认清城里弯弯曲曲的街巷，如何适应地中海地区的习俗。跟巴黎的美国大使馆那种缺乏人情味的气氛比起来，这个变化真叫人开心。这一切给我们的感觉是：在这个渺小偏远的地域，大家必须相互照应才是。

很快，新任公共事务官的日程表就被各式各样的决策、无聊琐事和胜利成果塞满了。保罗抱怨说这是"文件中毒"——记忆系统消化不良，而繁杂的交叉参照导致了腹泻。我本来喜欢趁保罗工作的时候出去逛逛，发现点新鲜东西。可是为了完成工作，我只能强迫自己在旅馆房间里坐下来，按上班族的时间规律工作。皇家牌便携打字机是我忠诚的伴侣。没有家务事和采买任务分心，我开始跟搭档们通信，继续投入到烹饪书的研究写作中去。

马赛的天气怪极了。起先接连好几天，天气都明媚得犹如加州一般，天空晴朗，空气清冽。可某天下午，太阳突然躲进了厚厚的乌云背后，让我情绪低落，烦躁不安。没了太阳，就没法乘小船去参观著名的伊夫岛，也没法去偏僻乡间寻访慕名已久的山区小镇。电影院里满满当当都是人。我没法回家烤蛋糕，因为我们没有厨房；保罗没法去画室画画，因为他没有画室；我们没法出去探望朋友，因为我们在这里没有朋友。该写的我都写了，该看的都看了，该睡的觉也都睡了。我开始觉得……无聊。雪上加霜的是，我俩的肚子又闹起情绪来。我知道用葡萄酒和马赛鱼汤来浇灭烦恼只会让心情变得更糟，可这该如何是好呢？

第四章 马赛鱼汤

我在小小的旅馆房间里踱来踱去。这地方很可爱，可我们需要更大的空间。为了解闷，我确定去瞧瞧有什么房子可租。我去的第一处房子吓了我一跳，那是个假冒的"新艺术派"[1]风格的屋子，活像个地精的帽子。然后我看了一幢毫无品位、1900年前后的烂屋子。接下来，我去了老港口附近的一幢楼，5楼有个小公寓，俯瞰着过往的渔船。这房子属于一位瑞典外交官，他得了肺结核，回家养病去了；而一旦病愈，他随时都会回到马赛。房子没什么吸引力，可在那个阴暗狭窄的旅馆里"蜗居"了几天后，我们决定先租下这位生病的瑞典人的房子，再继续找能长居的地方。

我开始慢慢摸清马赛城里迷宫般的道路了。我曾无意间闯入过一条让人"心旌荡漾"的巷子，里面全是妓院；我听说从火车站到港口的那条名叫加尼比耶的宽阔大街，被美国退伍老兵们称为"啤酒一条街"；我还发现了两家相当不错的小饭馆，专门经营各式鱼类菜肴。

其中一家开在和平路上，叫作贵多之家，店名就是店里迷人主厨的姓氏"贵多"。这位大厨10岁就入了餐饮这一行，是位真正的绅士，也绝对是个完美主义者。他的厨艺水平至少能拿个米其林二星，可这家店开的时间还不够长，没有资格评星。

贵多对当地美食相当自豪，很高兴能把这些知识讲给我们听。他把自己相熟的肉贩名字告诉了我，当保罗提起当地有些葡萄酒的味道有些发酸时，他介绍我们认识了一家棒

---

[1] Art Nouveau，19世纪90年代流行于欧洲的一种建筑装饰风格。

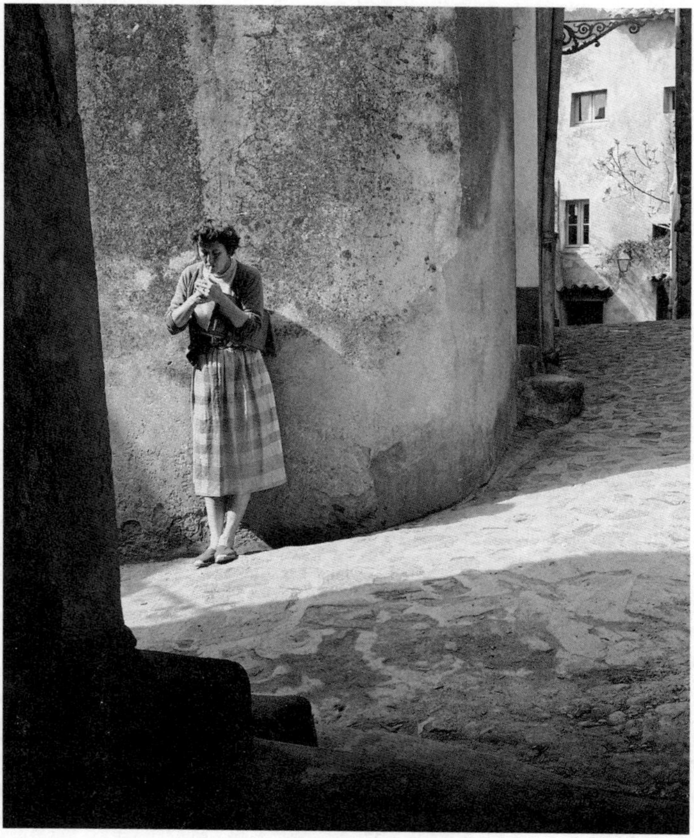

极了的酒商。贵多最富有魅力的地方之一是他有个 8 岁大的儿子让·雅克,这孩子疯狂地迷恋"狂野西部"的牛仔和印第安人。这让我们有了个主意:贵多对我们这么好,我们很想低调地回报他点什么。于是保罗请查理给我们寄了个帽子来,印第安苏族人戴的鹰羽战帽或是牛仔帽都行,用来送给小让·雅克。

我在马赛收到的第 1 封信是阿维丝·德沃托写来的。之前我给她寄去了几张我和保罗的照片,她在回信中写道:"看到你的模样真让我开心,真是生气勃勃啊,又精神又英气。你个子竟然那么高,吓了我一跳,一米八啊,我的天呐。我仰慕高个子女郎……你们夫妇俩都棒得没话说。"

然后她提起我们的"酱汁"章节:"我狂吃了一通白黄油酱,快消化不良了。我胖了快 5 斤,在我这副小身子骨上,可不是什么好事。别人倒是不大看得出来,可我喜欢能松松地套上衣服的感觉,而不是快挤爆缝边。我也非常成功地做出了你的绝密蛋黄酱,只是我家的两台电动打蛋器都罢工了,我只能手动来打。鲜美无比,我喜欢。可我憎恨节食减肥。这都赖你。"

我们打心眼儿里喜欢阿维丝。真怪,有的人你素未谋面,却那么了解她。

2
绝密文件

尽管搬到马赛给我的写作造成了极大不便,可也为我的菜式研究开辟了一个新方向,一个我在巴黎绝对想不到的方向。除了汤的章节，西姆卡和我一头扎进了鱼类菜肴中。虽然我对这个主题知之甚少，可很快就对它产生了极大的激情，因为在马赛，鱼是极为常见的食材。

我一头扎进了鱼类研究中，因为我们试图把法国、英国、美国的各类鱼的名称和做法整理得清清楚楚，方便读者参考。不同国家对同一种鱼的叫法有时候不一样，我们叫"猫鱼"[1]的，英国人叫"狗鱼"。再比如，法语里的"鲽鱼"，英国叫"比目鱼"，可美国叫"沙鲆鱼""柠檬鲆"或"柠檬鳎"。如果你在英-法词典里查"鲆鱼"这个词儿，你找到的不只是"carrelet"，还有"limande、calimande、plie"。我发现，就连理论上全球通用的拉丁名在3个国家都有可能不一样。保罗给我帮了大忙，他给我买了上下两册、厚达1488页的《英法双解大辞典》，里面既有英国叫法，也有美国叫法。

文化差异也是个问题。有些在法国和英国被认为是美味的食物，在美国却被认为是有毒的，不能吃。许多种欧洲的鱼美国没有，反之亦然。我们的麻烦在于要找到美国有的、能替代的食物，比如一种叫"鮋鱼"的小鱼，法国人常拿它来做汤。

我热爱这种研究，从这里面能得到各式各样的有趣发现。在给法国和美国的渔业专家写过信后，我发现两国政府都在试图解决这个问题。（我还发现美国政府任命了一个"鱼类问题副协调员"，多牛的官衔啊。）显然，渔业专家们每年会从厨师、养鱼场、罐头工厂等处收到成百上千封咨询信件，由于缺乏国际通用的命名标准，这些人都一头雾水。

---

[1] Catfish，即鲶鱼。

第四章 马赛鱼汤

或许联合国教科文组织会理解这座"巴别塔"的意义，我们这些饕客也一样。

我们的新编辑多萝西·德·桑提拉娜没跟我们打招呼，就请她一位朋友费尔班克斯女士试做了酱汁章节里的一道菜谱。得知这个消息，我相当失望。我们费了这么大力气研发这些菜谱，其中相当一部分我认为是真正的创新，更不用提知识产权的问题了。想到艾尔玛·龙鲍尔那些不愉快的出版经历，又想到两位搭档和里珀格之间的那些事，我感到，我们有充足的理由担忧——我们辛辛苦苦的工作成果有可能会被他人窃取。

或许是我回忆起了当年在战略服务处受到的训练，又或许只是出于天生的自我保护意识，在给多特寄菜谱、让她在旧金山家中试做的时候，我这样写道：

> 随信附上我们烹饪书中关于酱汁的章节。我们天天埋头其中，恐怕不够客观。而且，我们非常需要美国人的中肯意见，比如你，来说说这本书对你的吸引力有多大。
>
> 当然，别给任何人看，不然这些内容就不新鲜了。我们觉得这种写作形式是全新的，其中的一些解释说明也是，比如我心爱的蛋黄酱，都是我的独家发现。拿给一两个绝对信得过的密友看看也行，但你必须完完全全地确定，她们现在没有、以前不曾、未来也不会跟

出版行业有任何瓜葛,或认识任何与出版行业相关的人……稿子绝不要离手,不要四处乱放,也千万不要借给别人。

看上去我有点小题大做,可我不想冒任何风险,毕竟我们投入了那么多精力。

有任何评价请尽管直说,或许它一点也不吸引你,那我们希望知道是为什么。

这封信里,我附上了一些"常规"的食谱,但还有3份特别的、藏在粉色封套纸中间的食谱,上面写着"多萝西·卡曾斯独自拆阅,机密,妥善锁好,对外只字不提。"

这些就是"绝密文档"——关于荷兰酱、蛋黄酱和白黄油酱的革命性食谱。我们从没在别的书上看见过这些食谱,而且前两种酱汁的制作方法是革命性的创新。我们急切地想知道,这些食谱的步骤是否清楚明白,在典型的美国家庭厨房里能否照着它成功地做出来。至于第3种酱汁,白黄油酱,是在蜜雪妈妈餐厅做法的基础上写成的,滋味极其鲜美,之前没有任何一本书清楚地描述过它的做法。

我把包裹寄了出去,心里有点忐忑,但我知道妹妹是能信得过的。为了确保万无一失,我提醒西姆卡和露伊瑟要把那些粉色纸的食谱当作"最高机密"对待,就像"作战计划"一样。

有一天,我陪保罗到戛纳出差。那儿距离马赛有4小时车程。为了走走小路,我们开了6个小时的车。多么美好的乡间风光啊。海岸旁耸起的小山被盛放的合欢花染成了金色。在一个名叫乔塔的海滨小镇(查理和保罗曾在20世纪

第四章 马赛鱼汤

> Dorothy Cousins
>
> Eyes Alone
>
> Confidential
>
> to be kept under lock & key & never mentioned.

创作中的手稿

Nov. 7, 1952 Mme T. SAUCES: Butter. pg. 54
FRENCH HOME COOKING   Hot Butter Sauces. 2.

Top Secret

BEURRE BLANC (Continued)

<u>Ingredients</u> (Count on 3 to 4 TB per person if served with fish, this is for about 1 cup or 4 servings.)

3/4 to 1 cup butter, cold and hard, and cut into pieces of about 1/2 ounce, or 1 TB.
1/8 TB each, salt & ground pepper (white pepper if possible)
1/4 cup white wine vinegar (as this is difficult to procure,
substitute : 3 TB wine vinegar & 2 TB lemon juice ;
or : 3 TB wine vinegar & 4 TB dry white wine ;
or : (for vegetables) 4 TB lemon juice)
1/4 cup fish STOCK (optional)
1 TB finely minced shallot

<u>Method</u>: Place cold butter at your elbow, but away from heat, and add with fingers, when the time comes. Choose a light-weight enamel saucepan, which will react quickly to heat and cold. Place in it the salt, pepper, shallots and liquids, and <u>reduce</u> over high heat until just about 1/2 TB of the liquid remains. Remove from heat and add 2 pieces of butter. Beat with wire whip, and as butter melts and creams, add another piece, beating. Set saucepan over low heat and add butter gradually, beating. Just as each addition is almost absorbed, add more, and continue until all butter is used. Taste for seasoning, add more salt and pepper if necessary. Remove from heat. Sauce should be thick and creamy. Nap hot fish with sauce and serve immediately.

<u>Keeping and re-heating</u>. Sauce is difficult to re-heat. So, as it takes only about 5 minutes to make, it should be done just at the last minute. When it cools off, it remains in its creamy state. But to heat, chill the cold sauce. Start out with a new reduction of vinegar, and more hard, cold butter. When this has taken well, add the cold sauce 1 TB at a time.

<u>Left-Over Sauce</u>. This is a rare occurence. It can be used like SHALLOT BUTTER, for grilled fish or the <u>buttering</u> of fish sauces.

<u>Turned Sauce</u>. This is when butter melts and becomes limpid. When it has cooled, it will beat into a cream. Chill it, and beat it into fresh BEURRE BLANC, as in "Re-Heating", above, or use as SHALLOT BUTTER.

Top Secret

From pge 53

<u>How it works</u>. The acid of the vinegar acts on the milk solids in the butter in such a way that when the butter and vinegar are beaten together over heat these solids remain in suspension. In other words, instead of becoming clear and melted, the butter becomes creamy. This precipitation process cannot be hurried, so the butter is added a bit at a time; and to control the heat factor, the butter is very cold.
Curnonsky, Prince Elu des Gastronomes, considers Mère Michel's BEURRE BLANC the best of all; and this is her manner of making it.

第四章 马赛鱼汤

Top Secret

Page 43.
Mayonnaise

Mayonnaise Legere:

Method II. (for about 1 cup of sauce)

In a clean dry bowl over hot water, beat until light and foamy (about 5 minutes):	1 whole egg pinch of salt
Remove from heat and immediately beat in:	1/2 tsp. prepared mustard or wine vinegar
Immediately beat in, drop by drop and continue as for MAYONNAISE:	2/3 cup oil
Add seasonings to taste:	salt, pepper, mustard, vinegar, minced herbs, etc.

Top Secret

Nov. 1, 1952　　　　　　　　　　　　　　　　　　　　　　　28.36
FRENCH HOME COOKING　　Top Secret　　SAUCES:
　　　　　　　　　　　　　　　　　The Hollandaise Family. 2.

SAUCE HOLLANDAISE, Continued.

For: Vegetables, fish, eggs, where a delicately-flavored sauce is desired.

　　THE BOILING BUTTER METHOD. This is the easy "off the stove" method, which flares the nostrils and raises the eyebrows of the classicist, but is certainly "Hollandaise without tears". It is used for ordinary standard butters, takes about 5 minutes or less to make, and, if served within a few minutes, presents no heating up problems at all.

　　Ingredients for about 3/4 to 1 cup, or 6 to 8 servings.
　　　2 tsp. lemon juice (or, for a more strongly flavored sauce:
　　　　　　　　　　　　　2 TB wine vinegar, 2 TB water or dry
　　　　　　　　　　　　　white wine, 1 tsp. minced shallot,
　　　　　　　　　　　　　reduced to 2 tsp.)
　　　2 egg yolks (2 TB, one ounce)
　　　8 to 12 TB butter (4 to 6 ounces)
　　　1/8 tsp. salt; ground pepper.

　　Method: Lay a damp dish cloth on a flat surface and place on it a small bowl or enamelled saucepan. (Cloth keeps recipient from sliding about.)

　　Place the egg yolks in the recipient and beat until yolks become thick and sticky (about 1 minute). Beat in the lemon juice, salt and pepper (1/2 minute).

　　Place butter over moderate heat to melt, then raise heat and bring to the boil. Boil is reached just when butter begins to crackle loudly, indicating its water-content has started to evaporate. Immediately remove from heat at this moment, (on no account let it brown.) Holding butter-pan in left hand, wire whip in right hand, pour the boiling butter in a thin stream of droplets onto the egg yolks, beating so all butter is being continuously absorbed. The hot butter cooks and thickens the yolks as they absorb it. For most purposes, sauce should have enough body to hold its shape as a mass in a spoon. Taste for seasoning. Add more lemon juice if necessary.

　　Serving: Serve in a warm sauce-bowl, not a hot one, as a too hot recipient can make the sauce turn. If food is to be presented, napped with HOLLANDAISE, and food is very hot, it is wisest to beat a TB of VELOUTÉ or BÉCHAMEL into the sauce, which will help to bind it.

　　　　　　　　　　　　Top Secret

20年代来过），我们停下来，在海边吃了顿野餐。我们坐在平滑的岩石上，艳阳当空，强劲的海风持续地吹拂着。不远处立着两架钢筋混凝土的窗扇，那是意大利人或德国人修筑的对抗登陆盟军的防御工事。一团团锈蚀的铁丝网躺在海岸边的草丛里。附近是被毁房屋的残垣碎石。在这些战争废墟之间，到处都是杏树，开满了柔美的粉色花朵。

第二天，我们去拜访了尼斯的美国领事馆，听一位美国外交官发表演说，为《尼斯日报》拍照片，之后开车返回了马赛。一路上，我们穿过顶部崎岖不平的危岩腹地（山顶上覆盖着糖霜般的白雪），还有松树和软木橡树的森林。

在法国开车一向令人不省心，而在法国南部开车简直要人视死如归。道路很险峻，修建在陡峭的山崖边上，宽度仅够一辆大货车和一辆小轿车并行。没有限速，没有路警，交通标志极少。卡车霸占着路中间，不肯避让。小汽车以每小时110千米的速度，在满是视线死角的上坡道上狂按着喇叭，咆哮着在卡车之间穿行，简直是命悬一线。人们懒得立信号牌。U字形的急转弯处没有护栏，年老的行人、推着婴儿车的妇女、自行车、驾着马车的农民更是随处可见。当地人好像对汽车喇叭声和疯狂的开车方式习以为常，可怜的保罗被这严峻路况弄得神经绷得紧紧的。我们小心翼翼地开着车子，只盼着能毫发无损地回到马赛。

3
烦人精希尔

我们新租来的公寓位于新岸码头28-A号，在一幢浅米色楼房的 5 楼。这幢楼属于装饰派艺术风格，安装着独特的、波浪形状的金属栏杆。房子面积不大，可优美迷人，而且有迷人的海景，可以俯瞰老港口和往来的渔船。

保罗把墙上难看的瑞典画悉数摘下，换上十几张自己的摄影作品，房子开始呈现出家的样子来。我终于有了厨房，可算舒了一口气——哪怕它只有帆船上的厨房那么丁点儿大。搬进来的第一天，我就麻利地做了个鱼肉浓汤当午饭。那天下午，我去市场上买了个结实的老橡木桶，我爱极了它的模样。我们把它用作了垃圾桶。

那天晚上，我们写信写到午夜时分，一艘拖船就在我们窗户底下"突突突"地驶过。

渐渐地，我们摸清了这幢楼的怪脾气。暖气是坏的，水压时高时低。有一次保罗还被关在电梯里，困在楼层中上下不得。可这些都没关系，我们终于有个自己的窝了。

保罗一天要工作 12 小时，忙着干这干那——跟总领事希尔会面、面试一个想去麻省理工学院进修的当地物理教师、协助一个退伍军人事务调查官审查 6 个在当地大学念书的退伍老兵（原来正如调查官怀疑的那样，其中 2 人非法使用美国政府的资金帮老婆做生意，而且毫无悔改之心）。保罗常常要外出，以至于他原先脑门上白皙的"巴黎皮肤"都变成了古铜色，而且风吹日晒之下，皮肤都粗糙了。

总领事海伍德·希尔，也就是阿贝·马尼尔口中的"烦人精希尔"，带保罗去见当地的省长皮哈先生。这位双下巴的科西嘉人坐在一张洛可可式的桌子后面，桌上摆着 3 部彰显重要身份的电话，一团团香烟的烟雾笼罩着他。他一开口就抨击起美国新闻处来，责备新闻处攻击法国党派，而不是向法国人民介绍美国。听着这一通满是谬误的独白,保罗越来越气,可当他想张口说话的时候,皮哈提高了嗓门,继续滔滔不绝地说下去。而希尔则默默地坐在一边,摆弄着手表、手套和帽子。"紧张得像个妓院里的处女。"保罗说。见过皮哈之后,他们去见了市长卡利尼先生,这又是个强悍的角色,身旁簇拥着一群大腹便便、戴着金链子的随从。卡利尼寒暄了足足4分钟之久。美国在马赛的伟大外交事务不过如此了!

的确,老希尔是个烦人精。在政府部门工作了这么多年,这种人我们见得多了:脑子挺灵光,却软弱无能,对批评更是格外紧张。保罗曾教过脾气阴晴不定的青少年,再加上自己的官场经验,他总结出一套对付希尔的办法:把希尔当回事儿,认真对待他,哪怕他急躁发火时也是如此;在希尔遭遇困境的时候(这是常事)支持他。迄今为止,这招还算管用。保罗做好了准备,等着希尔突然变脸,对他恶言相向的那天。

另一股潜藏的焦虑来自国会那帮削减预算的家伙,他们正朝着外交系统下手,不分青红皂白地把嫩枝和枯木统统砍掉。巴黎的朋友们说,自从我们离开后,大使馆里的士气就一直下降。这种消息听得越多,我们就越是不安,担心那帮爱算计的小气鬼正拿着剪刀逼近马赛这个偏远地带,打算砍掉这朵可爱的小花儿。

复活节周末,我们开着"黑郁金香"驶入偏僻的乡间。

离开观光客的常规路线,交通变得轻松了,我们慢悠悠地闲逛着。眼前有幽暗的峡谷,也有明亮的崖壁;在赭色的山间,大片大片的杏树绽放着娇柔的淡粉色小花;薰衣草伸出灰紫色的花头,枝叶繁茂的橄榄树从院墙里探出头来,到处都是蜂箱,谷仓里在养蚕。在一个名叫加桑的山区小镇,我们在一片软木橡树林里吃了野餐。随后,保罗拍了些照片——两只黑白相间的小猫咪在无花果树上嬉闹。空气中飘散着树木的清香。这里是彻彻底底的安宁和僻静,有那么几个小时,我们浑然忘却了所有的压力和烦恼。

在稍大些的村庄慕斯提耶,我们代表领事馆向当地的小图书馆捐赠了一批书。图书馆员是个自学成才的老人,数年来,他一直耐心地申请图书。他把所有的卷册收藏在一间霉暗的小屋里,用牛皮纸一本本包好,说是"保护起来"(可书名就看不见了)。书籍放在粗糙的手制架子上,一直摆到天花板,唯有踩上一把摇摇欲坠的梯子才够得着,可连他自己也不敢爬上去。这里没有卡片编目,可是他自有办法:"我是按大小分类的!"他自豪地宣称。据我们观察,在很长一段时间内,这里都没来过几个人(或许压根就没人来过)。在回去的车上,我们不禁把这间令人悲哀的小图书馆和大部分美国乡镇图书馆比较起来——在那些图书馆里,一切都明亮整洁,摆放有序,借书的人络绎不绝。

下山朝海岸开去的时候,雾霭散去,圣特罗佩展现在眼前。海边坐落着一排排粉、黄、白和铁锈色的灰泥小别墅。50年前,这里肯定是个景色优美的古朴渔港。可现在,每段海滩、每间咖啡馆里都充斥着油滑的城里人、假渔民、艺术家、电影界人士,以及前来观光和炫耀的有闲阶级。两辆大巴里涌出德国和丹麦的观光客；狭窄的街巷里，亮闪闪的小汽车排成了行，挂着的牌照有十几个国家之多；港口挤满了游艇，海岸的自然风光已经被人全毁了。我们俩更偏爱普罗旺斯那种简单质朴的风格。

到现在为止，我已经把马赛东侧的地中海沿岸走了个遍，却没找出一处中意的地方值得修建我的城堡。看着那一连串刷着灰泥、新地中海式的方盒子建筑，还有富丽堂皇的圆屋顶豪宅，跟无休无止的宰客小店、廉价小摆设、可口可乐广告牌、出售稀薄鱼汤的摊档紧紧挤在一起，可把我难受坏了——我很少有这样不开心的时候。呸，要是"美丽的法兰西"是这副德行，我才不会爱上它呢。

4
"调查员"

回到领馆，保罗在一大堆信件中发现了一张使馆朋友查理·莫弗利留下的便笺，上写着"速速回电"。等到保罗终于联系上身在巴黎的莫弗利，他上气不接下气地向保罗说清了缘由：使馆整个乱套了，两名麦卡锡参议员派来的调查员正在四处查探"赤色分子"。显然，每个人都成了怀疑对象，使馆上下弥漫着恐惧和愤怒。当天晚上，我们就搭乘了"米斯彻尔"号前往巴黎，赶在最后关头去处理一些事务。

第二天清早，巴黎在倾盆大雨中瑟瑟发抖，我们待在尚未退租的大学路，忙着为三饕客美食学校拍照片。9点半，西姆卡和露伊瑟拎着塞满了鱼、蛋、蔬菜的袋子过来了。我们在厨房里忙乎，保罗在一旁为我们拍摄宣传照片。他噼里啪啦地用掉了 12 个闪光灯，我们 3 个人在镜头前摆着姿势。我们打算把这些照片放在书里当插图。

中午，我们一起到长柜餐厅吃午饭。保罗像个西藏隐士一样坐在角落里，而我们仨讨论着烹饪书、新的出版合约、酱汁、鱼，相互通报工作进程。我是多么想念这生动活泼的聚会啊。

我们和阿贝·马尼尔一道吃了晚餐，席间我们听说了更多麦卡锡调查员的事。被派来当调查员的两个律师都不超过 26 岁，一个叫科恩，一个叫沙因。这两个人是典型的"小霸王"，让一位法国朋友想起希特勒的盖世太保。他们并没有真正调查什么，却来到巴黎，显摆自己正"忙于"收集各种第一手"事实"。都是唬人的把戏，真不光彩。听阿贝说，科恩和沙因并没有正式通知大家他们要来。周五的时候纽约来了一通电话，说"做好准备，他们上路了"，周六他们就到了。他们在机场开了一场新闻发布会，会上信口开河，进行了一番模糊、肮脏、不实的指控，比如：1. 美国新闻处走的是"亲共"路线，图书馆里的藏书就是明证；2. 美国新闻处浪费纳税人的钱，雇了一堆只拿钱不干活的人，还修建了豪华办公楼；3. 美国新闻处的一些人是安全威胁、叛逆分子和性变态。

复活节的那个周日，科恩和沙因说他们要和德雷珀大使以及美国新闻处的高级官员们面谈，讨论下使馆图书馆的事。每个人都取消了节日安排，可你猜怎么着，到了星期日，科恩和沙因却不见踪影。终于，下午 4 点半，他俩待在克里伦大酒店（毫无疑问，美国纳税人出的钱）的套房里吃早餐！两位青年才俊跟大使聊了 15 分钟，跟新闻处的高官每人谈了10分钟,然后把大部分的时间用来吃炒蛋,讨论下一步该去伦敦还是维也纳。终于,他们飞到了波恩,一个人也没通知。这通傲慢无礼的"调查",还有基于所谓"发现"提出的歪曲指控,实在是太气人了。

"要我说,他俩唯一的'调查研究',就是在圣周六[1]的晚上跟蒙马特的裸体女郎厮混了大半夜。"保罗骂道。

可是,这两个小恶棍在外交圈子里掀起的恐惧是实实在在的。这让我们再度考虑起"以后怎么办"的问题来:如果保罗丢了工作,那我们干什么去?我们决定,要是那样的话,我们就不再去政府部门工作了,干脆投身烹饪、写书、教学的行当。这些才是和我们更为性情相投的事情。

5
密斯特拉狂风

呜——呼——呜!我们在马赛一下车,就差点被一阵冰寒刺骨的狂风掀倒。夹杂着尘土的猛烈大风从西伯利亚吹来,一路经过阿尔卑斯山,席卷过罗讷河谷,再钻进我们的脖领。箱子、篓子、桶、垃圾、报纸,这些东西在空中翻卷狂舞,又落下来,砸在房子上。这无休无止的风掀翻了屋顶,拗断了烟囱,把百叶窗也从铰链上扯了下来。老港口的海翻腾、咆哮着,激起数十米高的大浪,拍击着海岸。渔船像绵羊群一样,瑟缩着挤在一起;桅杆刮歪了,缆索呜咽着,犹如火车的尖啸。保罗和我弓着腰,缩着肩,侧着身子顶着寒风走,勉

---

[1] Holy Saturday,复活节的前一天。

勉强强挨过了码头那段路。终于进了家门，我们发现屋里的窗户上（离街面有 6 层楼高啊）结满了海风带来的白色盐霜。

这就是我们经历的第一场真正的密斯特拉风[1]，那臭名昭著的狂烈风暴。它的势头如此之猛，让人脑子都不管用了，感觉就像被轰炸了一番似的。

第二天，一丝风也没了，真不可思议。我们的脖子和耳朵上还残留着尘土。港口旁有人拿着大耙子，清理海面上大堆大堆的海草、木板、橙子和其他各种各样的漂浮物。我们仍然随时随地准备迎战，就像在满是蚂蚁的地上吃了野餐——就算不在那儿了，你还是感到蚂蚁在沿着腿往上爬。

4 月中旬，保罗被任命为领事代表团成员，去参加戛纳影展。参加开幕式的时候，我们和西姆卡一起住在了她妈妈家里。那是个名叫"微风"的别墅，位于小山脚下的曼德琉，距戛纳有 8 千米。贝克夫人和女儿一样，个子高挑，具有诺曼底人的白皙肤色和一张严肃的面孔。母女二人都精力充沛、亲切慷慨、能说会道，但也都有点固执。她俩的语速和嗓门是大多数美国女人的 2 倍大，我倒不觉得怎么样，可保罗颇为受罪。

微风别墅很大，形状并不规整，屋里满是各色各样的小摆设。我们卧室的窗户大开着，迎着清新冷冽的空气，可窗前却摆着一瓶空气清新剂，里头的蜡芯全部被拉出来了。我

---

[1] 法国南部地中海沿岸地区会出现的一种季节性干冷北风。

很惊讶——我原以为空气清新剂是典型的美国人爱用的东西哪。于是，我们在这个美妙的法式旧别墅度过的第一晚，就在春夜蛙声和挥之不去的清新剂味道中拉开了序幕。

保罗对名流云集的电影展并不热心，可身为美国政府的官方代表，露脸是他的责任。当然，在克鲁瓦塞特露脸的还有那些电影明星们。各路影星扎堆，法国、西班牙、巴西、墨西哥、瑞典、芬兰，还有美国好莱坞。西姆卡和我留在微风别墅写作的时候，保罗就待在酒店阳台上，在艳阳下啜饮着香槟，看着明星们一个个翩然经过：奥莉维娅·德哈薇兰[1]（保罗说，她有张美丽、坦率、"货真价实"的脸）、拉娜·特纳[2]、爱德华·罗宾逊（一副《小凯撒》的气质）、最新的"人猿泰山"扮演者（身材修长，脖颈粗壮，一头卷曲乌发，一张面无表情的自恋美少年面孔）以及让·谷克多（他较为年长，气质高贵沧桑，身穿天蓝色的长裤，羊毛围巾上缀着流苏。）

晚上，西姆卡、我跟保罗一起参加了1500人的鸡尾酒会，和一大群领事共进晚餐，随后看了两场美国电影：一部是迪士尼拍摄的纪录短片《水鸟》（*Water Bird*）（我们很喜欢）；另一部是希区柯克的惊悚片《忏情记》（*I Confess*），由蒙哥马利·克利夫特主演（没觉得怎么样）。当我们跌跌撞撞地爬上床睡觉时，已经凌晨2点了。

第二天，我们在微风别墅懒洋洋地度过了一上午，享用了一顿很晚的"早餐"。几天以来，我们第一次停下来歇

---

[1] Olivia de Havilland，美国著名女影星、奥斯卡奖获得者，曾出演《乱世佳人》中的梅兰妮。
[2] Lana Turner，美国著名女影星，代表作有《邮差总按两次铃》等。

口气。下午，我们开车经过悬崖、裂隙和峡谷，爬到了山顶的小村落——其中就有阿尔卑斯海岸沿线最高的村镇果顿。陡峭的高地把可怜的保罗吓得够呛，可我爱极了这景色，西姆卡和她母亲也是。可是当贝克夫人开始对保罗发号施令，指点他该如何拍照片、该在哪里拍的时候，保罗被这位"拿破仑将军"弄得大为光火。晚些时候，保罗坦白，贝克夫人的恼人举动让他甚至忘掉了恐高症。听闻这话，我们痛痛快快地大笑了一场。

回到马赛，我宣布自己要执行"绝对严苛的时间表"：早上采买东西，干家务活儿；下午的时间留给烹饪书写作；晚上看书、休息。起先，这个计划颇为高效。可保罗还留在电影节那里，而我这个电影爱好者不断地想着他在克鲁瓦塞特的快活场景。终于我受不了了，趁他回家休息的空当，问道："咱们什么时候回戛纳去参加闭幕的鸡尾酒会呀？"于是，次日早上 8 点钟，我跟他一起搭火车去了戛纳。那是个明媚灿烂的大晴天，我们花了 3 个小时穿过一片岩石和松林。在戛纳，艳阳高照，香槟沁凉，闲坐着悠然四顾，真是舒心极了。在当晚美国代表团举行的正装鸡尾酒会上，保罗和西班牙、巴西的小明星们相谈甚欢，我则被从容又迷人的加里·库珀彻底迷倒。我和保罗悄悄离开的时候已是午夜时分，宾客们依然兴致不减，仍未散场。

从巴黎发过来的箱包物品抵达了马赛，可公寓里的位置只够放得下其中的四分之一。我整天忙着分门别类，把东西往墙上挂,往衣柜里塞,挪来挪去,总算把家里收拾出了个齐整模样。终于,我的烹饪用具和烹饪书都在厨房里安顿好了。保罗在客厅里挂了几幅他自己的画作。我们有了各自的书桌。其余的东西都请进了储藏室。如今,"查尔德"号算是安稳进港了!

尽管空间不大,可我们还是爱上了这间高高的公寓。一个特别的原因是,老港口的一幕幕就在我们窗外鲜活地上演。5月的一个晚上,我们听到楼下街上传来一阵阵兴奋的

窗外的老港口

叫嚷，原来是渔船队捕到了一大群金枪鱼。渔民们不断把渔获拖上码头，直至午夜仍然传来连续不断的叫嚷声，还有湿漉漉的"啪嗒！啪嗒！啪嗒！"的声音——那是沉重的鱼身被人从船上扔到岸上的石头上、又被抛到卡车上的声音。捕获的鱼用冰块来保鲜。收获没有结束，渔民们夜以继日地干着活儿。夜晚站在阳台上向下看，真是一片美景——在弧形街灯的照耀下，数千条闪着银光、个头均等的金枪鱼，在被血染成粉色的海水里四处涌动，大块头的罗圈腿男人穿着兜帽油布衣，光着脚，带着原始的急切劲儿，用力地推着、扛着渔获。

我忍不住买了一大块金枪鱼，鱼肉呈现出鲜艳的血红色。卖鱼的妇人教我用醋和水配成腌料，把鱼泡一泡，免得太腥。我腌了5个小时，鱼肉几乎变成了白色。然后，我用番茄碎、油焖洋葱、蘑菇、白葡萄酒和香料把它炖了。真香！

6
美味浓汤

既然所有的铜锅都已经整理出来，我就做了个艰难的决定：留在家里工作，而不是随着保罗四处探访。他有六趟差要出，尽管我喜欢和他一起开车四处观光，比较各地的风土人情，可那太花时间了。现在，写书是我最首要的任务。

西姆卡在我家住了几天，这样我俩就可以讨论、试做、记录心得。现在我们进入了"蛋"的主题，我们做了苏比斯酱汁蛋、蘑菇泥配蛋、奶油砂锅蛋、贻贝配蛋、马德拉松露褐酱配蛋，等等。绝妙创意真是源源不断。

西姆卡是个很坚强的女人，工作态度极佳。我开始称她为"法国超人"，因为她正是我仰慕的那种典型的法国女人——活泼、独立、有主见。就连生病的时候，她也会把床弄成办公室的样子，把电话、打字机、成摞的书、成沓的纸统统放在床边，而她就像女王般坐在床上，跟访客大声说话，琢磨菜式，修改手稿。

而露伊瑟呢，则是另一种典型的法国女人——娇小、漂亮，更温柔。尽管她和西姆卡在她家新装修好的厨房里继续教烹饪课，但她对这本书的贡献非常小。不过我们还是把进度状况都告诉给了她，并且有认真对待她提出的建议。

我们仨获邀加入了最著名、历史最悠久的品酒社团"品酒杯骑士协会"，总部设在勃艮第，装潢华美，礼仪繁多。我们成了"骑士"，也就是会员，有签发的证书。这是一项荣誉，我们希望它能为我们的书增添权威感。（后来我们发现，只要交6万法郎就能入会。很少有人知道这个，就连法国美食界人士也没多少人知道。）

有天晚上，我们带西姆卡去了贵多之家，大厨看见我们很开心，特别是保罗给小家伙让·雅克带去了礼物：一条皮质的牛仔腰带，上面挂着两把亮闪闪的玩具左轮手枪，还配着皮套。（保罗特别喜欢这套东西，他还威胁说不舍得送给人家。）小让·雅克欢天喜地拆开了礼物，余下的整个晚上，这孩子就在桌子间窜来窜去，晃着他的武器，冲客人啪啪地开枪，玩得不亦乐乎。贵多眼里闪动着喜悦的光彩。这个真心实意的小礼物是送出去了，可是我们觉得，要回报贵多大厨的善意，这还差得远呢。

身处地中海的氛围，我很自然地用起当地的基础食材来：番茄、洋葱、大蒜，还有普罗旺斯的香料。如今开始深入研究"汤"的章节，我第一次把注意力放在了鱼汤上。这是种简单易做的汤，其实就是杂鱼汤——把各种新鲜鱼的边角料或骨架（头、尾、骨头），或是一大堆不值钱的小鱼（比如岩鱼）丢进汤里熬煮，然后过滤。炖成的汤喷香扑鼻，搭配抹了大蒜胡椒酱的面包片。

为了这项研究，我常往鱼市场跑。我尤其喜欢罗马路旁边的露天市场，还有老港口的批发鱼市。在那里，颜色光鲜的鱼儿成千上万，其中不少鱼只产自这片水域。而我的麻烦在于，要找到美国（和英国）能用的替代品。

我认识了赤鲉、红鲂、银鳕、海鳗、牙鳕、鲛鳒、海鲂、嘉连纳和江鳕，可当我调查后两种鱼的时候，发现它们的叫法不尽相同。事实上，我对这个主题研究得越是深入，就越是感到烹饪书的作者们没有经过认真调查，就把各种鱼写进了食谱。为什么他们要把康吉鳗（conger）叫作 fielas，却不加任何解释呢？或许渔妇们能够给我讲明白。

我热爱这些渔妇，她们是特殊的一群人：健硕、大嗓门、很有地域观念；她们喜欢用带着鼻音的方言，相互大声嚷嚷。"一个倒下去，总有一个极像她的替补进来。"一位老渔民告诉我。对我来说，这些渔妇是宝贵的资源，尽管她们的意见时有不同。据某几位渔妇讲，大条的"鲉"（一种样子丑怪、很像杜父鱼的东西），叫作"chapon"，可另几位指着另一种鱼——一种长着水汪汪眼睛的扁平大红鱼,说这种才叫"鲉"。唔。

"这鱼是不是死了?"我指着一条僵硬的、银绿色的鱼,问一位渔妇。

"不是。"她茫然地回答道,"这叫马鲛鱼。"

掌握了鱼肉浓汤的诀窍,下一步自然就是学做本地的经典菜式马赛鱼汤了。这是一道鱼杂烩,当地的渔民会把手边能找到的所有食材都放进去,可它也能做得很精致。理想的马赛鱼汤有种特殊的香味和质地,正是源自各种各样的、最新鲜的鱼。保罗和我试吃了城里各种版本的马赛鱼汤,发现有些店用的是清水熬汤,调料里除了藏红花什么都没有,而有的店家做得相当细致,汤底用的是鱼高汤,里面满是贻贝、扇贝和茴香。

那么,真正的马赛鱼汤食谱应该是什么样子的?这个问题要扯起来可没个完。显然,有多少个做马赛鱼汤的人,就有多少个"真正的"马赛鱼汤食谱。我乐此不疲地到处打听"真正的做法",其实只是为了听听法式的老教条。

人们都觉得,因为我是个外国人,所以我理应什么都不懂——甚至连鱼是从哪儿来的都不知道。一个女人指天发誓:"地道的地中海人绝对不会往马赛鱼汤里放番茄,绝对不会!"去你的吧。我向真正的普罗旺斯厨师赫布,《普罗旺斯厨师》(*Cuisinier Provençal*)一书的作者,请教"真正"的马赛鱼汤食谱,而他的配方中就有番茄。原来如此!这些无知又自大的教条真气人。(这是我对法国人唯一的、真正意义上的批评。)事实上,由于我对所有东西都要研究一番,关于一道菜我往往知道的比法国人还要多,这常常发生在外国人身上。

在我看来,马赛鱼汤的香气有两个源头:普罗旺斯式汤底——放了大蒜、洋葱、番茄、橄榄油、茴香、藏红花、百里香、香叶,通常还有点儿干橘皮;当然,还有鱼肉——不含油脂的瘦肉部分,坚实的、软嫩的、带胶质的肉质,还有贝类。

10人份的汤往往比4人份的汤更好吃,因为鱼的数量和种类都可以更多。可是该不该放土豆进去?还是只放土豆淀粉?或者一点土豆也不该放?螃蟹是应该活着放进汤里,还是应该处理好再放进去?汤汁应该完全过滤、部分过滤,还是不该过滤?这种争论无休无止,而且人们乐在其中——马赛鱼汤之所以是马赛的完美写照,这正是原因之一。

有一天,城里突然涌进大批身穿白色制服的美国水手,身高都在1.8米以上,年纪19岁上下。原来,美国的航空母舰"珊瑚海"号抵港了,酒吧和红灯区一下子门庭若市。与此同时,也有人在城里贴出了反美海报,在报纸上刊登了触目惊心的头条报道,警告人们当心"原子弹"。

为了维持两国间的文化沟通,保罗忙得一塌糊涂:安排篮球赛、舞会、教堂服务、摄影、新闻发布会,还安排了40名法国孤儿登上美国的航空母舰参观。

没过几天,同样的情形再次上演,只是这次换成了"特拉瓦"号。"特拉瓦"号进港的第2天,一场密斯特拉风呼啸而至。天空澄澈湛蓝,可气温从38度骤降到了18度,疯狂嚎叫的大风没日没夜地拍击着整个城市。噫——噫——呜——呜——呜，呼——呼！再一次，尘土在空中打着旋儿，海水泡沫刮得到处都是，大风用疯狂的蛮力撕扯、冲撞、掀翻了周围的一切。可怜的海军兵士们都没法离开"特拉瓦"号，更踏不上满是乐子的陆地。

有天下午，为了看看密斯特拉风在海上的景象，保罗和我顶着大风费力地来到一个崎岖的山地：海水激起巨浪，又拍碎在岸上，化作雪白的泡沫。这场面壮观极了，可也让人精疲力竭。大风掀起我的裙摆，拽掉保罗的领带，把他裤脚的边从里到外翻了过来，还用海盐把他的头发全部

身陷密斯特拉狂风中

染白了。

没过几天,法国政府再次陷入崩溃局面,这次是因为宪政改革的问题。法国人在和稀泥与搞派系斗争上的精力好像无穷无尽。这个农产丰富、文化宝藏丰厚的可爱国家一再地搬起砖头砸自己的脚,令我不禁怀疑,法国是不是得了全国性的神经官能症。

可我们这些美国人也没什么值得自豪的,在国内,麦卡锡参议员不断滋扰美国新闻处。有传言说到了年底,整个部门的死期就到了。同事们纷纷离开,像腐烂的果子一样一颗颗掉落:有些人被炒了鱿鱼,另一些(绝大多数都是资深的、经验丰富的好人)怀着厌恶的心情辞了职。部门的购书预算从每个月 20,000 本砍到了 1592 本。似乎连艾森豪威尔总统也颇为忌惮麦卡锡,我真不明白,为什么人们就不能挫挫他的嚣张气焰。

尽管弥漫着恐怖气氛,可我还是想念美国。在马赛,我们结识了不少好人,可没有一个知心朋友。偶尔遇到和挚友见面的机会——那种能让人舒服自在、畅所欲言的老朋友——只会让我的思念之情更加浓厚。

6 月里我们休了 10 天假,去葡萄牙看望乔治·库布勒和贝齐·库布勒夫妇俩。这对艺术史学家是我们在纽黑文结识的老朋友。假期过得很放松,我们很喜欢葡萄牙人(虽然他们真粗鲁啊)和刷着白涂料的房子。可人总逃不开俗务的羁绊,假期刚过了一半,"烦人精希尔"就下令召我们回马赛(出于某些紧急要务),而且保罗相当得力的秘书和图书馆员都被送回了美国(出于预算考虑)。

西姆卡和我一直不怎么在意萨姆纳·帕特南为我们拟定

的书名《法国家常菜》，只是管这本巨著叫"那本书"。保罗说"那本书"的进程"慢得像个树懒，连厚度也快赶上橡树了"。

我们的工作模式是各自在家撰写菜谱（西姆卡在巴黎，我在马赛），通过信件频繁交换意见，偶尔碰面讨论。尽管西姆卡的专长是烘焙甜点，但她有渊博的食物和烹饪知识，有很多可写的东西。我则负责测试所有食谱以及具体的写作。这样来来回回地配合着，我们的书稿取得了实质性的进展。

我快速地计算了一下，得出一个结论：考虑到字体、页面大小、插图数量等因素，全书估计厚达 700 页。我们有点忧心，米夫林出版社想要这么长、这么详尽的书吗？美国读者会喜欢吗？

我们想不出解决办法。既要把每一步写得清清楚楚，让读者能成功地做出菜，又要压缩篇幅，这非常困难。在做法指导中，我们尽力写满有用信息，可也不想信息量太大，免得读者还要回头翻找。同时，我们也尽力呈现有趣的菜式和做法变化，不要任何无聊的重复。

写作是个艰苦的活，并不是每次都能"下笔如有神"，可一旦入手抓住了主题，我就能文思如泉涌，顺利地写下去。就像讲课一样，写作必须生动有趣，尤其是对菜谱这样充满技术性、很可能枯燥乏味的东西。所以我尽力让写作风格诙谐自然，不卖弄学问，但也要清楚、正确。我就是自己最好的读者：我想知道炉灶上为何会出现这些现象；为了得到好结果，我应该做什么、什么时候做。我假定我们的理想读者——没有帮佣、却想做出精致美味的美国人——跟我想的一样。

米夫林出版社希望在 1954 年 6 月出版这本书，可依我看，最早也要到 1955 年 6 月。

1953 年 8 月 15 日，我满 41 岁了。那天热得很，堪比微风别墅里的土耳其浴室。我对着镜子，检视自己衰老的迹象：胳膊肘看起来像要干枯了似的，可至少头上还没白头发。我最大的问题就是，依然不够老练世故。"没准该多想想你已经 41 岁了，"我自我批评道，"你就会记得要世故一点了！"

保罗本来在看书，却被朋友们拉了出去，到炎热又刺人的灌木林里进行短途徒步。西姆卡和我在奋力写稿。我们已经把"汤"的章节过了起码 20 遍，我觉得自己都快淹死在汤里了。

我们决定从书中抬起头来休息一会儿，花点时间做一碗真正的汤。我们做了绝妙的大蒜浓汤：用了整整 16 瓣大蒜，还有鼠尾草、百里香和涂了奶酪的油炸面包块。蒜味并不刺鼻，有种难以描述的细腻和浓香。那天晚上每个人都吃得津津有味，心满意足。据说，大蒜汤对肝脏、血液循环、体能甚至还有心灵健康都有好处。在外面艰苦跋涉了一整天后，保罗和朋友们饥肠辘辘地回到家里。他们说，大蒜汤真是恢复元气的灵丹妙药。于是，我们把这道食谱加进了书里。

7
缆绳大道

我们询问患了结核病的瑞典房东还回不回马赛,可没有得到任何回音。我们喜爱这所房子,除了这儿,你再也找不到任何地方,打开窗户就能欣赏老港口那生动繁忙的景象了。可屋子面积太小了,半数家居用品还在储藏室里堆着。此外这里很冷,工作的时候我不得不在平日的衣服外面再裹上一件大大的红袍子。

我听人说山上有一所大一点的公寓出租,于是决定前去看看。那幢楼位于郁郁葱葱的缆绳大道上,屋子在 7 层。房子的视野相当开阔,可以俯瞰整个旧城区、贫民区、港口、海面,还有沃邦要塞。房子的南面和北面都有小阳台,整个下午阳光都洒满房间。这套公寓总共有 6 个房间,地面上铺着红砖,有个大大的厨房,地下室里有足够的地方可辟作酒窖,每样东西都明亮、洁净、实用、有品位。可租金几乎是房屋津贴的上限了。不管怎么着,我们租下了。

搬进缆绳 113 号的第 1 天,我们坐在洒满阳光的阳台上,脱掉衬衫享用午餐。这感觉太好了,一有机会我们就搬到那儿吃饭。那天下午,我举起一个大大的空箱子,跟跟跄跄走了几步,结果绊到了一堆书,跟箱子一块儿骨碌碌滚了出去,直撞到阳台那扇高高的落地窗上:哎哟!砰!乒乓乒乓……唉,一眨眼,价值 21.5 美金的玻璃就完蛋了。雪上加霜的是第 2 天大早上 5 点钟,一连串军号声穿过空荡荡的窗框子,从附近的军事要塞传了进来。5 点 45 分、6 点、6 点 15 分、7 点,起床号不断响起,7 点钟的时候,它终于把我俩从床上叫了起来。

我俩又开始忙活：哪儿挂衣服，哪儿开暖气，哪儿放食品，如何装饰墙面。安置东西可以慢慢来，可厨房不能等。绝大多数法国厨房是用人干活的地方，因此都设计得毫无魅力，不够便利，光线也暗淡。可厨房就是我的办公室啊。我喜欢把锅碗瓢盆都挂在方便的地方，伸手就能够着，我也喜欢把烹饪书都摆在厨房里，台面设计要合理（合乎我的道理）。于是，保罗和我设计了一个全新的布置方案：灯具、架子、流理台、抽屉，把厨房变得方便实用。搬了这么多次家以后，我们俩都成了专业的厨房设计师了。

获邀来新家吃晚饭的第一对客人是新上任的美国总领事克利福德·沃顿和夫人利奥妮。这对夫妇为人热情诚恳，和他们相处很舒服。第一眼看上去，他俩的模样都让人有点吃惊。随后我们才知道，这对夫妇都是黑白混血儿。克利夫（克利福德的昵称）在外交部里被人称为"第一位黑人总领事"，这个大块头、精力充沛的人做事不拘小节，他会说："行，行，我明白了！"然后向前冲去。但他也是个精明强干的人，和任何人都能快速成为朋友。他的太太利奥妮体型娇小，性格安静，做事更凭直觉。当天晚上，我们开了4种酒——第1支是开胃酒，第2支配牡蛎，第3支配鸡肉，最后1支配奶酪。我们相谈甚欢，特别是聊到了美国"外建办"烂摊子的时候。

拜乱糟糟的官僚体系所赐，沃顿一家住在酒店里。负责这项安排的是美国政府的"外事建筑办公室"，即"外建办"。这个部门由建筑师、室内设计师、工程师、地产中介组成，负责在全世界范围内为美国的外交机构买卖、装修

从缆绳 113 号公寓远眺

楼宇。1947 年,外建办在马赛买了两块地:一块用来修建领事馆(现在的领事馆是临时租来的),一块用来修建总领事官邸。修建领事馆时,外建办挑中了一个相当便宜的地方——不偏不倚,就在马赛最恶臭的、酒馆和妓院最密集的红灯区正中心。总领事官邸选中了一片绵延不断的花岗岩高地,没有路也没有水。("可景色多棒啊!")如今,美国政府算是摆脱不掉这两块大而无当的废地皮了,这件事也成了整个外交部门的笑柄和灾难。

有一天,一个外建办的人从巴黎过来,理论上是来帮忙解决沃顿一家的住房问题的。当这个家伙吹嘘那两块废地皮的时候,沃顿妙语连珠地噎了他一顿,虽然话有点儿粗——"光凭放屁,可没法给五亩地施肥!",那人被挤对得一个字也说不出来。那人走了以后,沃顿打趣道:"一个人在我脚上撒泡尿,我还能忍,可要是他还想糊弄我说这是下雨,未免太过分了!"

我们的新居在很多方面都挺不错,可我从没见过哪个屋子像这个一样爱漏雨的,电线是松的,电梯会冒烟,还有各式各样奇怪的问题。有段时间,我一开炉子,灯就灭了。我们找了个电工过来看看,他糊弄了一圈就完事了。可不知怎么弄的,他还真把毛病给修好了,估计他自己也不知道干了些啥。戴上贝雷帽,点上烟,这电工说道:"哎,世上总有怪事嘛。"

有天,楼下邻居穿着棕色的卧室拖鞋上楼来找我们:"夫人,你们整夜都在干吗啊,跟敲鼓似的!"

于是我下楼去听听是怎么回事儿。在我示意之后,我家的得力女佣博莱特就随处鼓捣了两下。果然,响得像敲鼓似的。我对邻居道了歉,去买了小小的橡皮套子,把所有桌椅板凳的腿都套上,又买了几双室内拖鞋穿上,弄得保罗跟我活像一对"布尔乔亚夫妇"。这下子我们可安静了,别人甚至都不会知道我们在家。

有天晚上大约 10 点 45 分,我正一如既往地静悄悄地洗着碗，炉子上突然塌了个角，掉了下来。为了抓住那块东西，我撞在了一个铁垃圾桶上，尖叫了一声。保罗以为我掉到窗户外面去了，连忙赶过来救人，结果撞翻了两个厨房板凳。哈，真是难得清静啊。

8
再见了

1954年1月15日，我在保罗的办公室里给他来了个惊喜：插着一支蜡烛的可爱小蛋糕。他一直想躲过这个52岁生日，可当员工们一起唱起生日歌，他还是很感动。我送给他一本关于画家勃鲁盖尔的书，他大受"刺激"，扬言要辞去工作，把下半辈子都拿来画画。

2月1日，10厘米厚的雪毯覆上了地面，马赛看上去像是布拉格。室外气温低至零下7度，凡是能冻上的都冻上了：水管、鱼摊前摆着的牡蛎，还有几位挤在小巷里的流浪汉。有轨电车没法爬上山坡，出租车没有防滑链，所以都停运了。公交车直打滑，也停运了。闷闷不乐的住户们在严寒中一边喘着粗气，一边清扫着卵石路和低垂棕榈树上的积雪。

我们再次被麦卡锡弄得心烦意乱。我从《展望》(*Look*)、《新闻记者》和其他杂志中读到，这个不顾一切攫取权力的人似乎得到了德州石油富商的支持，华盛顿人人都怕他怕得要死。我不明白，不管这人能拉到多少选票，但凡是对美国的立国之本有些许概念的人，都怎会和这种人搭上关系。我向父亲提起这些的时候，他写道：

欧洲对美国的看法把你蒙蔽了……你刚好掉进了赤色分子的陷阱，他们打算挑拨离间。他们在政府各级部门里都藏有秘密机构，暗地里进行活动，我们费了这么大力气破坏他们的阴谋，你却讥笑我们……这些戴着红徽章的人必须被揪出来。这艰苦棘手的工作必须有人干，强悍的麦卡锡正是适合人选。有时候他的热忱可能会有点过头，可这是应该做的事。

家乡这边绝大多数人的想法都跟我一样，这么说绝不为过。我看你们两个该回国度个假了，听听美国人的想法，忘了欧洲那些反对分子鼓吹的东西吧。

父亲生来就是个共和党人，除了我们俩，他和费拉一个民主党人也不认识，而且也不想认识。在父亲看来，新政就如同"新末日"。他彻彻底底地憎恨社会主义。他认定"罗斯福那家伙"是社会主义分子，而艾森豪威尔也快投敌了。事实上，世风日下，人心不古，而且这一切都是那帮喜欢外国人的知识分子和左翼分子搞的鬼。父亲认为，如果美国能回到1925年时"靠谱的"孤立主义，就什么事都没有啦。

这么想实在是头脑简单，不曾看见世界已经发生了多少改变。在我看来，美国这种意识形态的斗争，是世界上正在发生的一切战争中最为致命的。

就连我的母校史密斯学院也卷入了麦卡锡政治迫害的风波中。一位阿洛伊斯·B.希思夫人是学校"捐赠鉴别委员会"的头头，她在一封信中毫无证据地指控5位教师与"美国共产党控制或领导"的组织有关。希思女士不仅带领委员会指控这5位教师为"叛徒",声称学校"故意包庇"这些人,她还没有遵照学校的规定:没有将这些指控先呈交给校长或调查委员会就将言论公诸于世了。

我实在太生气了,以至于怀疑起每年给母校的捐赠是否值得。我给阿洛伊斯·B.希思夫人写了封措辞严厉的信——在某种意义上,这封信也是对我父亲的尖锐谴责:

> 在今日的苏联,没有真凭实据就指控别人叛国(比如"你的所作所为")是常见的排除异己的手段。可这绝对不应该在美国出现……容我指出,你的行为让学校和国家蒙羞……在这场如火如荼的追捕运动中,很多人忘记了我们奋力争取的是什么。我们奋力争取的是来之不易的独立和自由,是我们的宪法和正当的法律程序,是秉持不同意见、宗教信仰和政治观点的权利。我确信,在你满腔热忱地与敌人斗争的时候,你也已经忘记了你奋力争取的是什么。

在对这本书投入了大量时间后,保罗和我想到了一个展示做菜过程的新方法:与其采用标准的叙述方式来描述厨师在桌子前的动作,为什么不试试从厨师的视角来展示做菜手法呢?比如说如何捆扎一只鸡。保罗指出,要想把精确的技法和理想的视角结合在一起,插画家八成得坐在厨师的大腿上才行。显然,解决办法就是拍照。不过若是把每个步骤都拍下来,书里得插入成百上千张照片,这未免太过昂贵;但可以将照片作为绘制插图的基础，用简单的线条画表现出厨师的手法以及用到的一切食材和工具。况且，比起照片，图画更为简洁明了，更不用说与字体搭配时的美感了。

说着说着，我们的计划就成型了：我来做菜，保罗从我的肩头上方拍照，然后把洗出来的照片交给艺术家画成插图。我们花了2个小时在厨房里试验了一下，这真是太有意思了。我们讨论灯光的角度、镜头的角度、合适的背景、我的手该如何摆放才能正确地演示出操作技法，曝光时间等一切可能的变数。保罗举起他的格拉菲相机，打开明亮崭新的泛光灯，试拍了8张照片。（他很愿意亲手画插图，可就是没时间。）

几天后，我们花了整个下午，把清洗、斩切一整只鸡的步骤拍了下来。客厅里乱作一团，地上摊着电线、鸡胗、胶卷、笔记本、菜刀，还有一张大大的油布。相机高架在三脚架顶端，保罗踩在小凳子上，站在三脚架后，勉力在对准焦距的同时不栽下去。地板上摆着砧板，一只鸡四仰八叉地躺在上面，而我趴在地板上，把胳膊伸出去，演示着正确的切肉方法。

我们迫不及待地想看照片洗出来的效果。可当保罗把胶卷送到当地的冲印店时，我们发现，洗照片的压根是一帮什么都不懂的外行。底片被夹子弄得一塌糊涂，照片上沾着手指印，而且用的是黄色相纸。看到这一切，一时间保罗气得连法语都不会说了。

"我受够了！"他恨恨地骂道，"我要把下一批胶卷送到巴黎去洗！"巴黎有保罗最中意的冲印师皮埃尔·加斯曼，他会把保罗镜头下的魔力原封不动地呈现出来。加斯曼享有世界级的盛誉，他为许多著名的摄影师冲洗照片，比如卡帕（罗伯特·卡帕）和卡蒂埃·布列松等。

没过多久，美国新闻处的名字被改成了美国新闻局（U.S. Information Agency），而"缩编办"把保罗手下的职员从 12 个缩编到了 4 个。这 4 个人里面又有 2 人请了病假，2 人在外出差。于是领事馆的 2 楼只剩下保罗一个人照应 5 部电话，而且没人帮他处理如洪水般涌来的信件、电报、航空邮件、备忘录和特别邀请。

有一个"病了"的同事是保罗的媒体助理，名叫亨利·普赛。由于父亲失踪，亨利急得快要发疯。那位老爷子以前是商船上的海员，脾气很坏。亨利的哥哥一直找不到工作（或是不肯找），老爷子为此十分妒忌或嫌恶（或者两者兼有）。当母亲出面袒护大儿子的时候，父亲愈加嫉恨。这件事再加上缺钱和其他种种不足为外人道的原因，导致家庭关系紧张了 2 年，最后老爷子离家出走了。

亨利是个可爱的法国男人，可他不愿向保罗承认这一切。保罗得知情况后立即要求他报警。"要是你父亲准备自杀可怎么办，亨利？"保罗问。

"不，他不会的。"亨利回答道。可在第 2 天清早送来的邮件里，他发现一封父亲写给母亲的信，里面是父亲所有的身份证明文件，还有一张便笺。便笺上只有 3 个字：再见了。

亨利打电话报了警。

那天晚些时候，领事馆接到蒙顿警方的电话。那儿离马赛有 5 小时的车程。他们在悬崖上拦下了一个正准备跳海的老人！亨利跳上火车去找父亲。等他们回到马赛的时候，一家人抱头痛哭，重归于好。几天后，亨利操着别别扭扭的英语对保罗说："您是不知道啊，我家现在可融洽了。2 年来头一回，我爸跟我哥握手了！"

2 月底，我们意识到在马赛已经过去了整整 1 年，刚刚站住了脚跟。时间过得真快。至少在这儿还能再待 1 年吧，我们安慰自己说。保罗申请在 8 月份回国探亲，这样我们就可以去缅因看望查理和弗蕾迪。可人家提醒保罗说，我们属于"有限任期"的外交人员，职位到 9 月份就到期了。听闻此事，我们震惊无比。考虑到如今这削减费用的风潮，保罗很可能会在探亲期间丢了工作。太卑鄙了。"真狗屎！"保罗取消了探亲计划。

现在的工作是"暂时"的，而下一步会把我们派往哪里，却又毫无消息。即便是对我们这么爱冒险的人来说，这种感觉也会让人心烦意乱。

没过几周，查理·莫弗利——如今他是美国新闻局驻欧洲的副主任了——带来了我们一直害怕听到的消息：我们很可能会马上离开马赛（甚至就在 6 月底），为新任的公共事务官让位。

这不可能！我们在法国已经待了 5 年半，在马赛才刚刚落脚。他们怎么能让我们现在离开？毫无道理！保罗终于把当地的大人物都见了一圈，刚刚跟他喜欢的总领事一起工作，而且刚刚摸到了顺畅工作的窍门。这不公平！我们终于找到了称心的住处，还花了不少钱呢。我习惯了新厨房，写作上也有了进展。可如今这些都没了！我们早该预料到的。同事们曾经说过："瞧着吧，你刚安顿好，就又要搬走，总是这样。"

我们会被派到哪儿去？最有可能的是德国，可那儿没多大吸引力。我们希望去西班牙或意大利，因为这两个是拉丁语系国家。（实际上，我们就是喜欢西班牙或意大利，不喜欢德国。）但是我们说不上话，这回就连阿贝·马尼尔也帮不上忙了。

人应该心怀理想主义的态度：我是国家的螺丝钉，让我上哪儿就上哪儿，去为国家服务。可经过这几年的种种痛苦，我丧失了这种高贵的集体精神。我觉得，我们随时可能会被指控为共产党或叛徒，而总部没有一个人会动动手指头以表示支持。

我的新态度是：必须以自己的利益为先，因为除了自己，没人会替你考虑。这种感触如此之深，令我自己都大感惊讶，只敢和保罗和多特流露内心的真实想法。

4月1日愚人节那天，华盛顿发话了："将查尔德派往波恩，出任展览部负责人，调动手续已经开始。"

我们要被派往德国了。

这个调动实际上是给保罗面上添光的：波恩的重要程度是马赛的十倍，而且那儿的展览事务部比巴黎的重要得多。可我们宁可留在这个可爱的小地方啊！

我们讨厌学德语，讨厌住在全是美国人的军方区域里，讨厌集中营那挥之不去的丑恶印象。我们再次讨论，要不要辞去外交部门的职务，留在美丽的法兰西。我有书要写，可保罗干吗呢？他一直想当个自由摄影师，也曾把作品卖给纽约的大通讯社，还认识能引荐他入行的人。可他清楚，浪漫光鲜的摄影记者们也要去诸如格陵兰和奠边府这样的地方，面对溃疡和截稿期限之类的问题，他觉得那简直是地狱。所以我们做出了决定：还是留在政府部门吧，看看它会把我们带向何方。

我们真的要离开法国了，想到这个就让人心痛。保罗在这里已经生活了11年，我在这里也生活了5年。我的法语已经很流利了，我可以像法国人一样买菜、做饭。我甚至可以像法国人一样开车——如果有必要的话。虽然我们人还在马赛，可是已经开始思念法国了。

我们梦想着，或许有一天，我们会在巴黎或普罗旺斯买个房子，每年回来住一阵子。

同时，我们也将回美国休几个月假。查理和弗蕾迪将在纽约码头迎接我们，我迫不及待地想见到他们，想踏上美国的土地。可我真心渴望的，是咬上一口真材实料的美国牛排！

第二部

Julia Child
My Life in France

第五章

美国厨房里的法国菜

I
一头雾水

1954年10月初,天空灰暗,空气寒冷。我们抵达了德国边境。一想到要在这个怪物国家里生活,我就难过。可我们还是过了境,我颤抖得像片叶子。我们开车抵达了波恩,在一家小餐馆吃了午饭。在华盛顿上了8节德语课之后,我会说:"嗨,你好吗?我叫查尔德。这个多少钱?我想点肉和土豆。我正在学德语。"点啤酒、肉和土豆的时候,我立即用上了这几句。女招待毫无问题地听懂了我的话,把两杯硕大无比、冒着泡沫的啤酒放在我们面前,和善地冲我们笑笑。老天呐,这啤酒可真好喝。

下午,我们到了巴特戈德斯贝郊区的普利特斯道夫,去往斯多波林3号的新家。看见那房子,我们的心陡然一沉。我认为,如果我们要在德国生活,就应该跟德国人住在一起。可这哪里是德国啊,完全是美国的小镇:一间电影院,一个商场,一个教堂,一排现代模样的混凝土公寓楼。楼高3层,米色的外墙,红色的窗框,屋顶铺着棕色的瓦,露着无线电天线。唔。

我们看了9套公寓，每套都很小，光线昏暗，毫无魅力可言。我们挑了第5套，因为里面的家具颜色最鲜艳。厨房够大，可装的是个电炉。我不喜欢用电炉，因为温度很难控制。最糟的是，一进门就能直勾勾地看穿浴室。不过这房子就在莱茵河畔，驳船来来往往，眯着眼睛看的话，也还挺像塞纳河的。对面有片美丽的绿色山丘，靠近山顶的地方矗立着一片瓦格纳风格的废墟。

哦，我是多么想念马赛的阳台啊，那么开阔的景色，那么灿烂的阳光！

我希望住在慕尼黑或柏林这种有点文化气息的地方，而不是莱茵河畔这令人悲伤的老普利特斯道夫。德语很难学，发音又糙又硬，可我下定决心要学会，这样我就能去逛逛市场——不管身在何处，我都热爱逛市场。我开始去美国军队里上德语课，保罗很想跟我一起去，可他立刻一头扎进了工作中，没时间学了。

保罗的头衔是布展官，统管整个德国的展览事务，这意味着他是美国在德国所有视觉项目的最高级别负责人。他的任务是向德国人民介绍美国，又一次，他开始布置展览、组织旅游观光和跨文化交流活动。由于德国在地缘政治和宣传方面的重要性——直接和铁幕对抗，他这个部门每年的预算达到了1000万美元，比美国新闻局在全世界其他地方所有信息项目的预算加起来还多。这是个重要的岗位，是保罗职业生涯中的一大步，我为他骄傲。

保罗的办公室设在一幢巨大无比的楼里，楼共有7层高，几乎有五角大楼的一半大。他手下有一批精干的职员，人数相当多。鉴于我们在一个几乎全是美国人的圈子里工作和生活，这些人就是我们唯一认识的德国人了。按保罗一向的习惯，他十分尊重他们，不把他们当作下属看待。"比起美国人，他们好像更明白我的价值。"他说。

可大家的工作热情并不怎么高涨。保罗的上司是个自私又不成熟的家伙，我们管他叫"榆木脑袋"，他的助理就是"二榆木"。外交部门的人和军队上的人向来关系不好，在普利特斯道夫，这种疏远尤为明显。军方人员的家庭对德国和德国人几乎一点儿兴趣也没有，这让我颇为沮丧。他们几乎没人会说德语，就连在这儿生活了好多年的人也是。军人太太们虽然人都挺好，可十分传统，缺乏好奇心，行事保守；军人们一口南方口音，聊的多半都是性事和杯中物。

他们喝啤酒，但只喝美国式的淡啤酒。多丢脸哪！他们身边尽是世界上最好的啤酒（其中有些也是度数最高的，酒精含量达到13.5%），可他们认定传统德国啤酒"味儿太重"。我们相当喜欢德国啤酒，最喜欢的是一种香味丰富、名叫"纽伦堡莱德宝"的当地啤酒。

到了周末，保罗和我就会开车到波恩采购，每人手里拿一本袖珍词典。我们买鸡、豌豆、苹果、灯泡、接线板、橄榄油、醋，还买了一枚橡胶印章，上面写着"从莱茵河畔的老城普利特斯道夫向您致意"。我一向痴迷橡胶印章，简直等不及要把它盖在信上。盖，盖，盖！中午，我们花了半小时看明白了菜单，然后点了熏肠、泡菜和啤酒。饭菜很美味，而且我们再次发现，德国人是多么友善啊。很难把希特勒、集中营跟这些和和气气的市民联系到一起。真的就是同样这一批人在没多少年前听任希特勒蹂躏世界？

随着我的德语渐渐熟练，我开始了新的探索。

当地的小店卖的肉都很好。除了寻常的香肠、排骨和牛排，还能找到些鹿肉和野味。斩成块的野兔堆在一盆兔血里，拿来做焖野兔再合适不过。巴德戈德斯贝格有家很漂亮的铺子，名叫珂拉美，我在那里买到了一只新鲜的小火鸡，适合烤着吃。老天哪，这家店后面全是一排排的肥鹅、鸭子、火鸡、烤鸡和雉鸡。它们整整齐齐地排成行，每只禽鸟上都标着顾客的姓名。这景象真是美啊。

在我看来，德国菜完全比不上法国菜。德国人不会把肉挂上足够长的时间，让肉酝酿出那种我最爱的轻微的腥味，他们也不用腌料。但我发现，如果买来肉挂上一阵子，然后自己动手腌泡，也能做出想要的好滋味。

很快，我回到了写作当中。现在我们给这本书起名为《美国厨房里的法国菜》。西姆卡和我已经完成了汤和酱汁的部分，蛋和鱼也快写好了。我开始专攻家禽，西姆卡开始研究肉类。

西姆卡在做菜方面的创造力简直惊人。而且她好像有使不完的劲儿，常常在早晨6点半的时候进厨房鼓捣或是在打字机前工作到午夜。这劲头吓到了保罗（"要是跟她过日子，我非得跑到森林里大吼两声不可。"），可对我来说，这是宝贵的资产。我们达成了一致意见：在一切跟法国有关的问题上，比如拼写、食材、态度方面，她是专家，轮到跟美国有关的问题，我就是专家了。我俩一起工作着，就像一对蛮牛！

尽管一开始我很讨厌相隔这么远，可渐渐发现，这其实是好事。我们可以各自独立工作，免得相互干扰。我们通过信件讨论，而且定期碰头。

我俩都是有主见又固执的人，如今我们已经适应了各自的喜好：我喜欢用精盐，她喜欢用粗盐；我喜欢白胡椒，她喜欢黑胡椒；她讨厌大头菜，而我喜欢；她喜欢在肉菜里加番茄酱，可我不喜欢这么干。不过，这些小偏好没有造成任何问题，因为我俩对美食都那么痴迷。

1955年1月，我开始尝试各式鸡肉的做法。这个主题几乎涵盖了法国美食中的一切基础技法，涉及一些最美味的酱汁，还有最精华的部分。《拉鲁斯美食大百科》中列举了200多种不同的鸡肉菜谱，我试做了其中大部分，也试做了我们自己收集来的菜谱。可我最爱的还是最基本的烤鸡。多简单的做法啊，让人不敢相信。我认为，单看一个人烤鸡做得好不好，就能评判他的烹饪功力。最重要的是，吃起来要有鸡味儿——浓郁的鸡肉香，就算用简单得不得了的方法，比如抹点黄油烤一烤，也是一顿美味。

德国的鸡吃起来不如它们的法国表亲味道好，我们在当地超市买的荷兰鸡也不够香。美国的养鸡业能在最快的时间内养出外观漂漂亮亮的小嫩鸡，售价也合理，可没人说破——那种鸡吃起来活像泰迪熊毛绒玩具里面的填充物。

西姆卡和我花费了大量时间，研究美国和法国的不同的鸡品种以及最合适的烹饪方法：烤、炖、煎、焖、明火烤、砂锅炖、红酒烩、魔鬼烤鸡、盐焗鸡，等等。我们必须要慎重挑选把哪些做法写进书里，不仅要保证这道菜是传统的法国做法，而且使用的原料要在美国也买得到。而且这些菜谱要一如既往地有明确的主题和丰富的变化。比如烤鸡，我们希望写出脆皮烤的、焖烧的，还有文火慢炖的版本，但同时我们也不希望整本书都是鸡肉菜式。

尽管西姆卡和我每周工作40小时，可书的进展仍然缓慢。每道菜谱都需要那么长的时间来研究、试做、撰写……让我看不到尽头。可我也找不到其他的工作方式呀，唉！

要说露伊瑟，她的贡献并不多。她有个难伺候的老公、两个孩子，还有一个家要打理。她能做的最多就是每周在三饕客美食学校上3个小时的课（西姆卡仍然在操持这个项目），然后每周拿出6小时来做菜谱研究。我理解她，可这是个严谨细致的大工程，需要投入大量精力，并不符合露伊瑟的风格。她更适合写那种快速操作手册，比如"派对上的时髦小菜"之类的。有一个事实，除了对保罗和西姆卡，我对谁都不敢讲——露伊瑟算不上是个优秀的厨师，到不了"合著者"的水平。这事一直堵在我心里。

这本书至少还要再写上1年，我觉得应该正式地说明真正干活的是谁，这非常重要。律师说现在更改出版社合同上的措辞已经晚了，但我们一致同意，今后西姆卡和我的头衔应当是"合著者"，而露伊瑟应当是"顾问"。我们约好当书出版的时候（如果能出版的话），要拟出收入分配的细节条款。这事不大好开口，但我希望看到大家的职责能白纸黑字、清清楚楚地写出来。

在商言商，我认为我们应当尽可能地头脑清楚，做得专业，就算有可能冒犯朋友，也得这么做。西姆卡有点犹豫，我在信中写道："我们必须冷血。"

1955年4月的一个星期四,保罗接到命令,要他在下周一之前返回华盛顿。上面没说任何事由,可我们想的是总部终于有人醒过来,要给保罗升职啦。他会不会当上部门的领导？是不是终于要加薪了？他要被召回去处理华盛顿的重要工作吗？他登上了飞机,去寻找答案。

我准备到巴黎去一趟,正在收拾行李的时候,保罗从华盛顿发来了电报——"一头雾水"。

没人能告诉保罗,也没人打算告诉他为什么把他叫到华盛顿来。他被安排坐在一间间没有名牌的办公室里等着,这些办公室属于各种各样的权贵人物,此刻却完全不知去向。他让我晚点去巴黎,我推迟了行程。

"这里的形势像卡夫卡的小说。"他的电报上说。

星期三,诡异的真相逐渐明朗：保罗没有升职,而是要接受调查。调查他什么？谁调查他？他会被捕吗？

由于联系不上保罗,我开始像发了疯一样给外事部门的朋友们打电话探听消息。我的电话一直打到凌晨4点,终于拼凑出个大概：这一天一夜以来,一群美国新闻处安全办公室的人一直在审讯保罗。这个部门的头是个名叫麦克劳德的人,据说是埃德加·胡佛的门生。

调查员终于现身了,手里拿着鼓鼓的卷宗,上面写着"保罗·库欣·查尔德"。他们质问了保罗一连串问题：他的爱国精神有多强,有哪些自由派的朋友,读什么书,和共产党的交情如何。他们问保罗是不是同性恋,保罗大笑起来。他们要求保罗"脱掉裤子",保罗坚决拒绝了。他没什么可隐瞒的,对那些人也是这么说的。调查员们最终放过了他。

可是,很显然,有人暗示保罗是个蓄谋叛国的同性恋。谁会这么干呢?又是为什么?整桩事情之怪异、幼稚、不公平,简直令人发指。保罗认为他的自白清清楚楚,而且已经证明了自己清白无辜。后来在他的严正坚持下,美国新闻处给了他一个书面的无罪证明。可是这耻辱的一页让我们心中倍感苦涩,我们永远不会忘记这件事。

美国这是怎么了?我们的很多朋友和同事都遭到麦卡锡的恶毒的政治迫害。他毁掉了人的职业前途,有时候还毁掉了人的生命。就连艾森豪威尔总统都不愿意对抗他,这让我很气愤。当艾森豪威尔在心脏病痊愈宣布连任的时候,我毫不怀疑阿德莱·史蒂文森能成为更好(也更灵活)的总统。艾森豪威尔完全没有鼓舞人心的力量,我觉得他的讲话空洞、别无他物,就像动画片里的小狗普鲁托突然开口讲人话一样。在我看来,无论哪个共和党人,都有种肥皂推销员的虚伪感觉——赫伯特·胡佛除外,他在近期的访欧之旅中给所有人都留下了深刻印象。而史蒂文森有种高贵的理想,相当吸引我。我就是喜欢有书卷气的人,真见鬼!

保罗待在美国的时候去了趟纽约,和现代艺术博物馆的爱德华·史泰钦见了面,准备把这位摄影师主办的优秀摄影展"四海一家"[1]带往柏林。我们在巴黎的时候,保罗就和史

---

1 Family of Man,时任纽约现代艺术博物馆摄影部主任的爱德华·史泰钦主持了这个大型摄影团体展,展览共有来自不同摄影师的 500 多张作品,以来自不同国家的人民为主题,描述了他们的生活、爱和死亡,获得不少好评。

泰钦成了朋友，史泰钦更是买下了6幅保罗的摄影作品，收藏进了现代艺术博物馆。这是真正的荣耀，可保罗为人谦虚，对此轻描淡写，不肯多提。

与此同时，我终于收拾好了行装，去巴黎待了3周。我跟巴格纳德大厨一起做菜，在我们的美食学校上课，和保楚一家吃饭，跟西姆卡一起埋头写书。多么振奋身心的良药啊！

1955年的夏天过去，秋天到来了，我完成了"鸡肉"的研究，开始疯狂地忙活起鹅和鸭子来。有个周末，我弄得有点过头——凭着满腔的实验热诚，我几乎吃掉了两只去了骨的填鸭（一只是炖的，热着吃；一只是包了面皮烤的，放凉了吃）。老实说，我简直像只猪，后来消化不良了好几天，真是活该。我还做了一连串的实验：意式炖饭（为了找出合适的水、米比例）、如何用高压锅熬煮高汤（熬多长时间合适、用鸡骨还是牛骨），还有好多种甜食。对于我那造反的肠胃来说，这种研究真是挑战啊。

"吃着上面盛着苹果派的西班牙海鲜饭的人，怎么可能减肥呢。"吃完这两样后，保罗说道。

我们惊恐地发现，美国有那么多人变得肥胖臃肿了。在德国，大块头是社会地位的象征。可我们的目标是吃得好而精，就像法国人那样。这意味着我们应当吃得分量小、品种多，而且不吃零食。可最管用的减肥方法还是保罗的独家专利，"肚皮控制系统"："别吃那么多就行了！"

圣诞期间，保罗染上了讨厌的传染性肝炎。1956年初，去罗马休养了一段时间之后（在那里我发现了茴香沙拉，还有美味无比的罗马小豌豆），我们决心吃得谨慎一些，多多锻炼，并且要戒酒。结果是保罗减掉了 4.5 千克，体重 78 千克；我减掉了近 5 千克，体重 71 千克，这让我自觉年轻多啦——和在美国的时候比起来。

到了 2 月，我们把所有的空闲时间都拿来写情人节的问候卡片，寄往世界各地。寄情人节卡片是我俩的传统，因为我们永远抽不出时间来寄圣诞卡。随着人脉圈子越来越大，比如里面有亲戚朋友、外交部门的同事，我们发现保罗亲手设计的情人节卡片是保持联络的好方法。通常，他会做个木刻或是画一幅画，有时候拍张照片，可这些东西相当耗时。有一年他的设计是彩色玻璃花窗的图案，上面共有 5 种颜色，每一种都是用水彩颜料手绘上去的，花了好长时间才做好。1956 年的这一版，我们打算来点新颖的：我俩自拍了一张情人节合影——窝在浴缸里，身上除了堆得相当艺术的肥皂泡泡，什么也没穿。

到了 1956 年春天，我们觉得，是时候重新开始招待朋友啦。可第一次晚宴却暴露出不少问题：我们俩这个曾一度配合得顶呱呱的团队（女主人兼任厨娘，男主人兼任侍酒师），如今业务生疏得吓人。我们没有沙拉叉，也忘了不露痕迹地收拾鸡尾酒后的乱摊子，整个晚上都忙得四脚朝天。这可达不到我们通常的标准，我们喜欢把宾客们当皇室贵胄般对待，为的是做好充分的准备——万一哪天要招待真正

第五章　美国厨房里的法国菜　　　237

238　　　　　　　我 的 美 味 人 生

HAPPY VALENTINE'S DAY FROM THE HEART OF OLD DOWNTOWN PUTTERSDORF ON THE RHINE

WISH YOU WERE HERE

1956

Pour la Saint-Valentin, saison des cœurs réunis. Nous sortons le nôtre, mangez-le chers amis.

nos cœurs en casserole, farcis d'amour pour vous. P. & J. 1964.

的皇室贵胄呢?

在第二次晚餐派对上,我做了奶酪酿蘑菇、香橙鸭、栗子冰激凌。一周后,我为朋友们做了红酒烧牛肉、煨菊苣和一种名叫"国王心愿"的甜点。现在,"保莉娅"二人组的款待引擎又开始顺畅地轰鸣起来了。

我收到了"美食王子"库农斯基写来的便条,他跌了一跤,摔断了好几根肋骨。他写道,医生们对他实行"严酷的统治",不许吃奶油,不许吃盐,不许吃酱汁,不许喝红酒。对这位老饕客来说,这么平淡无味的饮食无异于折磨。

那一季,健康成了我们时常关注的话题。复活节的周末,我不得不去巴特戈德斯贝的私人诊所做个手术。2年前,我在华盛顿做过一次切除子宫息肉的手术,可显然那次没有

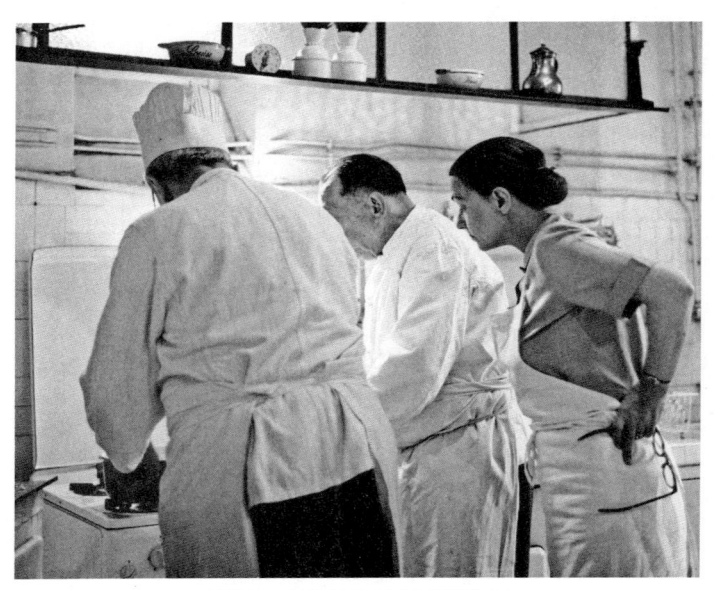

阿维丝、巴格纳德大厨和提蒙大厨

根治。"我没觉得怎么样嘛。"我说,可德国大夫坚持要我做手术,说这样对我最好。他的诊所在一幢宏伟的、通体雪白的维多利亚式的大楼里。这是个常规小手术,我没怎么操心,但可怜的保罗差不多认定"长了息肉"就等于"茱莉娅得了癌症,活不长了"。当然,这不是真的,他心里也清楚。可那天晚上,他实在太忧心了,几乎一夜没合眼,甚至发起了低烧。

在死亡这个问题上,保罗想得比我多得多。这部分源于他父亲、母亲和姐姐的早逝。此外,战前的时候,保罗的挚爱女友伊迪斯·斯玲斯比·肯尼迪病逝,也让他受到了巨大的打击。伊迪斯是个修养甚好,敏锐细腻的成熟女性,她和保罗曾在巴黎和麻省的坎布里奇同居(尚未结婚!)。就在战前,她罹患癌症过世,那阴影一直在保罗心中挥之不去。而且,我们的友人也渐渐老去,有些人,比如伯纳德·德沃托(我们和他不太熟)最近也过世了。

伯纳德过世后,有2个儿子要照顾的阿维丝·德沃托花了好几个月来调整生活。1956年春天,事情都处理好了,她前来欧洲度假,平复心情。幸运的是,我和保罗也安排了同一时期休假,因此我们去伦敦和她碰了面。我俩在那儿过得很开心,一起闲逛、购物、见朋友。

阿维丝身材娇小,一头黑发,很有主见。我们越是了解她,就越是喜欢她。有天晚上,她介绍一位哈佛的经济学家给我们认识,那人是个2米高的大个子,长得像个驼鹿,名叫约翰·肯尼思·加尔布雷思[1]。我们跟加尔布雷思有很多共

---

[1] John Kenneth Galbraith,美国著名经济学家和新制度学派的领军人物。1949年就开始担任哈佛大学经济学教授,于1961—1963年受命出任美国驻印度大使,1972年当选美国经济学会会长。

同语言,大家一起坐在闹哄哄的地下室餐馆里,聊着艺术、在印度度过的岁月,还有全球政治形势。显然,和生动活泼的朋友们待在一起,对阿维丝很有好处。经过普利特斯道夫的黯淡生活,这些对我们也有好处。

一个风和日丽的日子,阿维丝、保罗和我跨过英吉利海峡,到鲁昂去和西姆卡夫妇碰面。被战争摧毁的大教堂终于修复一新。一向精力充沛的西姆卡预先打电话到蒂叶普饭店订好了特别午餐——那里的大厨米歇尔·盖雷的拿手绝活是"鲁昂血鸭",这是一道著名的榨鸭料理,如今已很少有人会做。多么难得的经历!

先上来的菜是肚子里塞了小鲦鱼的鳟鱼,用香料、白葡萄酒和黄油做的酱汁很妙。然后就是那道著名的、充满仪式感的鸭子。用来做这道菜的鸭子品种很特殊,由家养的母鸭和野生公鸭配种得来,鸭子毛色鲜亮、胸肉厚实,而且很美味。宰杀的时候要把鸭子闷死,为的是把血留在鸭身里(由此可见,法国人为了吃上一口特别的菜,要花多大工夫啊)。盖雷大厨在铁签子上烤了两只鸭子,不停地将鸭血酱汁涂抹在鸭子身上(酱汁是他之前在一旁的桌上做好的。)鸭子的外皮慢慢变成了金黄色,看了就想流口水,但这时里面的肉几乎是生的。火候到了之后,他敏捷地切掉鸭腿和鸭翅,裹上芥末酱和面包碎,送回厨房接着上烤架烤。

他小心地把鸭胸上的皮撕掉,然后把胸肉切成薄薄的片,撒上细细的红葱头碎。这些鸭脯肉等会儿要和鸭血、红酒和精妙的调料一起炖煮,把天然的肉香烘托出来。接着,大厨拿着一个大大的银质"榨鸭器"来到我们桌旁。这东西看上去像是银制的灭火器,顶部装着一个圆的曲柄把手。他把鸭架切开，放进榨鸭器里，然后转动顶部的大把手。随着压盘在内部慢慢下降，能听见骨头碎裂的声音，一股红色的汁液从喷嘴中滴入小小的酱汁锅里。往榨鸭器里加了一点儿勃艮第红酒之后，大厨再次转动把手，挤出了更多的血汁。他不断地重复着这个动作，直到再也榨不出一滴汁水。这真是个壮观的仪式，我们全神贯注地盯着盖雷大厨的每一个动作。

终于，到了品尝的时候。我们先吃了在酱汁中煨炖的柔嫩鸭胸，随后是烤过的酥脆鸭腿和鸭翅。搭配着这些精妙美味的是香醇的玻美侯红酒，然后是奶酪拼盘，最后是相当有年头的苹果白兰地和咖啡。真是精彩绝伦。

诺曼底飘荡着温煦又带着泥土芬芳的早春气息，满眼都是盛开着花儿的苹果树和栗树。我们慢慢地开车向巴黎行进，欣赏着风景，在西多会修道院的遗迹中徜徉，在有着茅草屋顶的古老村镇中闲逛。

巴黎美得炫目，到处都是人。我们带阿维丝去双偶咖啡馆喝了一杯，然后去蜗牛餐厅[1]吃了顿大餐。周围的食客尽是些裹着貂皮大衣的美国阔佬。我们以熟透的草莓和香槟结束了这顿佳肴，然后从餐厅溜达到了巴黎圣母院。夜色中，一排排巨大的探照灯照得这座建筑通体明亮，宏伟壮丽。最后，我们去了地牢墓穴酒馆，在那里高唱法国老民歌一直到凌晨1点，心中满载着纯粹的快乐，我们离开了。

把保罗送上前往德国的火车后，阿维丝和我到蜜雪妈妈的店里去，看看她那著名的白黄油酱是否经受住了时间考验。答案是：没错，一如既往——尽管味道并不比我们做

---

[1] 巴黎的百年美食老店，以蜗牛菜品著称。

出来的更好。

当我去看望巴格纳德、保楚一家和艾旭夫妇时，阿维丝和西姆卡夫妇在朗布依埃森林开心地过了一天。晚上回到宾馆时，阿维丝抱着满怀的铃兰，脸庞上闪动着喜悦的光彩。

我回去的时候，德国天气湿冷，只有11度。保罗和我只得裹上英格兰粗花呢保暖。我们对视一眼，叹口气。从光彩耀眼的美丽法兰西回来——朋友们的陪伴让这种感受更加浓烈——很难不去想，普利特斯道夫真是个无聊透顶的地方啊。

1956年7月，我们从《巴黎先驱报》(*Paris Herald*)上读到消息，亲爱的库农斯基去世了。"美食王子"从阳台上坠楼而亡。这是事故，还是自杀？

上次我在巴黎跟他简短地碰了面。他看起来气色不好，刻薄地抱怨医生给他制定的严苛饮食。有那么一刻，他咕哝道："我要是有胆子割腕就好了。"多么悲惨又苦涩的结局啊，我忍不住想，现在的他一定比生命中最后的日子更快乐吧。而且，他的离去标志着一个时代的终结。

8月份我44岁生日的时候，保罗天天忙于操办柏林的一个规模巨大的展览，名为"无垠的太空"，讲的是美国的太空计划。展览引得观众如潮，取得了惊人的成功。一连几周，我几乎见不着丈夫，我发觉自己变成了一个闷闷不乐的

"寡妇"。算了吧,我提醒自己,阿维丝才是真正的寡妇,想想人家心里是什么滋味吧。

保罗在"无垠的太空"展览中取得的成功终于引起了当局的注意。1956年秋天,"上头"决定,华盛顿需要保罗·查尔德先生回来工作。美国新闻局总部的展览部门一团糟,而他正是重整河山的不二人选。所以,我们要搬回美国喽,这是个好消息。我等不及要对"榆木脑瓜"(他给保罗的管理能力打了个差评)和普利特斯道夫的生活说句"Auf Wiedersehen[1]"了。

我们像游牧民族一样,再一次收拾行装准备上路,也再一次感受到即将回归故土的激动心情——如今那片土地是"电臀猫王"、尼克松拥戴者和其他光怪陆离现象的天下了。不过这回我们心里有点别扭:自从保罗被调查之后,我们逐渐对在政府工作不再抱有幻想。保罗觉得自己做着重要的工作,却没得到应有的认可,我则受够了过几年就换一个地方的生活方式。

"或许,"我们说起心里话,"有比这更好的生活方式吧。"可我们又该做什么,去哪儿做呢?

2
梦 想

1956年11月,我们回到了华盛顿,立即开始整修起橄榄大道2706号的小房子。坐落在乔治城郊区,这是一幢

---

[1] 德语"再见"。

150年历史的3层木房子。我们在1948年买下了它，过去8年里一直把它租了出去，如今它的模样已经很旧了。所幸我们存下的房租足够将其修整一新：在顶层开辟出一间办公室兼客房给我用；一间给保罗当工作室；重新布置好电线，堵住天花板上的漏洞，并且扩建了厨房。装扮我们自己的小窝多有意思啊，这是我们唯一真正拥有的家了。

用了一点从母亲那儿继承来的遗产，我买了一个新洗碗机，一个装着"电力猪"（也就是食物垃圾处理器）的水槽（我没有用人！）。然后，我决定去买个新炉子。有一天，我们去拜访一位外号"老水牛"的饕客朋友舍曼·肯特，他扬扬得意地带我去看他家厨房里装的炉子。那是个专业的煤气炉，看了一眼之后我就决定了：我就要这样的。事实上，"老水牛"把他的炉子卖给了我。这个矮胖的"黑家伙"炉面宽阔，左边有6个灶眼，右边有个小小的钢制烤盘。我付了大约412美元给"老水牛"，我太爱这炉子了，发誓将来要把它带到坟墓里去！

同时，保罗终于获得晋升，从4级外交人员升到了3级。现在，他的年薪不是小数目了，靠着做展览工作，他每年能挣9660美元。

我们住在城里，却有种住在小镇里的舒服感觉，因为每个人都在同一个市场购物，总是在邮局或理发店碰见。尽管我更愿意住在巴黎写这本《美国厨房里的法国菜》，可住在美国有个极大的好处：我可以做实地调查，看看读者们能买到什么样的食材和工具。

"回国住下真好。如果只是浮光掠影地回来一趟，我永远也找不到感觉。"我向西姆卡汇报，"我真喜欢去超市买东西，那地方太棒了……进去的时候，你拿个小推车，尽管边走边挑，看看这个，摸摸那个……能一个个地挑蘑菇，可真不错……在我看来，能让优秀的法国厨师发挥手艺的必备物件，这儿应有尽有。"

可美国的超市里也充斥着贴着"美食"标签，然而却并不是美食的东西：蛋糕预拌粉、电视餐、冷冻的蔬菜和鱼排、罐装的蘑菇、果冻沙拉、棉花糖、瓶装的喷射奶油以及其他恶心兮兮的、黏乎乎的食品。这些东西让我犹豫起来，美国这种地方能接受我们的书吗？我们是不是无可救药地落在了时代后头？

我决定不理会心中的疑虑，继续进行下去。对这种风潮我无能为力，况且我热爱法式精致美食，或许有些人也喜欢吧。

与此同时，西姆卡正遭受着高血压加神经质的折磨。我很害怕高血压，因为我母亲就是因为高血压而过早去世的。"你必须要当心身体。"我警告她。西姆卡不是轻易听得进去批评的人，所以我拿出保罗的双胞胎弟弟查理·查尔德的例子向她解释："他干任何事都铆足了劲儿，像要上天的火箭似的。"我写道："他觉得每一刻都无比重要，需要把每分力气都使出来。你也一样。有些事儿你得放手，别总把弦绷得那么紧……偶尔强迫自己放松一下。别把每件事都看成是生死攸关的人生大事，没必要哇。"但这些话究竟有没有起到作用，我很怀疑。

1957年春天，我开始给一群华盛顿的女士上烹饪课，她们每周一聚在一起,给先生做午餐。那年迟些时候,我每月去一次费城,给8位学生上差不多的课程。典型的菜式有:水煮荷包蛋配边尼斯酱、葡萄牙式煎鸡柳、菠菜汁配黄油香橙煎苹果。

如今我是个老练的教师了。上课头一天晚上,我会把菜单和食材清单打出来。(通常,我会把这些给西姆卡寄一份,她正在巴黎教一群美国空军的军嫂做菜。)讲课给我带来极大的满足感,很快我的日程安排就有了舒服的、规整的节奏。

我把绝大多数时间用来修订和重打手稿。我们的手稿已经变得到处是折角,满是笔记和批注,四处沾着黄油和食物残迹。在美国的厨房兼实验室里重做某些菜肴时,我发现这里极少有人使用新鲜香草,美国的小牛肉不像法国的那么嫩,美国的火鸡也比法国的大得多,美国人吃下去的西兰花还比法国人多得多。我知道,这些实地调查对书籍的成功至关重要,可这件事也能把人气得要死。

"咱们当初是怎么想的,竟然决定干这破差事?"当我发现美国哪儿都买不到我热爱的法式酸奶油[1]时,不禁对着西姆卡哀叹起来。

1958年1月,西姆卡夫妇第一次来到美国。她先生只能待短短一阵子,但西姆卡待了3个月。她的步调一点儿也

---

1 crème fraîche,比通常的酸奶油更浓稠,酸度更低。

没慢下来，匆匆忙忙地赶去纽约、底特律、费城和加州，看望朋友和以前的学生。在华盛顿，我俩四处采买，研究菜肴，还一起在我家厨房里上了几节生动活泼的厨艺课。课上，我们演示了海鲜派、红酒烩鸡和苹果塔这几个菜。她觉得美国很带劲，怀着巨大的热情尝试各种食物和饮料，包括杂货店里卖的金枪鱼，冷冻薄煎饼，还有她最爱的波本威士忌[1]！

我们在一起过得很开心，可书稿还远未完成。我们承诺过要把目前的作品给米夫林出版社的编辑看，可我们有点担心，因为整整700页的书稿中，除了家禽和汤类就没别的了。况且，对那些喜爱电视餐和蛋糕预拌粉的人来说，或许我们的食谱没有吸引力。发现这个事实让我们有点震惊——我们试着把成果发表在几家大众杂志上，可没人感兴趣。杂志编辑们好像对法国菜有成见：往好处说，做法国菜太烦琐，太费事；往坏处说，是神经不正常。

可是，我也遇到了不少去过法国的美国人，法国美食的绝妙滋味让他们赞叹不已——"噢，那烤鸡，满是肉汁啊！"他们说，"老天，鳗鱼煎得真香！"尽管有些回到美国的人认为，唯有法国人的妙手才能到达这种境界，可更聪明的人会意识到，那些碗碟间的绝妙滋味主要来自勤奋的练习和正确的技法。

很不幸，美国的美食编辑不爱听这个，也缺乏领悟个中真味的技术知识。

---

[1] 美国威士忌，用51%~75%的玉米谷物发酵蒸馏而成，源自美国肯塔基州波本县。

我们学生中的绝大多数人都有多年的旅行和下厨经历，可她们不知道如何煎东西，如何麻利地切蔬菜，也不知道该如何正确地处理蛋黄。我知道（因为她们是这么告诉我的）她们想掌握这些知识，愿意练习，因此我坚信这本书有市场。米夫林出版社会同意这一点吗？

和出版社会面之前，我跟出版社驻纽约的编辑约翰·莱格特通信，把将来在波士顿的讨论"排练"了一下。他担心书写得太长、太多细节了。"可呆板冷漠的厨师做不出精彩的法国菜。"我写道。为了得到理想的结果，必须愿意勤奋练习才行；必须正确地做好准备工作，观察到每一个细节。"无论是在英文书还是法文书里面，只有我们这部作品给出了如此完整详尽的烹饪指导。"我解释道，"这是对经典法式烹饪的现代诠释。对那些希望'自己动手也能做出法国菜'的美国厨房新手来说，我斗胆说一句，这就是现代版的埃斯科菲耶。"

2月23日，和米夫林出版社见面的前一天，雪下得太大，所有到波士顿的火车都停开了。西姆卡和我对视一眼，付出了这么多年艰辛劳动之后，一场暴风雪就把我们挡住了？没门儿！我们决心要实现承诺。

上午晚些时候，我们搭上了长途汽车。车子在泥泞的雪地里蹒跚向北开去，1个小时又1个小时过去，我们俩轮流把文件盒子抱在膝上——里面装着我们珍贵的手稿。大约凌晨1点，我们终于跋涉到了坎布里奇伯克利大街，阿维丝·德沃托的家门口。

次日仍在下雪。西姆卡和我费劲地抵达波士顿派克大街2号，爬了好长一段楼梯。我胳膊下面夹着宝贵的文件盒子，心里十分忐忑，不知道这成果会得到怎样的评价。在编辑部办公室里,我们终于见到了多萝西·德·桑提拉娜,一个和善又直率的女士,懂烹饪,看起来对我们这本《美国厨房里的法国菜》满怀激情。可她的男同事们并没有那么热情,其中一个咕哝了一句,好像是"美国人才不想要百科全书,他们只是希望用半成品快速做好饭"。

西姆卡和我把 700 页厚、关于汤和禽类菜肴的权威大部头留给了他们,慢慢地走下楼梯,在风雪中回到了阿维丝家。两个人都没多说什么。

几周后,我们收到了多萝西·德·桑提拉娜的来信:

> 我们大家认真地拜读了大作,你们的成果充满对烹饪的热爱和艰辛的劳动,这是不言而喻的……问题很复杂……怀着对二位作品的极大敬意……我们必须马上指出,这不是我们当初想要的作品,我们想要的是一本单行本,一本教美国煮妇做法国菜的书。
>
> 从现在开始,我们必须讨论出版方面的事情,而不是烹饪了……我们认为,要让销路好……或许应该以丛书的形式,每本讲一个部分,按顺序出……比如汤、酱汁、蛋、主菜……这套丛书应当严格遵照简明、紧凑的标准,肯定不像目前的作品这么详尽。尽管我们深信,你们的作品绝对万无一失,但不可否认的是,它太花读者的时间和精力了,而她们都是身兼数职的主妇,既是母亲,又是护士、司机、清洁工。
>
> 我知道,这个反馈会让你们失望,但我认为,这或许也是个好时机,二位可以好好想想这本书的定位……它比原先的目标要复杂和难处理得多。

唉，我们的皇皇巨著啊。它将何去何从呢？

没错，我们写出来的不是米夫林出版社当初订下的东西。美国流行的风格是速度快又省事，而这两种特质在我们的 700 页作品中一样都没有。出版社的建议也没错，一套面向家庭主妇兼司机的简化版丛书会拥有广泛的读者群。可米夫林出版社想要的东西，却不是西姆卡和我想要的。我们认为，大众读者们看到的女性杂志和烹饪书籍够多了，我们更感兴趣的读者，是那些渴望学会严谨又富于创意的厨艺的人。我们知道这部分读者需要得到关注，也想要得到关注，然而这个读者群的人数也相应较少。更不用说，出版行业当下正陷入低迷。

该怎么办才好呢？

西姆卡和我认为，虽然我们可以删减一些内容，但我们的目标很坚定：详尽的指引，呈现经典法式烹饪的基本要诀，让每一个热爱厨艺的业余厨师都能做出完美的法国美食。显然，米夫林出版社对此不感兴趣。可能——很有可能——别家出版社也不愿意出这样子的书。但在放弃梦想之前，我们想多方尝试一下，把我们的理念告诉更多人。

西姆卡站在身后看着，我在打字机上给桑提拉娜夫人敲起了回信，告诉她我们建议把首批支付的预付款 250 美元归还给出版社，并且取消《美国厨房里的法国菜》的出版合约。"我们的合作只能到此为止，真令人遗憾。"我写道，"但是，往后我俩还有三四十年的时间来写烹饪书，所以，或许什么时候我们能够再次合作。"

唉！那天晚上，我带着空虚的心情爬上了床。

次日，我把这封信揉成了一团。在打字机里插入一张白纸，写了一封新回信："我们决定将自己的梦想暂时搁置起来，答应为你们交上一部简短、明快的作品，面向较有经验的家庭主妇兼司机。"

这是个极其困难的决定。但西姆卡和我最终决定，与其马上找个新出版商，不如把这本"百科全书"压缩一下或许更靠谱。我们打算把它压缩成350页左右的单行本，讲解地道的法国菜式，从餐前小点直到餐后甜食。"每一样都很简单，但绝不单调。"我写道，"食谱的篇幅会改短，文字说明将侧重于'如何做准备、如何重新加热'。我们甚至可以加入一些轻松活泼的小段落以及某种时髦的格调。这将是个令人愉快的改变。"由于我们已经把食谱都试做过了，我承诺在6个月之内交上新稿子。

桑提拉娜夫人回了信，同意了我们的新计划。

我们知道，必须把重点放在更为简单的法式精致美食上，而不是法国大餐。毕竟读者家里不会有捣龙虾壳的臼和杵，或是用来打发蛋白的铜锅，他们不会像法国人那样，在酱汁上花太多时间和心思。或许这需要时间吧。现在我清楚地看到，我们的挑战在于架起法美两国之间的文化桥梁。最好的方法就是强调烹饪的基本规则，并把我从巴格纳德大厨和其他老师那里学来的东西传播出去——最重要的，是把快乐和爱心融入烹饪的每个步骤中去。

3
奥斯陆

保罗决定，在1962年自己年满60岁的时候从政府部门退休，好专心从事绘画和摄影。接下来的问题就是：退休后我们该住在哪儿呢？又该做些什么呢？我们没那么热爱华盛顿，不想继续留在这里，而加州又离亲朋好友们太远。我们讨论来讨论去，结果在去麻省的坎布里奇探望过阿维丝几次后，我们决定：就是这里了。

保罗在波士顿附近长大，20世纪30年代的时候在绿荫丘中学教书，他喜欢这儿。我发现坎布里奇有种独特又迷人的新英格兰格调，而且有很多有趣的知识分子。1958年国庆节的周末，阿维丝的一个地产中介朋友带我们看了看哈佛和拉德克利夫校园背后蜿蜒狭窄的街道。我们没发现什么吸引人的房子，但离开的时候，阿维丝说她会替我们留心。

回到华盛顿，保罗被任命为"展览部代理部长"，这意味着他是美国新闻局负责展览的一把手了。这是个暂时的职务，他会一直做到1958年下半年。与此同时，我们开始学习挪威语，为下一个任务做准备——我们将被派往奥斯陆，保罗将出任美国的文化参赞，任期从1959年开始。

在华盛顿，我认识了一位纽约的出版经纪人约翰·瓦伦丁·沙夫纳，他曾推出了大厨詹姆斯·比尔德[1]和"布朗家族"的布朗夫人的作品。我向沙夫纳请教西姆卡和我该怎么做自我推广，好让大众了解我们，他告诉我们专业的厨师界（美国和法国都是）是个封闭的圈子，很难打进去。或许的确如此，可我们立志要进入这个圈子。显然，一旦手中有了出版的美食书，我们的胜算就大些了。西姆卡和我鼓足劲头，在炉灶和打字机前埋头苦干起来。

---

[1] James Beard，美国名厨、美食作家，在美国的厨艺界占有重要地位。

1959年1月，正当我和保罗准备启程去挪威的时候，阿维丝打来电话说，坎布里奇有幢"特别"的房子要卖，让我们放下手边一切事情，赶紧过去看看。那天飘着冷雨，可我俩跳上火车就去了波士顿，看到了阿维丝说的那栋灰色木瓦的大房子。房子位于欧文街103号，哈佛园背后的一条树荫掩映的小路上。1889年，哲学家乔赛亚·罗伊斯（跟我一样，他是个地道的加州人）修建了这所房子。房子共有3层楼，有个狭长的厨房、一间双开门的食品室、和一楼面积一样大的地下室和一个花园。我们在房子里看了20分钟，趁保罗轻敲着墙壁和地板、检查房子是否结实的时候，我站在厨房里，想象自己住在这座房子里的情景。和我们一起来的，还有来看房的另外一家人。当他们低声商量的时候，我们决定了——再也找不到比这更好的房子了，我们要当场买下。我们花了大约48,000美元买下了它。房子需要翻修一下，不过趁我们在挪威的时候，收来的房租正好补上这笔花费。万岁！

　　1959年5月，我们乘船从丹麦出发，向着蜿蜒曲折的奥斯陆峡湾驶去。看着岸边的花岗岩巨石和密布着松林的悬崖，嗅着饱含盐味和松针清香的凉爽海风，我俩感到："挪威真像缅因州！"确实，某些地方很像，可某些地方又完全不同。

　　进入一个崭新文化的时候，你可以事先做好准备，可真正适应现实是需要时间的。在那个纬度，那个季节，太阳灿烂得令人惊异，直到晚上10点20分才下山，凌晨4点再度升起——几乎是在顷刻之间。这种情况下，睡眠就成了问题。挪威的床上仅铺有一层床罩，倒是暖和得像个烤炉，可长度只够盖半个身子的。我们只好把床罩扯到下巴底下，然后用车上的毯子和各种各样的衣物盖住腿脚。

我注意到，街头巷尾见不到几只猫，可狗相当多；每平方米内长着红发的脑袋瓜比我去过的任何一个地方都多。每个挪威人都长得俊美又健康，而且都有种单纯的和善气质。

美国新闻局在奥斯陆的所有职员只有4个人：3个美国人，1个挪威秘书。赶上巴克敏斯特·富勒[1]这样的大人物造访，保罗就得放下手头的一切工作，安排演讲和记者招待会，还要给这位大师当司机。与此同时，美国大使馆搬到了一幢漂亮的新楼里，是埃罗·沙里宁[2]设计的。

6月，我们在郊区租到了一幢可爱的房子，是个两层楼的白色平板房，颇有新英格兰气质。屋里有一台模样可笑的电炉，一架走了调的钢琴，还有蚂蚁。我讨厌蚂蚁，打算找点药把这些小虫子弄死。这房子还有碧绿的篱墙，院里种着果树和攀缘的蔷薇。覆盆子很快成熟了，还有大个儿的草莓和小巧玲珑的野莓，散发着浓浓的甜香，好吃极了（比法国的味道好，法国的那种吃起来像木头）。

我把那一大堆厨房用具——从奶酪刨丝器到黄铜锅，总共74件——从行李里拿出来，把厨房布置成喜欢的样子，开始去上语言课。没过多久，我的挪威语就很顺溜了，能读懂报纸，也能去市场买东西。跟草莓、覆盆子和醋栗一样，挪威的鱼和面包都品质一流，可肉却不怎么样（包括大

---

1 Richard Buckminster Fuller，美国哲学家、建筑师及发明家。
2 Eero Saarinen，20世纪著名的芬兰裔美国建筑师和设计师。

块大块的驯鹿肉和驼鹿肉），蔬菜也软塌塌的。

我最爱去的店是个卖鱼的铺子，那儿的橱窗真叫人叹为观止：交叉摆放着将近 1 米长的三文鱼，周围摆放着鳟鱼，还有龙虾、马鲛鱼和比目鱼散落其间。大鱼上面是粉色的小虾摆成的"花冠"。我和店里的人很快混熟了，兴高采烈的渔民们站在成箱成箱的巨大螃蟹旁，一旁摆着硕大的对半剖

开的鲟鱼,活鳕鱼在长长的水泥池里游来游去。有天下午我路过那儿,有个英国女人想要给鳕鱼拍照。一个渔民亲切地从池子里捞出一条大家伙,抱在胳膊里,搔搔大鱼的肚皮,温情脉脉地对它咕哝着什么,大鱼也吱吱地回答他。多么动人的场景!

除了为我们的书做法国菜研究,我开始尝试当地的土特产。我买来红醋栗,做了好多果冻;第一次尝试了腌渍鲑鱼片(滋味鲜美,搭配莳萝奶油酱、斯图德土豆、奶油和肉豆蔻);还做了一只沙鸡和一只名叫"北欧雷鸟"的欧洲大松鸡。

由于我在奥斯陆没有熟人,那年夏天,写书的工作完成了不少。信件在奥斯陆和巴黎间频繁来去。经过8年艰辛的劳动,西姆卡和我终于看见了曙光。我俩相互激励,投身繁重的打字任务中。

4
塞翁失马

1959年9月1日,我和保罗结婚13年了,我也刚满47岁。但真正激动人心的是,《美国厨房里的法国菜》终于修订完成,哈哈!

我把书稿发给华盛顿的朋友进行校对重打,然后从那里寄往波士顿的米夫林出版社。现在的书稿已经和当初百科全书式的家禽和汤类食谱完全不同了,如今这本书面向认真严谨的美国厨师,是一本介绍法式精致美食的基础读物,从生菜沙拉到餐后甜点一应俱全。可书仍然有750页厚,我很担心,不知道编辑们会做何反应。下个月我们才能知道他们的看法,如今除了诚心祈祷、期盼最好的结果,我们也没什么可做的了。

书稿完工了,我心里的感觉多么奇怪啊。这么多年来,这件事像一块巨石般沉重,你可能会想,如今的我肯定会欢天喜地地跳起来。可我却觉得空虚、失落,一下子没了寄托。我陷入了困惑。

噢,我多盼着身边能有一群贴心的朋友跟我一块庆祝啊。我们在奥斯陆认识了不少人,可就像在普利特斯道夫一样,数月来我们找不到可以真心拥抱的人,只有我俩形影不离。在这漂泊不定的外交生涯中,我最痛恨的就是这一点。

有一天我终于获邀参加一个大型的妇女午餐会,结果盘子里盛的是碎鸡肉罐头,浇着湿耷耷、黏乎乎的酱汁,还有用预拌粉烤的布朗尼蛋糕。真恶心。

9月底,我收到多萝西·德·桑提拉娜一封热情洋溢的信,精神不禁为之一振:

> 我花了整整4天拜读书稿……对于任何一本书的初审来说,这时间都算相当长了……你们对每个步骤都拆解得那么详尽,让人读来大为惊讶、欲罢不能。我从没见过哪本书能与此相比,精确得令人震惊,又如此包罗万象。在我看来,它已经把所有法国美食都一网打尽了——尽管你们正式声明,这本书里没写千层酥的做法!
>
> 这是尽善尽美的作品,我知道你们为此投入了多少时间。任何人都能发现这一点。
>
> ……我想告诉你们,我拿到了克瑙夫出版社的最新书籍……《经典法国美食》,作者是约瑟夫·唐农。

跟你们的稿子一比,唐农大厨不仅配不上经典二字,恐怕连法国二字也当不起,尽管他得过荣誉勋章!

……现在,我也没什么可做的了,静待高层决策吧。

我立即给她回了信,告诉她如今离出版只有一步之遥,我们有多么开心。此外,我也跟她说明了两位搭档的情况。露伊瑟深受家务事困扰(原来,她丈夫是个恶魔般的家伙,他们正在办离婚),对于写作她并没有参与太多。可是西姆卡和我一致同意,让露伊瑟继续留在团队里,这既是因为她所做的工作,也基于某些更为实际的考量——无论在法国还是美国,比起我俩,她的人脉关系都要广得多。

至于西姆卡,我要确保她的劳动得到相应的回报。我写道,这本书"是货真价实的合作作品,我们俩无论缺了谁,都写不出来"。西姆卡撰写了整个甜点的章节,并且对食谱做了很多特殊的调整,把传统的法式甜点变得格外美味——其中包括香橙巴伐利亚奶油冻、巧克力慕斯,还有令人垂涎欲滴的草莓杏仁夏洛特蛋糕。她也贡献了许多非比寻常的酱汁,包括配羊腿吃的蒜香酱汁、尼奈特酱汁(加入奶油、芥末和番茄酱收汁)、肉冻、雪冻(冷的奶油冻)。正是她发现了防止汝拉省风味焗菜中奶油凝结的秘密(这个菜谱是从雷波的宝马尼埃餐厅得来的商业机密,做法是把土豆片放入浓稠奶油中焗烤),也是她基于在普罗旺斯的多年生活经历,创作出了备受欢迎的什锦蔬菜煲。

"这要归功于贝克夫人,感谢她对烹饪孜孜不倦的兴趣——我们不但写出了常见的经典法国菜,还有很多深得法式料理精髓的私房菜和非凡菜式。"我写道,"据我们所知，迄今为止绝大多数都没有公开出版过。"

1959年11月6日，在外交邮包中，我收到了米夫林出版社总编辑保罗·布鲁克斯的来信。我拿起那修长的白色信封，静静地看了一会儿。这封信对我太重要了，我几乎不敢拆开。终于，我拆开了信。

他说公司的高层已经讨论过很多次这本书，最终大家决定：

> 您和搭档们把步骤撰写得如此详尽、如此经得住推敲，毫无疑问，这是一本成功的烹饪指导。您的书稿展现的既是烹饪的科学，也是烹饪的艺术。
>
> 然而，尽管我们每个人都认定这本书是非凡的成就，但显然……这本书的出版成本势必很高，出版社将投资甚多。这意味着，这本书必须拥有广泛的读者群，愿意购买这本价格不菲的烹饪书——因为高昂的出版成本，定价势必不低。正是在这个问题上，我的同事们心存疑虑。
>
> 在百科全书式的初稿之后，你们也同意了我们的观点，这本书……应当薄得多，简单得多……你们……说过，修改后的稿子将"面向忙碌的厨娘兼司机，是本简单的、短小的烹饪书"。目前的书稿完全不是这样。这是一本昂贵的大部头，充满复杂详尽的信息，美国的家庭主妇很可能望而生畏，她或许很愿意从杂志上剪下

一篇这样的食谱,可一整本书会吓着她。

> 我明白,这个反馈会让你们很失望……我建议,你们可以立即将此书交予别家出版社……我们会永远欢迎薄一些、简单一些的版本。相信我,我知道诸位在这本书上投入了多少精力。衷心祝愿它取得成功。

我叹口气。这意思就是,这本书不适合出版。

对我自己来说,我并不觉得委屈。我已经完成了这本书,我为它骄傲自豪,如今我有了一大堆百试百灵的食谱。而且,在这漫长的写作过程中,我找到了自我。就算这本书永远不能出版,我也已经发现了自我的价值,并且会继续训练自己,继续教学。对厨艺的追求是永无止境的——关于烘焙,我还有大量东西要学;世上还有成百上千的菜谱,我依然跃跃欲试。

但我替可怜的西姆卡叫屈,她和露伊瑟在10年前就开始着手这项工作了,却仍然没等到它开花结果。"你们找错了美国伙伴。"我写信对她说。

马上,阿维丝的鼓励信就寄来了,她对我们的支持真是永不放弃:"战斗才刚刚开始。"

她转来一封多萝西·德·桑提拉娜写的贴心的安慰信:"我真不愿意去想,茱莉娅和西姆卡该有多失望啊……这么一朵用对烹饪的爱浇灌出的完美之花,这么多年来取得的坚实成果竟然无人问津,我太难过了。她俩是多么优秀的作者啊。"

接下来，她说出了米夫林出版社拒收书稿的真正原因，他们的决策基于一个再平常不过的商业原则：出版成本太高，而潜在销量却是未知的，并且有可能很低。我们的竞争对手写的烹饪书就很花哨——比如米夫林自己的得克萨斯美食系列。他们认为出版我们这种更为严肃认真的内容太过冒险。尽管我们的食谱万无一失，可编辑们还是认为，我们的菜式太过精妙复杂。

"所有的男人都认为，除了专业厨师，其他读者都会被这本书吓倒，普通的家庭主妇会选择竞争对手的版本——恰恰是因为那些书没那么完美。"多萝西写道，"他们认为，家庭主妇希望读到'简单便捷的做法，做出的菜差不多就行了'，而不是通过完美的过程，得到绝不会出错的结果。而这本书正是如此……这部烹饪书稿是杰出的作品，它比我见过的任何一本都好。可在是否适合家庭主妇兼司机的读者类型这一点上，我没法跟那些男人争论。"

我们的书迟到了 10 年吗？在厨房里，美国大众只想要速度和魔法，除此之外别无他求，真的是这样吗？

显然是这样的。在一本时下流行的菜谱中（已经加印到第 3 版了），"红酒烩鸡"的全部做法是这样的："剁开两只嫩鸡。在黄油锅里放入培根、切碎的洋葱和蘑菇，跟鸡块一起煎。倒入红酒，没过鸡块，入烤箱烤两小时。"哼。

好吧，或许编辑是对的，毕竟没几个人像我这样，对厨房里的这些事这么较真。况且极少美国人知道法国菜是什么味道，不就是弄口吃的吗，干吗这么费劲？

至于我，除了法国菜和烹饪，我对别的一概不关心。如果找不到出版商，那我就先把这事搁到一边，等回美国再说。

查理·查尔德来信安慰我："我认为茱莉天生适合上电视，不管最后这本书究竟能不能出。但这只是一家之言。"看到这儿我乐了。我？上电视？这是什么主意啊！我们连一个电视节目都没看过，家里连电视机都没有呢。

米夫林出版社的编辑建议我们把书稿交给双日出版社，这是一家大型出版社，旗下有自己的书友俱乐部。可阿维丝

先睡觉，明天再想

另有主张，她没有问我和西姆卡（但事后我俩绝对赞同），就把我们这 750 页的书稿给了一位名叫比尔·科什兰的老朋友，他是纽约阿尔弗雷德·A. 克瑙夫出版社的秘书。

科什兰是一位水平很高的业余厨师，他曾在阿维丝家中看过我们的部分手稿，并且曾问起过这本书。克瑙夫是个很有名望的出版社，目前的出版计划中还没有任何一本烹饪书。

失去米夫林出版社是"塞翁失马"，阿维丝写信告诉我，克瑙夫这样的出版社更有想象力："或许需要点时间，但你们的书一定会出版的——我知道的。"

第六章

掌握法式烹饪的艺术

I
幸运的巧合

1948年5月,双日出版社一位年方24岁的编辑踏上了为期3周的欧洲之旅,她的名字叫朱迪丝·贝利。她和一位来自贝宁顿的朋友坐上轮船统舱,从纽约到了那不勒斯,最终来到巴黎。朱迪丝第一次来欧洲,法语只有小学生水平,但法兰西的魅力彻底征服了她。朋友回家去了,可朱迪丝留在了一个小旅馆里,就在左岸的莱诺克斯,离我们住的大学路不远。日子飞一般地过去,朱迪丝待的时间越长,就越是爱巴黎。"为这个,我已经等了一辈子。"她对自己说,"这里的每样东西我都爱。"

回国重返工作的前两天,朱迪丝坐在杜伊勒里花园看书,返程票装在手袋里。日落景象如此优美,她抽泣起来。"我干吗要走啊?"她想。叹息一声之后,她站起身来,把书收拾好回去了。转过街角之后朱迪丝才发现,自己把手袋忘在花园里了——里面装着所有的法郎、旅行支票、护照,还有返程票。她赶紧冲回去找,可手袋已经不见了。

她报告了警察局,身无分文地回到旅馆。"真奇怪,"她左思右想,"是不是有人在暗示我,我应该留在这里?"

回到旅馆,一位来自佛蒙特(朱迪丝的老家)的老友碰巧也住在这儿,他看到朱迪丝坐在房间里,房门开着。"朱迪丝·贝利!"他喊道,"你怎么会在这儿?"于是他和同伴带她出去吃晚餐。这又是一个让她留下的预兆吗?之前她也曾结识一个法国小伙,殷勤地带她下馆子,他本人也是位相当不错的厨师。她做出了决定。

一旦下定决心不回纽约了,朱迪丝就想办法找了个工作,为一个叫作埃文·琼斯的美国人当助理。埃文大她9岁,在《周末》(*Weekend*)杂志社当编辑。这份杂志脱胎于《星条旗》(*Stars and Stripes*),是一份面向大众读者的美国画报。有一阵子它的销量相当不错,可随着《生活》和《展望》席卷了巴黎的报摊,《周末》就一蹶不振了。与此同时,朱迪丝·贝利和埃文·琼斯坠入了爱河。

埃文当了自由撰稿人,并且开始着手写小说,朱迪丝开始为一个不大光彩的美国人打工——那人专为身在法国的好莱坞明星和富裕的侨民买卖汽车。她和埃文租了一间小公寓,一起学做饭。尽管她手边没有烹饪书,也没有余钱上蓝带这样的厨艺学校,可朱迪丝天生爱刨根问底,也有做菜的天分。像我一样,她通过品尝来学习厨艺——饭馆里香喷喷的牛排,布列塔尼的小巧鸟蛤。她的厨房秘籍是四处打听来的,比如屠夫的老婆会告诉她,用哪个位置的油脂炸薯条最香。

在此期间,保罗和我住进了大学路81号。很有可能我们曾经与朱迪丝和埃文擦肩而过,或是在某个鸡尾酒会上并肩而立,因为我们的生活很相像。可是当年在巴黎时,我们无缘相识。

朱迪丝受不了那个难伺候的汽车贩子了，于是找了个新工作——为巴黎的双日出版社编辑做编务助理，这位编辑负责把欧洲的书籍引入美国市场。有一天，她偶然注意到一本书，可老板正打算拒绝那本稿子。封面上的少女照片引起了她的好奇，于是她翻开书页，读了几行，结果她立即被吸引住了，一口气读完之后才放下了它。她由衷地觉得这是一本佳作，于是恳请编辑重新考虑，编辑也确实这么做了。双日出版社买下了这本书的版权，在美国出版。这本书的名字是《安妮日记》(*Ann Frank: The Diary of a Young Girl*)。

1951年11月，朱迪丝和埃文结了婚，返回了美国。《安妮日记》迅速风靡世界，当初拒绝出版此书的克瑙夫出版社邀请朱迪丝来当编辑。她最初的工作职责是和译者合作，出版克瑙夫引进的法文书。

1959年底，当比尔·科什兰把我们的书稿交给克瑙夫出版社的编辑过目时，朱迪丝·琼斯立即发现了此书的价值。她和埃文在家里试做了其中的几道菜以测试菜谱的实用性。在一次晚餐派对上，他们做了勃艮第红酒炖牛肉；他俩还用了我们的"最高机密"方法做出了酱汁；他们学着用巴格纳德大厨教我的手法做煎蛋卷（按照书里写的方法，他俩将干豆子倒进煎锅里，练习如何拉动煎锅。这个练习是在家里的小阳台上做的，结果第2年春天发现屋顶上长出了豆芽）；他们热切地读着我们关于厨具和红酒的建议。

"《美国厨房里的法国菜》，这书名不行。"朱迪丝对丈夫说，"可这本书是革命性的，它会成为经典。"

回到办公室，朱迪丝对将信将疑的上司说："我们应该出版这本书！"

她的同事安格斯·卡梅伦（他数年前曾帮助《烹饪的乐趣》由鲍比斯-梅里尔出版社出版）也同意她的看法，他们一起拟出了各式各样的宣传提纲。

1960年5月中旬，我在奥斯陆收到了朱迪丝的来信。又一次，我发现自己手握出版社的来信，却不敢打开。这么多年来，经过这几番情绪的起起落落，我心中已经做好了最坏的准备，却仍然满怀希望，许愿最好的结果。我深吸一口气，拆开琼斯夫人的来信，读了起来：

> 我们花了好几个月的时间审读您的优秀作品……研究、试做、估算等，我们得出结论：这是一本独一无二的佳作，若能列入我社的出版清单，我们将深感荣幸……我已经得到授权，与您签订出版合约……我们对书名非常在意，因为书名至关重要，它将确切描述出这本书的定位，让它能在市面上所有的同类法式烹饪书中独树一帜，脱颖而出。我们认为这本书是迄今为止最好的、也是最实用的法式菜肴烹饪书；它对于美国市场上法国美食的重要性，丝毫不亚于当年龙鲍尔的《烹饪的乐趣》对家常烹饪的重要性，而且我们将按照这个思路和定位进行销售……这绝对是一部结构优美、叙述清晰、极有指导意义的书稿。你们已经彻底提升了我的厨艺，而且每一位曾经品尝过成品或是听我提到过这本书的人都已经发誓，绝不愿再购买其他任何一本烹饪书了。

我揉揉眼睛，又看了一遍。这些字句是如此慷慨热情，鼓舞人心，我连想都没想到过啊。我都有点蒙了。

阿维丝打来越洋电话，来了一句大大的"哇噢！"。她让我们放心，说克瑙夫出版社一定会干得很漂亮，他们会知道该怎么做的。

至于报酬，克瑙夫将支付我们1500美元预付款，并按供货价的17%结算版税（如果销量超过2万册，我们可以拿到23%）。书的定价在10美元上下，将在1961年秋天正式推出。为了方便，合同将和我签订，由我来和西姆卡、露伊瑟商定报酬的分配条款。琼斯夫人对我们书里的简笔画插图（我们请一位朋友画的）不甚满意，她想尽力找最优秀的艺术家画插图。在我们仨和律师看来，一切细节都没有问题，所以在大家改主意之前，我签下了合约。

行了，搞定。万岁！

这甜蜜的胜利果实跟善良的阿维丝·德沃托是分不开的。这么久以来，她一直在鼓励我们、提建议、出主意。天知道要是没有她，我们的书会是什么结果？或许什么结果也不会有。

原来，朱迪丝以前从来没有编辑过烹饪书。可看上去她非常有把握——她很清楚自己喜欢哪些地方，而哪些地方写得还不够好。她喜欢我们轻松愉快却信息量丰富的写作风格，以及我们对厨艺窍门的深入研究，比如做荷兰酱的时候如何避免出错；她欣赏我们的某些创新，比如我们在书中会提醒，在做某道菜的过程中哪些步骤是可以预先做好的；还有我们会在页面左侧列出食材和调料清单，在右侧解释清楚它们的用途。

不过朱迪丝认为，我们严重低估了美国人的食量。"比如勃艮第红酒炖牛肉。"她写道,"一千克多一点的肉可不够 6 到 8 人吃的。有天晚上我做了这道菜,滋味妙极了,5 个饥肠辘辘的家伙吃了个精光。"当然,按我们的想法,这场宴席上至少要有 3 道菜。可美国人吃饭的风格不是这样,我们也只得妥协。

她也认为,我们应当多加几道牛肉的做法(因为红肉在美国太受欢迎了),还有多一些"地道农家菜"。依我看,我们收录的"农家菜"已经不少了:诺曼底炖菜(炖牛肉、鸡、香肠、猪肉)、炖牛肉、豌豆炖羊肉,等等。在这个问题上,她有点过于浪漫了。但是经过一番商讨之后,我们还是加了一道卡苏莱什锦砂锅[1],这是一道法国西南部的菜,味道很香。

在不了解法国菜的美国人耳中,"卡苏莱什锦砂锅"听上去简直像世间少有的珍馐美味,可实际上只不过是一道很有营养的乡村菜式。就像什锦蔬菜煲一样,这种菜的做法有无穷变化,全看当地的传统。

按我惯用的方法,我研究了好几种豆子和肉,最终完成了一沓 5 厘米厚的食谱。

"不对!"西姆卡反对道,"我们法国人从来不用这种方法做卡苏莱!"

她坚持要在食材中加入"油封鹅"(一种腌制的鹅肉),可我提出 99% 的美国人从来就没听说过这种东西,当然更没有地方买。我们一向希望书中的指导正确无误,但也要切实

---

[1] Cassoulet,法国西南部的传统菜肴,用白扁豆与鹅、鸭、猪肉等食材焖炖而成。

可行。"重要的是味道，这很大程度上来自豆子和肉焖出的汁水。"我写道，"而且说实话，不管油封鹅怎么弄到手，一旦把它跟豆子一起炖，你压根分不出来它是鹅肉还是猪肉。"

西姆卡冲我点点手指头，再次坚持道："这道菜的正确做法只有一个——用油封鹅！"

这就有点气人了。"要是我自己的搭档都如此轻率地完全无视我的研究成果，那我这么做究竟还有什么意义？"我反驳道。

经过一番激烈争论后，我们达成了一致：写一个基础的版本（使用猪肉或羊肉，加上自制的香肠），然后附带上4种做法变化，包括使用油封鹅的那种。在书中，我们解释了这道菜的来龙去脉，给出了菜单建议，讨论了可用的豆子品种，提供了实际操作指导。这道菜写了6页，但我们尽量言简意赅了。

书名成了最头痛的问题。朱迪丝认为《美国厨房里的法国菜》这个名字"一点也不吸引人，意思也不够清晰"。我完全同意，然后大家就开始拼命想好听的书名。我在亲戚朋友中进行悬赏：奖品是一大罐从法国直接寄送的松露鹅肝。谁抗拒得了这种令人垂涎三尺的诱惑？"想要赢得这个奖品，"我写道，"只需要想出一个简短、难以抗拒、信息量丰富、一看就记得住而且不会忘记的书名。要说出我们这本书是写给美国人看的法国美食烹饪书，是独一无二、比同类书都好的、最基本的法式料理书。"

我自己提的方案是："美味法国菜"（*La Bonne Cuisine Française*）。朱迪丝觉得不行，对美国读者来说，一个法文书名会让人"望而却步"。

早期想出的书名方案还有：美国超市里的法国菜、法国菜的高贵艺术、法国菜 DIY、厨房里的法国魔术师、疯狂美食、法国料理魔法、激情法国菜。

奥斯陆的苹果树开花了，保罗和我开始在户外做烧烤。我们争论着，究竟是诗意一点的名字好，还是直白的名字好。当年谁会预料到《烹饪的乐趣》会成为最恰当的书名？哪些字词的组合适合我们这本大部头？我们列了长长的清单：法国厨师之友、现代美国人的法式料理指南、如何做法国菜、美食-法国-欢乐，可没有一个感觉合适的。

与此同时，身在纽约的朱迪丝像玩拼图游戏一样把字词拼来拼去，希望找出合适的搭配。她想要在书名中传达我们的理念：烹饪是一门艺术，是一件快乐的事情，不是劳役受罪，而且学习厨艺是个持续的过程。恰当的标题应当指出这本书的广度、基础性，还有烹饪和法国。朱迪丝锁定了两个关键词："法国菜"和"大师"。她最先想出的是"大师的法国菜手册"，然后尝试了一些变化，比如"法国菜大师"。有很长一段时间，她较为中意的方案是"精通法国菜"。（朱迪丝开玩笑地说，副标题应该叫作：一本无与伦比的、适用于美国厨子、美国厨房、美国食材和美国厨具的、传授法国美食基本烹饪技法与传统菜式的厨艺书。）大伙对"精通法国菜"（*The Mastery of French Cooking*）这个名字都比较认同，可克瑙夫出版社的销售经理担心"精通"的意思是"已经取得了成果"，没能把学习的过程体现出来。那好吧，"如何精通法国菜"怎么样？朱迪丝提议道。

终于，1960 年 11 月 18 日，她写信告诉我说，终于选定了合适的书名：《掌握法式烹饪的艺术》（*Mastering the Art of French Cooking*）。

我喜欢这个充满动感和过程感的词："掌握"。它是那么自信，那么高调。我立即给朱迪丝回信："你真找对了，就是它了。"

在最后一刻，西姆卡发表意见说她不喜欢这个名字。

"太晚了，来不及改了。"我说。然后又补充说唯有美国人的耳朵才能捕捉到美式英语这微妙的差别。何况克瑙夫出版社见过的书比咱俩多多了，而且人家才是负责销售的一方，所以就这么着了！

我们不知道的是，出版社那位自诩为美食家的傲慢老板阿尔弗雷德·克瑙夫，十分怀疑一个从史密斯学院毕业的大个子女人能和朋友们合写出一本有价值的法国美食书，但他愿意给这本书一个机会。随后，当朱迪丝宣布我们决定把书名定为《掌握法式烹饪的艺术》的时候，阿尔弗雷德摇摇头嘲笑道："叫这个书名，要是有人买，我就把帽子给吃了！"

但随后他默许了，"没关系，让琼斯夫人试试看吧"。

1960年9月1日，我和保罗结婚满14周年了，可我俩都没空庆祝。在外交部门工作了18年后，保罗觉得自己做够了，决定退休。如果他愿意做满20年，每个月就可以挣上3000美元，可保罗不愿意。这是个痛苦的决定，然而一旦保罗下定了决心，我发现他的心情立即开朗起来，人也精神多了。

跟出版社的合约是一个推动力，但保罗辞职的真正原因是：12年勤勤恳恳的工作，换来的只是1次微不足道的晋升和1次耻辱的调查。他已经58岁了，厌倦了成天跟华盛顿那帮眼界狭窄的官僚政客斗来斗去，同时还要在国外做着杂七杂八的活儿，却连一句"谢谢你"都得不到。况且我们两个都觉得，是时候回归故土，跟亲朋好友们生活在一起了。

1961年5月19日，保罗辞去了政府部门的工作——距离我们到达奥斯陆正好2年零2天。如今，我们只是普普通通的美国老百姓了。

在我们离开的前几周，我一直在一点点地"啃"着将近7千克重的《掌握法式烹饪的艺术》校样，差不多没日没夜地看。校对真是个可怕的工作，看见自己"亲手"犯的错，我都快惊讶死了。比如"四分之一杯杏仁精"，其实我想写的是"四分之一小匙"；再比如，我会忘了写上"先把锅盖盖上，再把锅送进烤箱"。怎么会犯这种错的？看着蹩脚的文字变成白纸黑字，就像上了一堂"人要谦逊"的课。

我慢慢地、系统地工作着。但是即将召开的北约会议占去了保罗的全部时间，他一直忙到最后1分钟。我们又要立即启程回美国，再加上出版社的时间期限就要到了，我快要抓狂了，西姆卡也一样。

她是个贴心的好朋友，可做起事来却毫无条理，又十分自我。她懒得仔细核对校样，这在我俩之间引起了几番不愉快。校对的截止日期是1961年6月10日，随着这个日子日渐临近，情绪激烈的信件在巴黎和奥斯陆之间来回纷飞。

我们争论的事情包括：西姆卡在 1959 年的时候在书里写了一个蛋糕食谱，可到了 1961 年 5 月这会儿，她又改主意不想要了。看着校样里面的食谱，西姆卡发话："这个蛋糕不是法国口味，这是美国的口味，我们不能把它写进去。"

她觉得这个蛋糕不够法国，可其实一点问题都没有。我花了好几个小时翻找记录本，然后把事实指给她看："1959年 6 月 3 日，你把这个食谱给了我。我试做了一下，效果很好，我们一致同意把它写入书稿。1960 年 10 月 9 日，咱们碰头，讨论了书里的每一道食谱，包括这一道。1961 年 2月 20 日，我给你写信确认此事。"现在要把一整篇食谱撤下

去,为时已晚。"你现在看到的校样,全部是你之前看过并确认过的。"我提醒她,"看见自己写出来的东西印在纸上时感到讶异、震惊和后悔,这种心情恐怕是每个作者必然的命运。"

一直以来,我们工作得如此辛苦,而且离终点线已经如此近,以至于这些分歧让我们的关系真的紧张起来。可是不能把它们就那么扔在一旁不管,我们尽力彼此妥协,但时钟的滴答声越来越响亮了。

当西姆卡否决了红酒的章节时,我写信反击:"它没你想象得那么糟,不然你之前是不会同意的!"

她的紧张慌乱让我沮丧透顶,我都快疯了。对我来说,《掌握法式烹饪的艺术》就像是我的第一个孩子,像天下所有父母一样,我希望它完美无瑕。

睿智的阿维丝写来了信:"放轻松点,哪种人际关系没瑕疵呢。你和西姆卡之间的关系在很多方面都像婚姻,有很开心的时候,也有很低落的时候。可从总体上来看,你们的合作是愉快的、富有成果的。你们孕育的'孩子'也是一样,也会有瑕疵,但整体来看,它好得很。我们得接受现实啊。"

2
旋涡里的大明虾

1961年9月底的一个下午,我坐在椅子上,膝头放着一部样书——《掌握法式烹饪的艺术》,贝克、贝赫多、查尔德合著,732页,好像有一吨重。西多妮·柯林画的插图美极了。简直不能相信,这老怪物真的出版了。这是不是我臆想出来的？可膝上的重量确凿无疑。无论从哪个方面看，这本书都漂亮至极。

正式出版日期是10月16日。为了这个大日子，西姆卡会专程飞来纽约，保罗和我会离开坎布里奇去跟她会面。我们计划在纽约逗留10天左右，见见美食界的朋友，招徕招徕生意。

出版社答应做一些广告，可绝大部分的推广任务落在了我俩身上。我对公关宣传丝毫没概念，所以写信给几位商界的朋友，想听听他们的建议。说实话，我没抱太大期望。我们的书和市面上其他的书都不一样，而且西姆卡和我一点儿名气也没有。我甚至怀疑到底有没有报纸想采访我们。此外，我讨厌推销自己。所以我们咬紧牙关，想着能做多少做多少吧。

我们心想，既然真正的法国女士来了美国，应该做一场简单快速的巡回发布。可这种活动应该怎么做呢？西姆卡和我决定到几个有熟人的地方去转一圈，这些朋友可以收留我们住下，帮我们安排签售、演讲和现场厨艺秀。我们将从纽约前往底特律，然后到旧金山，最后回到洛杉矶，和我父母待一阵子。

父亲82岁了。他一向不生病，可最近得了流感，已经卧床两周。要不然，他还会忙着为尼克松筹款，并且坚决反对肯尼迪。"这个国家真正需要的，是找个真真正正的商界人士进华盛顿收拾局面！"他在给我的信中写道。可我不认为共和党是国家需要的答案。可怜的老艾森豪威尔不算是很开明的领袖，而且在奥斯陆看过竞选辩论的影片之后，我想象不出有谁会投票支持那个恶心的尼克松。"我要投票给肯尼迪。"我对父亲说。

真不赖呀,新书刚上市几周,就风靡纽约。克瑙夫期望它成为畅销书,他们加印了1万册,如果销售势头仍然如此强劲的话,他们准备再次加印。

西姆卡和我非常自豪,也打心底里觉得幸运,这本书肯定是出在了合适的节骨眼上。

在10月18日的《纽约时报》上,克雷格·克莱本写道:

> 本周,一本里程碑式的烹饪书上市了。这本书大概是迄今为止内容最全面、最值得称道的法式料理书……很可能会成为非专业厨师的必备读物。
>
> 这本书不是为那些只对食物有肤浅兴趣的人写的,而是面向能够品味出美食最本质乐趣的人。《掌握法式烹饪的艺术》将成为厨室中必备的参考手册。它的语言简单至极,既不降低水准,也没有居高临下的味道。
>
> 无论是简单的肉冻镶蛋,还是鲜鱼舒芙蕾,这些菜谱真是精妙绝伦。只要简单翻翻就知道里面至少有1000多篇菜谱。就像对待杰作一样,每一篇菜谱都经过精心地编辑和撰写。确实,大部分菜式都堪称杰作。

哎哟!就算让我们自己写,也写不出这么好的书评啊。

但克莱本对我们使用压蒜器不甚满意:"在某些圈子里,这种小玩意儿也就比蒜香盐和大蒜粉好一点儿。"他认为书中没有提到酥皮点心和牛角面包,称得上是"古怪的疏漏"。碰巧我喜欢压蒜器,可他对酥皮的评论让人有点不爽。西姆卡和我试了又试,还是没能在截止日期前拿出满意的千层酥皮配方。但克莱本特意提到了我们的卡苏莱什锦砂锅:"无论是谁,只要照着这个食谱做,肯定能端出一道令人难忘的美味佳肴。"这话听着可真舒服哟。

《纽约时报》的书评出来没几天,西姆卡和我就接受了玛莎·迪恩的电台采访,她主持的这个晨间新闻评论节目在东海岸拥有很多听众。我们是头一次接受采访,可迪恩女士生来就有让人放松下来的本事。节目开始前,我们闲聊了20分钟左右,试着对谈了一番,然后录音带就转了起来,我们说出来的东西就这么记录在案啦。我们并不担心自己说的话被播了出去,只是觉得大家聚在一起聊美食和烹饪真是开心。

2天后,我们去NBC的演播室参加一档名叫《今日》(Today)的晨间电视节目。由于保罗和我还没买电视,我对这节目一无所知,可出版社的人说这个节目在早晨7点到9点间播放,观众大约有400万人。这里面有大批的潜在读者啊。

《今日》想让我们来个现场厨艺秀。我俩决定在给我们的5分钟时间里,做效果最出彩的菜——煎蛋卷。录节目那天早上5点,天还没亮,西姆卡和我就背着黑色的法式购物袋去了NBC的演播室,袋子里满满当当地装着菜刀、打蛋器、碗、煎锅和食材。就在此时我们才发现,他们答应提供的"炉子"原来只是个热力微弱的电热炉,这倒霉玩意儿的火力可不够煎蛋卷。幸亏我们买了三打鸡蛋,而节目开始前尚有1个小时的练习时间。我们把能想到的方法都用上了,可都没多大效果。最后我们决定只能装装样子了,希望一切都往最好的方向发展吧。

上节目 5 分钟前,我们把煎蛋锅放在电热炉上,直到锅热得通红。7 点 12 分,镜头转向了我们。主持人约翰·钱斯勒跟玛莎·迪恩一样厉害,几句娴熟老练的话一出口,就让我们俩变得从容放松,而且充满自信。西姆卡和我感觉好极了,压根不在意事情进行得怎样。哦,老天啊,要是那最后一个煎蛋卷没有顺顺利利地做出来,那该怎么办!节目比我们预想得顺利,我们还没意识到的时候就已经结束了。NBC 那帮小伙子之间有种轻松自在的气氛,这给我们留下了深刻的印象,更不用提他们那完美无缺的时间掌控能力了,真是专业。电视的确是个令人印象深刻的新媒体。

新书的宣传上了轨道。不知怎么的,《生活》杂志知道了我们的书,在文章中提到了它。然后外交机构一个老朋友海伦·米尔班克安排西姆卡和我为《时尚》杂志拍照(她在那儿工作),真带劲!而最好的消息是《房屋与花园》(*House & Garden*)杂志——他们有本一流的烹饪副刊——邀请我们写篇文章。这个机会太棒了,因为在这本杂志中露面的全是时尚又漂亮的菜式,比如詹姆斯·比尔德和狄俄涅·卢卡斯的作品。(狄俄涅是位英国大厨兼烹饪教师,她还主持着一个电视厨艺节目。)

在纽约的一个晚上,我们在西 12 街 167 号——詹姆斯·比尔德的住宅兼厨艺学校里见到了他本人。活生生的、大块头的詹姆斯·比尔德本人啊!西姆卡和我立即喜欢上了他,他坚持让我们俩以后给他打电话,还慷慨地应允,要尽一切力量帮我们推广这本书。他说话算话,带我们四处结识美食界的"要人",比如《美好家居》(*House Beautiful*)杂志的编辑海伦·麦卡利,一个身材娇小、一头灰发、精力充沛的女士。随后,海伦介绍我们认识了一群大厨,比如年轻的法国厨师雅克·拜坪,他曾当过戴高乐的厨师,如今在亭阁餐厅工作。我们还在鸡蛋筐子餐厅见到了狄俄涅·卢卡斯,她主持的这家小餐厅背后就是厨艺学校。西姆卡和我坐在"蛋卷吧"旁边,卢卡斯一边优美地演示厨艺,一边给我们做午餐,还指点我们如何面对观众做厨艺秀。

11月初,我们离开气温零下2度的波士顿,飞往飘着雪花的底特律。我们去了格罗斯珀因,和西姆卡的一些人脉极广的朋友待在一起,他们邀请了大批人前来观看厨艺秀。尽管绝大多数人对法国美食一无所知,可他们相当喜欢我们的书(或者从众心理相当强),以至于当地书店卖断了货。这些销售是否能引起更广泛的购买,我们并不清楚,但底特律之行可谓惊喜。如果这是一趟死气沉沉的推广之旅,那该有多可怕啊!

然后我们去了加州。旧金山笼罩在灿烂的阳光下,空气如钻石般澄澈,温度清爽宜人,满眼都是绿荫。瞧瞧我们的一天吧:早上9点45分,克瑙夫出版社当地的工作人员拉塞尔先生来到多特位于索萨力托的家中,开车接上我俩,去《奥克兰时报》(*Oakland Times*)接受采访。中午,我们在旧金山皇宫酒店接受KCBS广播电台的采访。到了这时,我们回答记者提问时已经自如多了,可以把话说得更慢、更清楚,也不会觉得手脚没处放了。看电台和报社的人工作可真有意思。飞速吃过午饭后,拉塞尔送我们回到索萨力托。刚来得及洗了洗手,我就跟保罗爬进多特那辆迷你的莫里斯小车,前往伯克利。在那儿,我们跟一位杰克逊夫人——她

西姆卡和我在洛杉矶接受乔治亚娜·哈迪的采访

是位童书作家,先生是位著名的图书编辑——吃了顿"外交式"的茶点,然后返回多特家,接上西姆卡,开车到旧金山去参加一群学者举行的鸡尾酒会。晚餐是和一位女士一起吃的,她将在华盛顿为我们举办一个新书派对,也会尽力说服《华盛顿邮报》给我们的书写篇报道。晚餐过后,带着海盗般旺盛的精力,我们又去拜访了一位年长的女性朋友,等到终于回到家,已经晚上 11 点半了。呼!

另一天,西姆卡和我去了一家名叫"巴黎城"的大商场,在商场 5 楼架起炉灶表演厨艺秀。从上午 10 点到下午 4 点,我们一遍又一遍地做着煎蛋卷、法式咸派和玛德琳蛋糕。我们扯着脖子直喊,好让围观的客人们听得见。一天下来,我们几乎都没停下来喘口气,不管锅里做出来的是什么,就靠它果腹吧。我俩做得不亦乐乎,但也不免感到,我俩简直像旋涡里的大明虾嘛，晕头转向的。

这种日子，过上6个星期还行，但我可不打算一直这样下去，不然都没时间工作了。

辞去外交部门的工作之后，保罗和我都感叹："啊哈，终于自由了，再也不用整天瞎忙了，感谢老天！"可如今，我们还是行色匆匆地赶时间、赶场子。保罗多年来的布展经验可给我们帮了大忙。倒不是说西姆卡和我照顾不了自己，而是有这么个人在身边——他用不着考虑怎么做菜怎么应答，可以全心全意地调试麦克风、布置舞台灯光、摆放桌子和炉子等——让我们得以把全部精力都放在手头的工作上。

忙中添乱的是，我们仨都生着病——西姆卡的腿肿了，保罗正害牙痛，而我得了膀胱炎。"咱们老年人跟年轻人不一样的地方就是，要学着忍受痛苦。"保罗说，"这是门本事，就像学写作一样。"

等我们到了洛杉矶，父亲已从流感中恢复得不错了，身体好得可以抛出一连串言语攻击。像往常一样，他语带讥刺地说着"那帮人"（比如法国人），"工会"（他憎恨一切工会），还有"坎布里奇那帮费边主义分子"（他讨厌大女儿和女婿的政治观点）。在帕萨迪纳，持有他这种观点和傲慢劲头的人并不少见。"我从没听说过'共同市场'[1]，那是什么东西？"我父母的一位朋友问道。这位友人受过很好的教育，人也非常好，可这样的问题让我震惊。或许我们在国外生活得太久了，可很多美国人好像完全不在意国外的政治局势和文化，整天欢天喜地的，只关心商业话题，还有自己的生活

---

[1] Common Market，即欧洲经济共同体的前身。

是否舒适。

我开始想念挪威,想念那儿淳朴坚强的风土人情、一流的教育体系,想念那儿没有被污染的大自然。那儿没有那么多广告牌,生活节奏也不像这般汲汲营营。

在洛杉矶一场为女性团体举办的厨艺秀上,现场架起了 2 台烤炉、1 台炉灶,摆了 1 台冰箱、1 张桌子,在这些东西上吊挂着一面 45 度倾斜的大镜子,以方便观众们看清我们的双手动作和锅里的东西。不幸的是,俱乐部的负责人不屑于采买,我们好几周前就把物品清单给了她,可如今一样东西也没有。由于不放心,我俩提前一个半小时到了举办活动的剧场,结果时间刚刚够我俩准备好:凑齐了 3 个垃圾桶、5 张桌子、租来的桌布、冰水桶、肥皂、毛巾、用具,还有演示需要的一切。这次活动的效果也很好,大约有 350 位妇女参加了上午的厨艺秀,下午场也来了 300 多位。西姆卡和我演示了洛克福奶酪咸派、家常鱼排和巧克力蛋糕。一切顺利。两场活动之间,我们签名售书、接受采访,还迎接了几十个重要人物。同时,受人尊敬的前任美国驻挪威文化参赞正蹲在几块老旧的布景板后面,就着一桶冷水,努力地清洗着满是蛋液和巧克力的脏碗。

12 月 15 日,我们回到了纽约。慷慨的詹姆斯·比尔德在狄俄涅·卢卡斯的餐馆为我们办了一场派对。我们邀请了 30 位宾客,多数都是曾帮助过我们的人,其中包括阿维丝·德沃托、比尔·科什兰,还有朱迪丝夫妇。詹姆斯请来了一群美食编辑和大厨,人数不多,可个个都是响当当的人物:"醇酒与美食"社团的执行秘书珍妮·欧文,美食作家琼·普拉特,还有《纽约客》的撰稿人玛雅·曼内斯。

狄俄涅·卢卡斯曾负责过蓝带学院在伦敦的教学，可我们觉得她做事没什么条理，或者说头脑不够清醒。派对举行几天前，菜单还没有确定，酒也完全没有安排。保罗和我跟卢卡斯约了时间商谈这些细节，可当我们到达鸡蛋筐子餐厅的时候，里面黑灯瞎火，一个人也没有。门上贴着一张纸条，上面写着："真不好意思，我儿子生病了，很严重……"，唔。两周前，朱迪丝·琼斯去那儿吃午饭的时候，卢卡斯找的理由是"偏头痛"。

没关系。西姆卡和我卷起袖子，到几个街区外我侄女家烤了一条羊腿。狄俄涅·卢卡斯也终于现身，做了一道搭配白酒酱汁的鲜美鳗鱼，还有绿蔬沙拉和巴伐利亚草莓冻。著名酒商朱利叶斯·怀尔妥当地送来了美酒，他可真是个活泼的人啊。用阿维丝的话说，这场派对"有够时髦"。

当詹姆斯·比尔德站起身来祝贺西姆卡和我的时候，宴会达到了高潮。他的祝酒词是我所能想象出的最至高无上的恭维："我爱这本书，我真希望它是我自己写的！"

3
"悦读进行时"

父亲的身体不行了。1962年1月，他的流感还没有完全康复，就又因为一种奇怪的病症入了院：脾脏肿大，白细胞升高，或许是肺炎。做了很多检查，可医生们都说不出个所以然来，不过他们怀疑父亲的肺底部长了个小肿块。费拉和她的一个女儿，还有多特轮流去医院照顾父亲。我已经收拾好了应急行装，一旦情况恶化，我就立即飞回帕萨迪纳去。

与此同时，我们的书第 2 次加印了 1 万册，我收到了第一笔版税，一张 2610.85 美元的支票。哈哈！我粗略计算了一下，还差 632.12 美元，我们就可以付清出版此书的全部花费了。很快，我就能给亲爱的西姆卡送去真金白银啦。

宇航员约翰·格林乘坐小小的太空舱，完成了绕地球飞行（我们仍然没有买电视，保罗整天黏在收音机旁收听消息）。我受邀去波士顿参加一个书卷气很重的电视节目，聊聊美食和我们这本《掌握法式烹饪的艺术》。

这个节目名叫"悦读进行时"，在 2 频道的波士顿公共电视台（WGBH）播出，主持人是阿尔伯特·杜哈默教授。能获得这个幸运的机会，要感谢我们的朋友比特丽斯·布劳德，她曾在巴黎的美国新闻局工作，结果被麦卡锡分子害得丢掉了工作，如今在电视台当研究员。我听人说，杜哈默教授一般不会邀请美食界人士来上这个节目，所以我没抱多大期望。可访谈进行得极其顺利。这次节目不像以前一样只有 5 分钟，这回我们有整整半小时。我不知道在这么长时间里该说些什么，所以带了一大堆厨具过去。演播室里没有供演示的厨房，所以工作人员看见我掏出电热炉（这回很合适）、铜碗、打蛋器、围裙、蘑菇和一打鸡蛋的时候，微微吃了一惊。我还没反应过来，明亮的灯光就打了过来，已经开始直播了！杜哈默教授思路清晰，冷静、专业；很有帮助的是，他热爱美食和烹饪，并且真的读了我们的书。和他聊了一会儿之后，我开始演示正确的切菜手法，如何"转刀"切蘑菇，如何打蛋白霜，如何煎蛋卷。我身后的屏幕上显示了大大的书封照片，可我太专注于演示正确的刀工了，以至于完全忘了提书这回事儿。

唉，我呀，还有太多的东西要学！

这次短短的读书节目后，电视台收到了大约 27 封观众来信，说节目做得很好。没有 1 个人提到我们的书，可人家的确说了类似"让那个女人再上电视吧，我们还想看她做菜！"

2 月底，欧文街 103 号的厨房翻新工程完成了，它变成了个漂亮的工作间。我们把所有的台面高度都提升到了 97 厘米，辟出更多储物空间，在工作台上方加装了灯。保罗挑选的色调很迷人：淡蓝、淡绿和黑色。我不喜欢瓷砖地面，踩得脚疼，所以我们铺了机场用的那种厚厚的塑胶地板。工作台面是厚实的木头，就像肉贩的肉案一样，旁边还装了个不锈钢的水槽。我们装了一个嵌入式的电烤箱，门旁边的角落里摆着那台专业的煤气灶。炉灶上方装着双扇头的油烟机，油烟机底下钉着挂厨具的架子。

最后，我把所有的锅子都拿出来，在地板上按照我喜欢的方式排列好，保罗把它们的轮廓都描在一张大大的有孔钉板上，这样就知道哪个锅子该挂在哪儿了。然后，他把板子钉到了墙上，如此一来，光彩夺目的厨具们就显得更漂亮了。

厨房是我们家的灵魂。这个是保罗和我一起设计的第 9 个厨房，清爽简洁，非常实用，待在里面舒服极了。

在我给《房屋与花园》杂志的华盛顿派对设计菜单的时候，保罗花了一整天的时间修理地下室的壁橱，打算把它用作酒窖。他甚至做了一张详细的表格，把藏酒的种类和数量列得清清楚楚。可当他打开从挪威寄回的箱子时,却发现有 5 瓶酒已经碎了——其中包括 1 瓶 1835 年的马德拉,是用珍稀的特伦太葡萄酿成的,真心疼啊。"为什么偏偏是这瓶碎了呢?为什么那么多费施巴赫家自酿的果渣白兰地就不碎呢?我最恨那酒了,喝一口像着了火似的。"他哀叹道,"唉,生活真不公平。"

《掌握法式烹饪的艺术》仍在热销中。我们用第一笔版税买了如下东西:一本讲如何避免植物死掉的书(我用)、一台干裱机(保罗用)和最新版的《韦氏大词典》(我俩用)。这本词典害得我俩彼此尖声大叫,争论英语的正确用法。在语言上,他主张活学活用,我却反对乱用瞎用。我们还买了第一台电视机,一个塑料和金属做的小方盒子。这东西实在太丑了,我俩把它藏进了一个不用的壁炉里。

那集"悦读进行时"里的厨艺秀反响不错,于是电视台的头儿们找到我和节目导演,28 岁的拉塞尔·莫拉士,让我们再做 3 集厨艺节目试试,每集半小时。电视台从没做过这样的节目,可既然他们愿意尝试,我当然也没问题。

1962 年 5 月 20 日,父亲过世了。弥留的那几周,他瘦了 20 千克,变得苍白虚弱,像是从前的那个他的魂影。诊断结果是淋巴细胞白血病。多特、约翰和我刚刚赶在他过世前抵达了洛杉矶。

在某种程度上,我是喜欢父亲的。在金钱上他是绝对慷慨大方的,可在心灵上我们没有沟通,而且变得颇为疏远。

对我多年来的厨艺工作、我们的书，还有我的电台和电视节目，他从没多说过什么。他觉得我拒绝了他那种生活方式，也拒绝了他，他因此而伤心。我没有嫁给一个体面的、精力充沛的共和党商人，他极为失望，觉得我的人生选择错得一塌糊涂。而从我的角度来看，之前我并没有拒绝他，直到我再也无法对他坦承内心深处的想法和观点——特别是政治话题。当我回首往事，我想也许和父亲的"分手"，就是从我们搬到巴黎开始的吧。

我真心爱着母亲卡罗并且思念她。尽管她身上没有多少人文气质，可她是个热心肠的、特别有人情味的人。当我还是个半大孩子的时候，她就过世了。然而母亲卡罗，还有帕萨迪纳的许许多多的好人，包括费拉都崇拜父亲，所以父亲身上必定有着某种非凡的特质吧。他有一大群好朋友，帮助过很多人，他会花很多时间为帕萨迪纳医院和其他慈善组织筹款。可他和子女的沟通却不太好，他对约翰和多特也和对我差不多。

我知道，有很多次我本该对他更和气、更宽容，更……可坦白说，对我来说父亲的过世更像是一种解脱，而不是震惊。我突然意识到只要想回去，我们随时可以回加州了，不必再感到拘束，不必再陷入不愉快。

我父亲生前并不爱去教堂，所以我们把葬礼设在帕萨迪纳的家中。他的灵柩躺在那里，有大约200人赶来参加了葬礼。自始至终，费拉都表现得十分坚强镇定。葬礼没有致悼词，而是简短地诵读了几句话，唱了一两支圣歌。父亲的遗体被火化了。我们曾在家中客厅的沙发背后找到过一个硬纸盒，里面盛放着我祖父的骨灰。于是我们找了个晴朗的天气,坐船出海到卡特琳娜岛,把我祖父、母亲和父亲的骨灰一起洒向了大海。弟弟诵读了圣公会海葬的祷词,我拭去几滴热泪。唉,一桩大事就此完成。

4
法 国 大 厨

当时流行一个笑话,说电视这个炫酷的新媒体会凭借各式各样的"教你做"和色情类节目繁荣发展起来。除了这个段子,我对电视一无所知。可是,1962年6月,我却录制了 WGBH 的3期试播节目。

2频道的 WGBH 是一家新成立不久的公共电视台,没多少资金,多半靠志愿者支持,可他们凑齐了几百美元购买录像带。"科学报道"节目的制作人拉塞尔·莫拉士(大家叫他"拉斯")将担任我们的制作人兼导演;曾制作过一系列介绍埃莉诺·罗斯福的节目的制作人露西·洛克伍德将担任我们节目的助理制作人。露西找到了一支欢快的曲子,用作节目的主题音乐。琢磨了几十个名字之后,我们决定在想出更好的名字之前,就给这个小小的试播节目起名为《法国大厨》(*The French Chef*)吧。

那么,电视机前会不会有人愿意看某位茱莉娅·麦克威廉斯·查尔德主持的厨艺节目呢?

形势并不乐观。在博登乳业公司的赞助下,詹姆斯·比尔德曾尝试过一些厨艺节目,尽管他受过演员和歌剧演员的训练,可镜头前的他却表现得相当紧张。他会长时间地默默盯着食物,而不是抬头看摄像机;他会说"从这里切",不加

第六章 掌握法式烹饪的艺术

我和拉塞尔·莫拉士在《法国大厨》的拍摄现场

任何解释，而不是"从肩部切断，也就是前腿根的位置"。不幸的是，他的节目没多少观众。狄俄涅·卢卡斯也曾做过一系列电视节目，可她在镜头前也非常忸怩，那组节目也失败了。

我们打算在这3期时长半小时的节目中，展示出品种丰富但不太复杂的法国菜。我们知道这是个绝妙的机会，能……能什么呢，却没人能够说清楚。

就在我们准备录制《法国大厨》之前，电视台的演播室里发生了可怕的事故，整个烧了个精光（我自己那本《掌握法式烹饪的艺术》也化为灰烬了）。可波士顿煤气公司伸出了援手，答应借一间样板厨房给我们拍节目。为了彩排，保罗把那个样板间里的独立式炉子和工作台面画出了简图，然后在我们家的厨房里粗略布置出相似的模样。我们把菜谱拆解成合理的步骤，然后就像真的录节目一样，一道菜一道菜地做。做的过程中，我们记下笔记，以便提醒我该怎么说、怎么做以及厨具的位置，比如："在大铝锅里烧开水，用右上方的灶眼"，还有"湿海绵在左边第一个抽屉"。

我那位值得信赖的二厨兼洗碗工保罗会记下自己的独家心得，因为他可是个关键人物——摄像机背后的"动作指导"。他会说："茱莉开始涂黄油的时候，把模子拿走。"

就这样，我们尽最大努力做好演练。现在，是时候试试电视这东西啦。

1962年6月18日早晨，保罗和我把厨具装上旅行车，开到了波士顿市区里的波士顿煤气公司。我们比节目组的工作人员到得早很多，而且很快就把东西卸了下来。保罗去停车了，我站在人家相当正式的大堂里，看守着那一大堆锅碗瓢盆、打蛋器、鸡蛋和配菜。办公室女郎和穿着灰西装的商人们在大堂里进进出出，不以为然地盯着我。一个穿着制服的电梯服务生说："嗨，这些东西不能放在大堂里！"

可我们怎么把这一大堆东西运到地下室的样板厨房里去呢？办法多多的保罗找来一个推着推车的门卫，把东西都装在推车上，丁零当啷地沿着楼梯运到了厨房里。然后，我们按计划一一做好了准备。

我们的第一期节目是"法式煎蛋卷"。露西·洛克伍德到了，我们把笔记过了一遍，然后布置出一个"餐厅"，待会儿最后一个镜头会拍到这里——我坐在这儿，吃着煎蛋卷。随后拉斯和摄像师也到了，我们简短地预演了一下，调试灯光和摄像机的角度。现场用了两台很大的摄像机，粗粗的黑色电线拖在后面，沿着楼梯蜿蜒而上，接在外面一辆装着发电机的旧公交车上。

现场直播是不可能的——部分是因为设备和空间都受限制，部分是因为我是个彻头彻尾的新手。但我们决定就像直播一样，把30分钟的节目一气呵成地录完。除非摄像机不转了或是灯灭了，否则中间不能有任何停顿和修改。这有点冒险，可很适合我。我一旦开始就不喜欢停下来，免得失去戏剧化又激动的现场感。况且让观众看到最真实的场景，就像平常做菜时一样——比如巧克力慕斯死活不肯脱模，或是苹果夏洛特蛋糕塌陷了——他们会学到更多的东西。烹饪的秘密之一（也是乐趣之一）就是学着补救错误。如果没法补救了，咧嘴笑笑，承认就是。

等我们准备得差不多了，拉斯下令："开始！"

在分配给我的 28 分钟里，我围着炉子团团转，挥舞着打蛋器、碗和煎锅。热辣辣的灯光让我有点儿气喘吁吁。煎蛋卷完成得挺漂亮。就这样，我们录完了第一期烹饪节目。

为了节省费用，第二期和第三期节目（分别做红酒烩鸡和舒芙蕾）将在 6 月 25 日一起录制完毕。这回我们有了更多的排演时间，录制也比第一次更顺利。节目刚拍完，工作人员们就像饥饿的秃鹫一样扑向了红酒烩鸡。

7 月 26 日晚上，我们在家吃了顿丰盛的牛排大餐，8 点半的时候，我俩把难看的小电视从藏匿处拖出来，扭到了 2 频道。我穿着黑白两色的衣服出场啦。只见那个大个子女人搅打着蛋液（一会儿搅得太快，一会儿搅得太慢），喘着粗气，瞧着错误的摄像机，同时说话又太大声……保罗说，我看上去就是平常的样子，可我自己却很难保持客观。我发现了大把需要改善的地方，并且心想大概再录个二十几期，我才能知道该怎么做吧。可这一切都很好玩。

节目的反响相当好，足以证明公共电视台可以推出一档固定的厨艺节目。或许我们赶上了恰当的时机。战后有越来越多的美国人出国去法国旅行，对那里的美味佳肴充满好奇。更有甚者，肯尼迪夫妇还在白宫聘请了一位法国厨师勒内·弗登。我们的书也持续热销。与此同时，电视正逐渐成为一个极其强大和流行的媒体。

WGBH 电视台提出了一个大胆的建议，让我们试着做一档 26 集的系列厨艺节目。1963 年 1 月开始录制，第一期节目将在 2 月首播。就这样，《法国大厨》，一档承袭了《掌握法式烹饪的艺术》理念的节目，宣告问世。

5
普罗旺斯的小窝

1963年，我每周录制4期《法国大厨》，同时为《波士顿环球报》(*Boston Globe*)写专栏。秋天，我们本打算从节目录制中歇口气，休息一阵子，去普罗旺斯的农庄看望西姆卡夫妇。可随着11月的到来，我们有点想反悔了。我的烹饪工作、保罗的绘画和摄影、欧文街103号大大小小的维护和翻修工作都像流沙一样，在脚边渐渐堆积起来。

"恐怕现在没时间去法国旅行了。"我叹口气。保罗点头同意。

可就在此时，我们对视一眼，说出保罗在当外交官时最喜欢的一句话："要记住，人是最重要的！"换言之，友情是最重要的——不是工作，不是家务，也不是疲劳——友情需要呵护。所以我们收拾了行李就上路了。感谢老天，我们去了！

这些日子，西姆卡夫妇待在农庄"旧庐"里的时间越来越多。这个18世纪早期修建的石头农舍坐落在戛纳北部的小镇普拉斯卡锡耶，费施巴赫家族在这里拥有一片土地，名叫"布拉玛法"(Bramafam，意思是"饥渴的呼声")。旧庐建在小镇外绿草如茵的小山丘上，门前有一条满是车辙痕迹的车道，一直伸下斜坡。房子前面是一片绿荫掩映的农场，隔着山谷望过去，可以看见著名香水产区格拉斯的花海，还有高高的、轻轻摇曳的丝柏树。

29年来，旧庐里一直住着两位女画家：让的表亲马赛勒·查利欧和赫特·科瓦特考斯卡。如今两位女士已经过世，房子也旧得快要坍塌。它极为质朴简陋，西姆卡一点儿也不喜欢。可让热爱这栋房子，因为这儿可以帮他避开巴黎香水工业的重压，让他歇息歇息。每天清晨，他喜欢裹着蓝色的睡袍，在花园里徜徉，哼着小曲，跟他的花儿们对话。夫妇俩慢慢地修整着，加几个房间，装上电灯和暖气，又修葺了浴室，这幢老房子慢慢地赢得了西姆卡的心。监工的时候，她发现楼梯下面埋着一个小小的皮袋子，里面装着几个路易十五时期的银币，日期可以追溯到1725年。"这说明这座房子有年头了。"她喜欢这么说。等到整修工程全部结束，西姆卡发现，旧庐成了一处完美的地方——她可以在这里

在布拉玛法的院子里

煮菜、教课、款待朋友。突然之间，整修房屋好像成了她提出的主意。

11月的布拉玛法美不胜收，盛放的薰衣草和金合欢漫山遍野。有天下午，我们4个坐在院子里吃了一顿田园午餐：多佛鳎鱼、舒芙蕾，配上一瓶冰镇的墨索白葡萄酒。正当我们惬意地坐在艳阳下，呼吸着柔和花香的时候，保罗和我又说起在附近买个小房子的事来。我们甚至在附近看了几处，可没有合适的，价钱也太贵。然后，让建议我们可以在这块地的一角自己盖一个小房子。这真是个好主意！

越往下细说，我们就越兴奋。我曾经提到过，很久以前保罗和我就想在巴黎买个落脚的房子，或是在别的什么地方修建一个隐居的村舍——或许是在缅因州（靠近查理和弗蕾迪家），或许在加州（靠近多特家），甚至可以在挪威（我们依旧对那里抱有浪漫的感情）。可如果在普罗旺斯，就在西姆卡家边上，这简直是美梦成真。我已经可以想象出来在这儿过冬的情景，把橄榄摘下来晒干，用大蒜、番茄和野生香草做出普罗旺斯风味的菜肴。

旧庐所在的这块地大概有五公顷[1]。让不想出售家族的土地，所以保罗和我答应租借一块地来修建房子。这块地从前是种土豆的，离旧庐大约90米远。一旦我们结束使用，这片土地就会归还给费施巴赫家族，没有任何附带条件。握手之后，我们立下盟约。这将是一幢建筑在友情之上的家园。

保罗和我设想这是一幢结构非常简单的房子，和当地的风格保持一致：平房，灰泥墙体，红瓦屋顶。我们在美国期

---

[1] 约50,000平方米。

建造小窝

间，西姆卡夫妇将照看修建工程，保罗在附近的银行开了个账户给他们用，可以按照信用额度支取。我们找了一家当地有名的建筑队，保罗使出了所有外交官的手段，才跟工头讲明白：我们不要豪华宫殿，而是要个简单、质朴、尽可能不需要维护的房子。

我们决定叫它"小窝"（La Pitchoune）。

1964 年，《掌握法式烹饪的艺术》印到了第 6 版（我们依然在寻找愚蠢的错误并进行更正），《法国大厨》在 50 多个城市的公共电视台播放，从洛杉矶到纽约都能收看。在一时冲动之下，我决定在每期节目末尾都诚心诚意地说上一句

"Bon appétit!"（祝您好胃口！），这是法国的服务生在上菜时通常会说的话。这句话再自然不过，观众们都喜欢。确实，我发现自己相当喜欢做电视节目，并且慢慢地摸到了诀窍。

书籍和电视一结合，再加上偶尔发表的文章和食谱，我成了新晋的名流。杂志上开始刊载文章，报道我们的节目、我家的厨房、我在哪儿购物，等等。我的厨艺秀引来了越来越多的观众，"茱莉娅粉丝团"开始在街上认出我来，给我家打电话，给我写信。起初，这种被别人注视的感觉很奇怪，可我很快适应了（可保罗很烦这些）。我学会了不去接触陌生人投来的目光，这只会更加鼓励他们。我一向是个蹩脚的演员，对名气这东西从来不上心。

法国几乎没人听说过《法国大厨》这个节目，没人认识我，我也从没跟西姆卡认真讨论过这个节目的成功——这并不重要，而且我不想让她觉得自己黯然失色。我觉得西姆卡的性格如此生动多姿，而且在烹饪上如此博学，如果她是个美国人而不是法国人的话，一定会大大出名的。

1964年2月，我们飞抵巴黎，我去参与了三饕客学校的烹饪课，和朋友们出去吃饭，还去看望了巴格纳德大厨——尽管关节炎让他的腿脚跛了，可他一如既往地开朗快活。接着，保罗和我租了一辆车南下，去检查"小窝"的工程进度。我一点不担心房子的质量，西姆卡必定会像母鸡看窝一样监督整个进程，并且会用诺曼底人的精明审查进度和费用。

我们到达时，房子还在建造初期，可我立即爱上了它。我们敲定了几项内部的式样和构造：屋里铺设红地砖；在长方形的客厅兼餐厅里做个壁炉；把我的卧室、附带一间小厨房的走廊放在左侧,客房和保罗的卧室放在右侧。(保罗有时会失眠,而我会打鼾。分床睡最好,但我们会在保罗房间里放一张双人床,这样早晨就可以窝在一起了。)我的房间里会摆一张桌子和一个书架;他的屋里会修一个小壁炉和一扇落地窗,连接一个石头混凝土造的露台。

"就算是现在这副没完工的样子。"我给阿维丝写信说,"这房子都已经是个宝贝了。"

1965年比上一年还要繁忙。保罗和我花了大量时间待在波士顿,和WGBH的制作团队泡在一起编写脚本,拍摄《法国大厨》。在这个忙碌的时期,我能感觉到自己的主持技能在渐渐提升。但到了年底,保罗和我都心痒难耐,渴望挣脱这惯常的日程安排。一时冲动之下,我们决定去法国过圣诞。美丽的法兰西啊,我们的北极星,我们的精神家园!查理和弗蕾迪跟我们同行,我们一道从纽约坐船到了勒阿弗尔,然后坐火车从巴黎到尼斯。在尼斯,我们租了一辆像罐头一样的小车子,"扑突扑突"地慢慢开往布拉玛法。

转过山庄大门,我们一路颠簸着驶上尘土飞扬的车道。怀着越来越迫切的心情,我们看见了——在右侧的小山顶上,矗立着一幢崭新的房子。我们的小窝完工了!

小窝正是我们梦想中的样子:浅褐色的灰泥墙,屋顶上覆盖着红瓦,两根烟囱,木质的百叶门,一个石块砌就的露台。屋里的灯全部点亮了,冰箱装得满满当当,窗户上已经配上了窗帘,起居室里摆着舒适的椅子,床上铺着簇新的床单。外面很冷，可屋子里的暖气开得足足的，扭开水龙头就有热水。最妙的是，一大锅蔬菜炖肉正在炉子上等着我们，只要迈步进屋就行了。

西姆卡夫妇实在太贴心了。

一周后，查尔德一家和费施巴赫一家在小窝中享用大餐，庆祝新年：成堆的牡蛎，还有鹅肝和香槟王[1]。此时，保罗和查理已经在厨房墙上装上了钉板，把我的各色锅具都挂了上去。看见成排的闪亮厨刀和铜锅全部就位，真是开心啊。我迫不及待地想站在炉灶旁了。

在这个让人心满意足的小屋里，保罗和我住了3个月。渐渐地，我们适应了普罗旺斯这静谧日子的韵律。小窝所在的山丘上用低矮的石头隔出了平台场院，星星点点地栽种了橄榄树、杏仁树、薰衣草。车道顶端的面积刚好停得下一辆小型法国车。屋里用的水从房子后面一个大水泥池里引来。一棵枝叶繁茂的桑树看护着院子。查理夫妇在回兰伯维尔之前，帮我俩在院子里种下了橄榄树和金合欢，勾勒出庭院的轮廓。我们把一个牧羊人用的小石头棚屋改造了一下，棚屋变得身兼数职，既是酒窖，也是画室和会客室。

1月初，西姆卡夫妇就回巴黎去了。不过西姆卡和我仍然频繁通信，讨论食谱和笔记。我们决定，是时候动笔写《掌握法式烹饪的艺术》的第二卷了。

---

1 Dom Pérignon，法国酩悦香槟的顶级品牌。

第七章

续集诞生

I
欧文街上的面包房

我们的烹饪课程传授的是法式精致美食的基本烹饪技法,而《掌握法式烹饪的艺术》是课程的自然延伸,是对法式料理的广泛介绍。第二卷将会拓宽菜品的种类,但会更有重点。1966年2月,西姆卡和我为新书拟定了详细的大纲,大家都管这本新书叫"续集"。我们绝不会重复前一本书中出现过的菜,但是会偶尔提醒读者参看第一卷中的主要食谱。由于我们已经积攒了不少绝妙的主意,都没来得及放进第一本书里,所以我们预计续集的写作时间不会超过2年。

露伊瑟没有参与续集的写作。如今她再婚了,嫁给了亨利·纳勒谢伯爵,住在勃艮第附近一个风景优美的狩猎区,而且她打算写自己的烹饪书。

我们希望续集能够面向每一个人:从业余新手到技法熟练的厨艺高手,甚至还有专业厨师。和第一卷不同的是,新书将会敞开怀抱,欢迎这些年来涌现的厨房小电器。回头看看,在前一本书中,我们对"苦干精神"颇为推崇——"唯有布满荆棘的道路才会通向荣耀"。可如今的法国已经步入了现代化的生活，为了触及更为广泛的人群，身为老师的我们必须这样做。如果我们让人们视烹饪为畏途（比如，坚持只能在铜锅中徒手打发蛋白），那么就会自动失去大批的潜在读者。这就完全没道理了。所以，我们打算发展出一套自己的方法，教大家使用省力的厨房工具，例如如何用搅拌机打蛋白或是和面团。为什么不呢？如果我们能教读者使用电动搅拌器做出滋味完美的杏子慕斯，岂非更好！

回想《掌握法式烹饪的艺术》刚刚出版时，我还认为"教养良好"意味着绝不要抛头露面。可如今，我已经又明白了一些世事的运作规律。如果想要继续留在当红作家和电视主持人的位子上，就要积极参与社交活动。因此我已经变得十分"厚脸皮"啦，很愿意让自己或西姆卡在公开场合露脸。可就在几年前，这种事还让我手足无措呢。

1966年的感恩节，鲍里斯·查拉平为我画的肖像出现在《时代》杂志的封面上，文章标题是"全民皆厨"。这篇长文写得很不错，主题是美国日渐盛行的烹饪风潮。但让我很不安的是，杂志忽视了西姆卡对《掌握法式烹饪的艺术》的诸多贡献，而且没有把已经拍摄好的西姆卡的照片放上去（她在三饕客美食学校里教书的情景）。可这篇文章大大促进了书籍销售。克瑙夫出版社这回没有像往常那样加印1万册，而是一下子就加印了4万册。我们和查理夫妇在兰伯维尔吃了顿火鸡大餐，庆祝这个大喜事。然而《时代》杂志的封面报道也带来了压力：我们要尽快完成续集的写作。是时候打开炉灶，重新开始工作了！

这么久以来，我们在世界各地到处安家，在哪里的厨房我都能工作，可哪里也比不上小窝里的小厨房让我如此高

鲍里斯·查拉平为我画肖像

产。从 1966 年 12 月中旬到 1967 年 6 月中旬，保罗和我一直蜗居在此，远远避开美国的喧嚣。驾车沿着辙痕密布的车道，颠簸开上山去，我们再次被眼前的一切震撼。保罗称这里的风景"沁人心脾"——这处可爱的世外桃源有摄人心魄的清新气质，给人无限的灵感。山谷间漂浮着沁凉的晨雾，波光粼粼的海面上耸立着埃斯泰尔勒火山岩；普罗旺斯的暖阳高挂在碧蓝的天空，空气中飘荡着泥土、牛粪和燃烧着的葡萄残枝的气味，眼前是艳丽多彩的紫罗兰、鸢尾花和金合欢，橄榄在枝头呈现出成熟后的青黑，小小的猫头鹰在叽咕闲聊着；还有贝隆牡蛎那浓郁的海味，集市上热闹的嘈杂声。静谧的星夜里，一弯新月如街灯般挂在头顶。多么怡人的地方！的确是一扫心中的烦躁。

在我们两家的厨房之间，西姆卡和我已经踩出了一条土路——我们一天要串门好多次，比较各自的笔记，品尝对方炉子上的东西。我们的工作模式跟写第一本书时并无二致。西姆卡是个货真价实的菜谱"喷泉"，主意不断，而且经常做出变化和改进。我的工作是充当美国生活习惯和食材类型的权威，重新测试西姆卡的食谱，写作和校对（唉）。

西姆卡极其高产，极富创意。可在合作第一本书的时候我就知道了，她在细节上不大靠得住。一些对烹饪书来说至关重要的东西，比如食材、调料的种类、用量和火候，都不是西姆卡的强项。第一本书中，我们收入了3个让我不满意的食谱，每次看见它们我都觉得别扭。这一回我发誓，绝不再让这种情况出现！

为了保证续集成功，我下定决心，这本书不光要站得住脚，还要比第一本更好才行。之所以有这个考虑，部分是因为如果某个食谱做不出理想的效果，我才是那个身在美国、受人诟病的人呐。西姆卡没明白这一点，或者说她可能没有设身处地为我想想。反正，我把续集中的每个食谱都做了一遍，有时候会把同一道菜做上10次至15次，确保它们经受得住实践检验。有时候还真经受不住，比如有一次西姆卡拿出了一个巧克力蛋糕的配方，而我事先带了些美国巧克力过来以便烘焙时用，可她从没认真地试用，而当我按照她的方子烤蛋糕的时候，就完全做不出来。这时我只能停下手上的工作，找出她的问题出在哪儿，然后把指导说明重写一遍。（后来，为了真正了解巧克力，我把一位雀巢公司的化学家请到了欧文街103号的家里，向他请教美国巧克力的化学成分,在家庭厨房里该怎么融化它,等等。这是绝妙的学习经验啊,可西姆卡对这种事一点儿兴趣也没有。)

我知道自己这缓慢、谨慎的步调把凭直觉做事的搭档气得快要发疯,可这是我唯一懂得的工作方式。基本上,我是在为自己撰写食谱,而且我是那种想了解一道菜所有方面的人(什么方法管用、什么不管用、为什么、如何做得更好一点儿),这样一来,我们的食谱中就不会遗留任何问题。

"亲爱的,别着急。"我给西姆卡写信,"我只是特别顽固,咱俩彼此彼此嘛。"

西姆卡没完没了地给我发来食谱,显然我们甚至连这些食谱的三分之一都用不完。摩擦开始酝酿:她急匆匆地提出这么多建议,每一个都需要很长时间才能测试好,以至于我只来得及做了一丁点儿。这个进度以及我对入选食谱做出的更正都让她十分沮丧。"不,不,不!"在我改动她的食谱后(为了能做得出菜来),她会这样大嚷,"这就不是法国菜了!"

"当然了,如果我的方法是错的,或者你的方法更好,那么我很乐意改回来,让最终的菜谱正确无误。"我回复道,固执劲儿跟她一模一样,"可这本书里收录的每道菜谱都必须百试百灵!"

我试着把西姆卡这源源不断的灵感引导到其他方向去,比如《美食家》(*Gourmet*)杂志,他们正寻找名副其实的法国食谱,或是詹姆斯·比尔德的厨艺学校,在那里她可以教烹饪课,并且在美国发展自己的人脉圈子。可不知为什么,她对这些都不太上心。她有时候的傲慢举止让保罗越来越烦,开始给她起了个外号,叫作"气人西"。可我觉得她是创意源泉,才不准保罗说她坏话呢。

第七章 续集诞生

最后，西姆卡提议把她那几十个没测试过的食谱编成第3卷，让我不得不实话实说了："未来很长一段时间内，或许从今以后，我都不想再写这样一本大厚书了。工作量太大，我其他的事情都没法做了，而且我真心盼着回去做电视教学，离开这打字机，离开这小房间。"

就在这旋风般忙乱的菜品试做、书稿撰写和生猛对话当中，朱迪丝·琼斯温柔但不容置疑地提出了建议：我们真的应该写个法国面包的食谱，以飨读者。这下好了，这个主题可是完完全全在我俩的计划之外。但是，朱迪丝确实说得对。要是早餐中没有布里欧修面包和牛角面包，餐前小点中没有烘烤均匀、质地绵密细腻的三明治面包，或是晚餐桌上没有用来蘸着汤汁吃的长法棍，就不算真正吃过法国菜。"面包是法国的精髓——没有法棍，一餐就不算完满。"朱迪丝说，"而且在美国买不着像样的法国面包。为什么你们不教教大家自己做法式面包呢？"

天啊，我们该怎么在家庭厨房里烤出原汁原味的法国面包呢？眼前至少有两项主要困难：首先，美国的面粉是多用型的，和法国的面粉不一样，我们必须让它适用于传统的烘焙技法；其次，面包房里用的是传统的面包烤炉，我们得想办法在家庭厨房中模拟出相似的烘焙环境。

就这样，伟大的法国面包实验开始了，这是有史以来我经历过的最艰难、最精细、最灰心丧气也是最有成就感的挑战。

那时候，我正一心扑在"甜点"那一章里，就把早期的面包实验委派给了保罗。年轻的时候，他也曾动手烤过面包，所以他没过多久就把欧文街家里的厨房变成了面包房。

烤面包用的原料基本都一样：面粉、酵母、水和盐。可难处在于，把这些简单的原料结合在一起的方法有成千上万种。我们发现每一个小细节都很重要：酵母的新鲜程度、面粉的类型、面团发酵的时间、揉面的手法、烤炉中的温度和湿度，甚至还有天气。

保罗把法棍面包的面团裹在布里，挂在密闭的厨房柜子里。为了模拟出烤炉中的蒸汽，他用小小的橡胶喷壶把水喷在面团上。到了1967年秋天，他和我每天都在并肩烤面包（除了法棍还有别的，比如牛角面包），然后分发给邻居们品尝。我们把样品"法棍"裹在牛皮纸里寄到纽约去，给朱迪丝品鉴。她后来承认，这些面包活像"可悲的橄榄树老树棍，歪歪扭扭的，通体都是节疤和树瘤"。这些东西吃起来还不错，可绝非真正的法国面包。

后来我们花费了2年时间、129千克面粉，试遍了手边能找到的所有家庭自制法国面包的食谱。我们参照了两本法国的烘焙教科书，自己摸索最适合的酵母和面粉，然而做出来的最佳成品依然达不到标准。

西姆卡对这个面包实验一点儿兴趣也没有，完全没有参与。可是我不管她（或任何人）感不感兴趣，我只是对面包着了迷，非要学会自己做不可。必须要一遍遍地尝试，直到做对为止。

有一天我在报纸上读到一篇文章，写的是著名的烘焙师雷蒙德·卡维尔教授——他在法兰西磨坊学校任教。我给他写了信，他邀请我到巴黎来一趟。保罗和我带了一条面包过去给他看，还有我们使用的原料：美国的多用型面粉、酵母和盐。一踏进他的学校，看见那成排成排的完美面包，我觉得真丢脸哪，恨不得把自己那根手法稚拙的面包扔进垃圾桶。

一天下午，卡维尔教授向我们展示做错的地方，把正确的烘焙方法悉数讲给我们听。他的每个步骤都跟我们听过的、读过的、见过的不一样。他做出来的面团很软很黏；他把面团放在凉爽的地方慢慢发酵，而且要发两次，让面团涨到原先的3倍大，因为面团必须要充分成熟，才能呈现出自然的风味和恰当的质地。卡维尔说，堆叠面团和面包塑形的步骤很重要，还有面粉的筋性，因为在烘焙中，面团会在表皮形成一层筋性膜，维持住面包的形状。

我记了大量的笔记：每一步的面团看上去、摸上去应该是什么样，手法应该是什么样。保罗在一旁拍着照片。

把面包送进烤炉前，卡维尔会用一把直刀在面包表面划出斜斜的切口。这会破开表面的筋性膜，让部分面团从脆皮中鼓胀出来，面包的样子就会很好看。

一天下来，我们做的面包漂漂亮亮地出炉了，我感到一阵狂喜，好像灿烂的阳光突然穿破云层，一切豁然开朗！

怀着激动的心情，保罗和我立即冲回坎布里奇，趁着卡维尔教授的话还在耳边回荡，马上开始动手烤面包。

可是，还有几个问题没解决。

首先，该用什么样的美国面粉（美国面粉的筋度比法国面粉高）取代更松软、未经漂白的法国面粉？我们做了不计其数的实验，尽管卡维尔鄙视漂白过的面粉，可我们发现典型的美国多用型漂白面粉效果很不错。

接下来的问题就是，如何把家庭用的烤炉变成面包房的烤炉。在面包房的炉子里，放置面包的底板是热的，而且炉膛里装有某种原理简单却十分有用的蒸汽发生装置。要想得

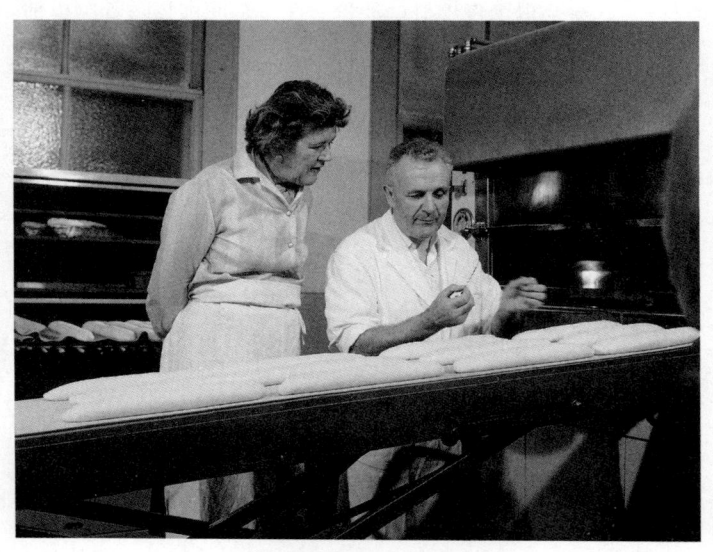

跟着卡维尔教授学做法棍面包

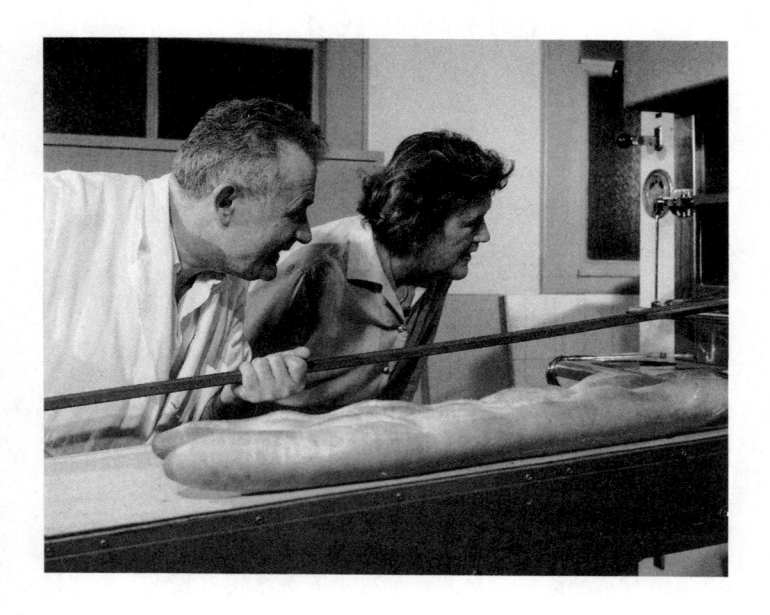

到正确的发酵程度和真正法式面包的脆皮，这些因素都不能缺少。终于，机智的保罗解决了第一个问题——他把一片石棉水泥板放在烤架上，跟炉子一同加热，这样就有了个完美无缺、价钱又便宜的烘焙底板。可要制造出至关重要的蒸汽喷雾（会让面包形成脆皮）就困难得多。最后我们发现，把烤盘中放入冷水，推入烤炉底部，然后扔一块滚烫的小砖头进去（石头、金属的斧子头都行），炉子里就有完美的蒸气啦。

哈哈！我们创造出了史上第一份使用美国面粉和家庭烤炉制作法国面包的食谱——金黄酥脆、带着酵母香的法国长棍面包，质地和风味都相当地道。多么伟大的胜利！

克瑙夫出版社希望我们在1967年12月之前完成续集书稿。可是我们绕了这么大的圈子，延迟了这么多天，按期交稿是没可能了。我希望书里的内容正确无误，而且不喜欢匆匆忙忙地赶工。花时间的不只是写作，我希望把每样原料都研究透，向读者解释清楚，把每个错误都犯上一遍，这样一来食谱才会顺顺当当地变成家庭餐桌上的佳肴。

"第二卷什么时候完成呀？"人们问。

"等它完成的时候。"我回答。

2

小 窝 住 客

1968年12月，波士顿飞往巴黎的夜班飞机就像风暴里的捕虾船一样上下颠簸，摇撼着，发出吱吱嘎嘎的响声。我这一米八的大个子挤在过于狭窄的座位里，一刻也不曾合眼。当飞机降落在多云又阴郁的巴黎时，我一肚子牢骚。在巴黎机场，我们换乘了一架小一点的飞机飞往尼斯。机舱里坐满了回家度假的老农。整个法国上空的云层依然厚实，可当我们抵达地中海附近时，看见覆盖着皑皑白雪的阿尔卑斯山庄严地耸立，还能看见底下犹如拼图般的田野：先是雪白，再是棕色，然后是一片碧绿。终于，飞机盘旋下降时，我们看到了红色的火山岩和海岸线旁绿松石色的海水。

在阳光灿烂的尼斯机场落地后，迎接我们的是斑斓多彩的蝴蝶花、摇曳生姿的棕榈树，还有叽叽喳喳的西姆卡。我们一跨出舱门，她就打开了话匣子，一刻也不肯停下。我们一起踏进机场餐厅，按老规矩吃了顿午餐：牡蛎、鳎鱼排，还有一瓶清新的雷司令白葡萄酒。迷人的服务生成群走到我们桌旁，像老友般跟我们握手。

"啊哈，回到法国了！"沿着乡间小道开车回小窝时，保罗说道。我能感觉出来，我的肩膀松弛下来了。

第2天晚上，电视里的画面让我们痴迷不已：有史以来第一次，我们这渺小的人类看到了奇景——从天空中向下看，这个硕大的蔚蓝地球是什么模样。那是美国的登月太空船看到的景象。坐在舒适的普罗旺斯客厅里，听着宇航员又大又清晰的说话声（好像阿波罗8号就在我家隔壁似的），那感觉既怪异，又激动。与此同时，和发达科技形成鲜明对比的是当地的工人们。4月的时候，有个焊接工过来丈量了院子，准备给我们搭个金属架子，做个芦秆遮阳棚。他是个相当迷人的家伙，气喘吁吁地说了一大堆话，然后就没影儿了。6月份，保罗试着催他，却没有回音。如今都到了年底，电焊工和我们的遮阳棚依然不见踪影。除了耸耸肩，还能怎么样呢？这事儿挺讨厌，可算不得什么火烧眉毛的急事，就像在旧庐遇到的另一件事一样。

在旧庐，原本铺设得很糟的水管在寒冷的冬夜冻上了，让只得开车下山到邻居兰居尔家的农场去，用垃圾桶打了水回来冲厕所。更有甚者，旧庐的整修工作在9月就该完工了，可现在还没弄完，让和西姆卡气得发昏。到了新年前夜，工人们总算在厨房墙上刷上了最后一道白漆。

布拉玛法最妙的事情之一，就是有位叫作珍妮·薇拉的普罗旺斯农妇，胖胖的、小个子的她忠心耿耿地服侍了西姆卡40年，是西姆卡的帮佣、厨娘兼朋友。珍妮是一个诚实可靠的人，脚上总趿拉着穿旧的网球鞋，头上戴着大遮阳帽，身后跟着一群小动物。珍妮不识字，可她会跟小鸡、小猫、小狗和鸽子交流。她养了只加蓬鹦鹉，这鸟儿喜欢粗声粗气地说"你好啊，你个老胖子！"（Bonjour, grosse mémère!）珍妮是个强悍的伙计，负责旧庐大部分的采买和家务活。她热爱美食，是个天生的好厨娘，肚子里装着一大堆地道的菜谱。

劳伦是花匠，是位坚韧的老人，喜欢说话，干起活来像蛮牛。西姆卡热爱植物，会从邮购目录上订回来成筐的花种，可夫妇俩对除草浇水的活儿全然不管。珍妮和劳伦照看着费施巴赫家这个老宅子，把一切打理得井井有条。

圣诞刚过，我去慕昂的集市上买了些鲜花，把小窝装扮一新。《时尚》杂志的一批人要过来采访，报道我们烹饪和写书的工作。撰稿人名叫玛丽·亨利，45岁，是位活力十足的金发女郎。她采访了西姆卡、保罗和我，记下了长达数

和珍妮·薇拉在一起

页的笔记（没用速记）。摄影师是个名叫马克·瑞邦的小个子法国人，40岁上下，眼睛亮闪闪的。马克带了4台宾得相机，一大包镜头和胶卷（惹得保罗十分艳羡），给我们拍了200多张照片。后来，我发觉这事伤了西姆卡的心，因为她觉得记者们把重点都放在了我身上，而不是我们俩。当时我没察觉到，可当我和保罗私下里说起这事的时候，保罗说:"我说什么来着。"(他从来不批评我,但是会把意思清楚地表达出来。)他跟我说,我一直没把《法国大厨》在美国的走红程度如实告诉西姆卡,现在她知道得太晚了。我本该在《时尚》记者来之前,对西姆卡透露一些的。

或许保罗说得对。可西姆卡是这本书的半边天,是个骄傲的法国女人,也是我的挚友。我丝毫不想让她觉得矮人一头。

12月30日,詹姆斯·比尔德从阴郁的伦敦飞到了温暖灿烂的普罗旺斯,自打下飞机那一刻起,他就像一朵巨大的向日葵般绽开了笑颜。如今我们已是很好的朋友,他也成为小窝的常客了。他绕着屋子转来转去,看看自打上一年他来之后,周围发生了哪些微小的变化。然后我们坐下来,罗列了他此行的待办事项清单:我们要一起做菜,下馆子,参观圣保罗旺斯的玛格博物馆,再去一趟蒙特卡洛。

次日清晨7点半(这一年的最后一天),保罗推开大大的木质百叶门,猛然惊叹道:"老天哪!"屋外红棕色的土地上已然覆盖了一层5厘米厚的白雪,亮晶晶地闪着光。升起的太阳照上山腰的时候,橄榄树上大团大团的白雪融化了,从枝丫间掉落下来。隔壁,让引起了一阵喧闹——他徒然地发动着小小的车子,车轮空转了10分钟却没能前进一步。终于车子得到了一点儿动力,猛地滑下车道,他得意洋洋地回头看着我们。

当天晚上,我们在旧庐以新鲜的鹅肝酱和香槟迎接了1969年的到来,直到凌晨1点半才回去睡觉。清冷的空气、

闪烁的星星还有斑白的雪地，构成了完美的背景。

詹姆斯和我一起做菜的时候，大家都管我们叫"吉吉"。这是因为我俩的名字，詹姆斯和茱莉亚的首字母都是"J"，按法国人的发音就变成了吉吉。元旦当天，吉吉二人组为7个人（有西姆卡夫妇，还有几个当地的朋友）做了顿新年大餐。

天气好极了。下午2点，我们在院子里喝了美式咖啡，接着进屋吃了新鲜的黄油煎鹅肝，配上一瓶1959年的夏萨尼蒙特拉榭。接下来是菲力牛排，和加泰罗尼亚式的馅料（洋葱、大蒜、火腿、黑橄榄、百里香、迷迭香）用蛋裹在一起。这道菜配的是1964年的玻玛，滋味一流。然后是绿蔬沙拉、苹果塔，还有奶酪、水果以及更多葡萄酒。我们高声谈笑着，聊的多半都是美食。真是一顿闲散的、近乎完美的盛宴啊，傍晚5点半才散席。珍妮·薇拉在厨房里给我们打下手，帮我们上菜，洗洗涮涮。然后我们沿着小路漫步，太阳落山了，清冽的空气盈满了山谷。

两天后，我们驱车到蒙特卡洛，去我最爱的地方之一——赌场旁的巴黎饭店吃午餐。步入这座饭店，就好像踏入了令人目眩神迷的黄金年代，从巴洛克装饰风格到完美殷勤的服务，无不带给人这种感觉。可或许是我抱了太高期望，以至于真实的感受反而变得索然无味。食客们多半是些富有的老人，菜的味道也一般般。晚些时候，我们得知这家饭店新装修了一层顶楼，可以饱览城市和港口的动人风光，而且气氛也更活跃、年轻。唉，错过了大好机会！晚餐后，我们进了赌场。保罗和我从轮盘赌溜达到"十一点"，看着来来往往的赌客和大幅绘着裸女的香艳画作。詹姆斯在玩老虎机，他扬言自己的手气好得很。的确够好，他赢了52法郎，随后又全输掉了。晚上离开时，他赚了2个法郎。"总比输了两法郎好嘛！"他乐呵呵地说。

2月份，我们回到坎布里奇，我一头扎进了神秘的菜肴"古斯古斯"的研究当中。这原本是一道北非的特色菜，就像意大利的面条、美国的火鸡、英国的布丁一样，但在最近40多年里，它变成了"法式"美食。（保罗回忆起，20世纪20年代的时候，他曾在巴黎清真寺吃过好多古斯古斯。）和其他国民美食一样，比如马赛鱼汤、咖喱或是西班牙海鲜饭，每个行家都声称自己知道"真正"的配方，可事实上并没有固定的食谱。基本上古斯古斯就是蒸熟的粗粒麦粉，配上厨子手边能找到的任何食材：羊肉、鸡、茄子、洋葱等。吃这道菜的时候多半会浇上某种辣酱汁，还会掺入藏红花、莳萝、丁香等配料。我用了一周时间摆弄各种各样的古斯古斯食谱，把我家那位"天字第一号小白鼠"喂得撑到了嗓子眼儿，打出了一大摞笔记，然后得出一个结论：还是别让这道菜出现在我们的续集里了。不过这倒不算白费功夫，我知道某些时候我还是会用上这道菜的，但写进续集就不必了。

与此同时，保罗和我花了好多时间拍摄照片，记录下白香肠的制作手法。我们尝试了两种方法：一种用猪肠衣，一种用纱布。我们还拍了做布里欧修裹香肠的手法，这是道香喷喷的菜，我们搭配了一瓶上好的勃艮第红酒吃掉了它。只有我们俩，摆弄着食物和相机，好玩极了。

这些香肠试验也来自朱迪丝·琼斯的中肯建议："干吗不写一章熟肉制品？"这个建议跟她当初对面包的提议一样，都是源自她自己对美食的热爱——她爱吃家庭自制的香肠，可是在美国却买不到。"那可是法国的美味精华呀。"朱迪丝提醒我，"还记得1950年左右，我在巴黎看见人们排队买熟食，那些人的鞋子破得都露脚趾了，可是宁愿把钱花在这些东西上。这肯定会给书增色的。"

熟肉，指的就是已经烹调好了的肉制品，传统的法国熟食基本上用的都是猪肉，从陶盘派到馅饼、火腿，各种类型的都有。可如今极少有法国家庭会自己动手做，因为去专门的熟食店买实在太方便了，各类品种应有尽有：陶盘派、腌鹅、香肠、欧芹火腿、新鲜肝酱，等等。现在的熟食店更是什么都卖，从加热一下就能吃的龙虾到沙拉、罐头食品和利口酒。美国的街角没有这种熟食店，所以我开始研究食谱，试着做起大蒜香肠来。

以前我从没自己做过香肠，结果一试之下大为惊喜：简简单单的一根手制香肠，却能给人带来多么鲜美的回报啊。只不过是把新鲜的猪肉碎加上盐和香料，可得到的滋味却是

保罗拍照给插画家做参考

梦想中的香肠该有的味道。而且既然是自己亲手做的，我很清楚里面装的是什么。很快，我家炉子上方的钩子上、厨房门背后就都挂上了一串串自制的香肠。

写香肠这一章是一项紧锣密鼓的工作，给我们带来了好几次绝妙的品尝体验，外加一次消化不良。当我打完最后一个句号，靠在椅背上的时候，保罗说："精彩！应该给你发个镀金的猪肚当勋章！"

3
脆皮烤海鲈

1969年春天，保罗和我从巴黎到小窝的途中绕路去了一趟索洛涅地区的武兹龙，也就是露伊瑟和新任丈夫亨利居住的地方。这个区域地处谢尔省，以茂盛的森林和数量繁多的野生动物著称。在那儿猎鹿之风依然盛行，而这个习俗从中世纪起就有了。打猎的装束、规矩、行话、猎狗、特殊的号角传令，还有各种精妙的礼仪举止，依然保留着波旁王朝（从路易十三到路易十六时期）的原样。这个地区每年会举行16次狩猎，对于参加者来说，这些活动就像宗教仪式一样重要。露伊瑟的丈夫亨利，也就是纳勒谢伯爵，就负责操办其中的一次。他养的86条猎鹿犬世界知名，这些狗儿的血统如此纯正，以至于看上去全是一个模样。不可思议的是，主人却能一一叫上名字来。亨利领我们参观狗舍、马厩，向我们解释猎杀野生雄鹿的一套典礼仪式。这套仪式要听从号角的指挥，使用的法国号角跟英国号角很像，但比英国的更漂亮。大约有20种不同的号角指令，每一种都意味着狩猎的一个阶段：猎狗正在巡查，雄鹿进入了水中，猎物痕迹不见了，雄鹿从森林中冲出来了，等等。真是个奇怪的、让人眼花缭乱的习俗啊。听着亨利的描述，我能想象出宫廷生活的气氛，朝臣们与普通市民之间的阶层差异，以及要维持这种古老狩猎传统所需要的庞大开支。

露伊瑟看上去非常幸福。她家的屋子很可爱，屋后有一片宽阔的绿色草坪，长着一棵令人瞠目结舌的古老柳杉——这棵树都有 150 岁了。这儿有种法国乡野的怡人气息，很适合她。

我们一路流连，驱车前往洛林北部的桑赛尔。那儿是一片幽雅的乡村，也是优良的酒乡。我们沿着小路继续往东南方向开去，在时晴时雨的天气里来到了中央高地的奥弗涅。我们惊喜地发现这些僻静的道路和 1949 年时一样，空无一人。

旅程很开心，我们比既定计划提前一天回到了小窝，这让我们来得及和西姆卡夫妇一起吃了顿饭，也知晓了西姆卡的遭遇。

原来，西姆卡之前右手拿着碎酒瓶子和玻璃碎片时绊了一跤，结果碎玻璃割破了她的虎口。她的肌腱受伤了，需要做手术缝合起来。这很可怕，但是医生完全没有叮嘱她要当心，于是西姆卡像往常一样，满负荷工作起来。结果肌腱再次撕裂，必须要再次缝合。这回她打上了石膏板子，避免手部乱动；可拆掉石膏后，她失望地发现大拇指和食指几乎动不了了。她需要做好几个月的理疗和运动训练，而且未必能保证这两个手指的功能全部恢复。右手可是她的惯用手啊。不过凭着西姆卡那惊人的能量和钢铁般的意志，我坚信这位"法国超人"能战胜一切困难。

有很多次，西姆卡的精力都过于充沛了。割伤手之前，她几乎把所有适宜在布拉玛法生长的（也包括一些不宜生长的）花草树木都种了个遍。现在她受伤了，先生又在巴黎，珍妮有日常的事儿要忙，而劳伦也生了病。结果是保罗和我只得花费宝贵的度假时间，给园子浇水，免得草木被太阳晒死。

我们一到这里，一只名叫"慕食"的小灰猫（猫咪"梅赫"的女儿）就跟我们做起了伴。它绝对是只小野猫，只有吃饭和找地方睡觉的时候才想得到人。可只要有猫咪陪伴，我就觉得很幸运了。就像以前在巴黎时特蕾丝·艾旭常说的那样："家里没只猫，就像生活中没有阳光！"每天早晨我一推开百叶门，"慕食"就会跳进屋子里来，大声喵喵叫着要吃早饭。它大口大口地吞食完，就叫着要出去，然后终日在外面追逐蜥蜴。到了晚上，我一边煮饭，一边收听着广播里的新闻，它就卧在保罗的膝头上。有天下午，"慕食"给我们带回来一只活田鼠，在厨房地板上四处追打。可田鼠成功逃跑了，这下可乱了套，弄得我们跟狩猎似的，这会儿应该有个法国号角来公布最新进展：耗子从猫爪下挣脱了！耗子躲在炉灶后面！耗子被衣架给轰出来了！诸如此类。天哪，瞧瞧这热闹的！

6月，《麦考尔》(*McCall's*) 杂志的记者帕特里夏·西蒙飞到普罗旺斯来，准备写一篇文章，报道西姆卡和我是怎样合写《掌握法式烹饪的艺术》续集的。这篇封面文章将会分成三个部分，也包括一些最新的食谱，在续集出版的时候刊发。他们聘请了保罗给我们拍照。为了保证采访顺畅进行，西姆卡、保罗和我做了个计划，商量好我俩要做些什么菜、什么时候去集市采买、该拍哪些场景，免得到时候浪费时间。当然，接下来的几天会有一点儿作秀的意味，可对于"西姆卡 & 茱莉娅"的拍档关系来说，这迈出了重要的一步。

帕特里夏32岁左右，个头娇小，肤色微黑，说话声音非常柔和，有时候甚至很难听清。她喜欢下厨，而且记了大量笔记：我和西姆卡、当地花草的名字、我们做出的菜肴里有什么原料，甚至还记下了我家冰箱里有什么东西。保罗在厨房里四处游走，疯狂地拍着照片。在一个温暖和煦的午后，他给我拍了几张在橄榄树前抱着碗、拿着餐匙的照片，对拍摄结果极为得意。可轮到拍西姆卡的时候，保罗很恼火。"相机一对着她，她就变得僵硬又紧张。"他后来说，"要么很做作，要么就愣着。恐怕照片效果很差。"

几天后，西姆卡、保罗、帕特里夏和我开车到纳布勒的二星级餐厅"绿洲"去吃午饭。餐厅老板名叫路易斯·乌提耶。我们一行人进入他美丽的庭院，坐在一张小小的白色桌子旁，头顶上就是覆满枝叶的花架，身边环绕着天竺葵和棕榈树，还有一棵法国梧桐。这顿丰美的午餐从开胃酒开始，然后是新鲜鸭肝和松露做的馅饼、切成厚片的布里欧修面包、圆模馅饼、番茄和绿蔬沙拉。可我们此行的真正目的是来吃脆皮烤海鲈：将地中海的海鲈鱼（一种体形较大的白肉鱼类，肉质比它的美国亲戚稍微绵软一些）肚中塞满香草，鱼身裹上香喷喷的布里欧修面皮，保持鱼的形状，入炉烘烤，吃的时候搭配苏伯汉姆酱汁。这道菜的创始人是名厨保罗·博古斯，但在这顿绿洲餐馆的午宴上，我才第一次吃到这道菜。

自打这道菜从厨房里端出来的那一刻起——硕大、金黄，闪耀着油光——我们就知道，这道美味非比寻常。领班娴熟地将面皮沿着边缘切开，掀起来，在蒸腾的香气中，整条鱼赫然显露出来。我们每个人分得了一份鱼肉、一块面皮以及一大匙柔滑的、飘着黄油香的苏伯汉姆酱汁，还有用红葱头和香草调味的新鲜番茄。面皮很薄，略带酥脆，鱼肉多汁又绵软，还微微地带着些茴香的香气。

如果你的"厨龄"很长，一般会猜得出来眼前的菜是怎么做的。西姆卡和我把这条精彩烤鱼的每个细节都研究了一下，试图破解它的秘密。服务生现身了，我问了他几个问题，他非常乐意地回答了。"真鲜美！"我们一致评价道，"而且做起来不会太难。"我们快速地吃完了午餐。

第2天，我俩在我家厨房里试着"复制"这道脆皮烤海鲈。我买来一条将近3斤重的大海鲈，在烤盘中撒上面粉。西姆卡将鱼去鳞，洗剥干净，在鱼身上抹上油，往鱼肚里塞进欧芹、柠檬、盐、胡椒和茴香。我用剪刀把牛皮纸剪成鱼的形状，从冰箱里拿出做布里欧修面包的面团，快速地把凉面团擀成薄薄的长方形面皮，把鱼形纸放在面皮上，比照着切出一块鱼形的面皮。随后我们再切出一块稍大些的鱼形面皮，覆盖在鱼身上，把上下面皮边缘捏紧。最后，我们将面皮的边角料切成小小的鱼鳍、鱼眼和鱼嘴贴上去，再用金属裱花嘴在鱼身的面皮上刻出半月形的鱼鳞形状。

要不要在面皮上刷一层蛋黄来增添金黄的色泽呢，西姆卡和我就这个问题争了起来。保罗建议"实践出真知"，于是我们决定一半刷上蛋液，一半不刷。

大鱼立即被送进了230度的烤箱里，20分钟后，面皮呈现出漂亮的色泽。我们把锡纸盖在鱼身上，然后把烤箱温度调低到220度左右。烤了45分钟后，这条鱼的滋味就像在绿洲餐馆里吃到的一样鲜美。而且大家一致同意，刷一层蛋液是有必要的。（我们没做苏伯汉姆酱汁，虽然做起来也易如反掌。）

西姆卡和我开心极了，也很激动。多么简单、好吃、又令人难以忘怀的一道菜啊！特别适合在非正式派对上，端给喜爱美食的宾客享用。当我们坐下来讨论面皮的作用时（保存了肉汁，把鲜香的风味完整地封住），我们意识到，这个裹布里欧修面皮烘烤的手法可以应用到各种各样的食材上，避免烤出湿淋淋的汁水。这还需要进一步的实验！

帕特里夏会跟我们一起待一周。我们原本的计划是：我和西姆卡使用入选续集的食谱一起煮上若干顿饭，向《麦考尔》杂志的读者展示我们俩是怎么合作的。帕特里夏在一旁观察的时候，保罗就拍摄照片。第一顿饭，我们邀请了几位从前美国大使馆的同事来吃午餐，菜式包括4种试验性的餐前小点，还有新型樱桃舒芙蕾。可当天早上吃早餐的时候，西姆卡突然拨了个内线电话过来，说她和让要去巴黎参加大选投票。这意味着她没法做饭，也参加不了午宴了。事实上,帕特里夏回美国后她才能回来。唔。

"她要干吗去?"保罗问道,眼睛瞪得老大,"这不是瞎闹吗?人家帕特里夏大老远过来,给你们俩写这么重要的报道文章,可西姆卡就这么不当回事地甩手走了。真不敢相信!"

我很难反对先生的话,可我跟西姆卡相处这么久了,我很清楚——要是拦着她不让她去,只会让她觉得自尊心受到了伤害,发起火来。这种场面可不是我们想呈现给杂志读者的。对我来说,最重要的是保持我和西姆卡之间的良好关系,那么最好的方法就是不要有直接的冲突,让她去巴黎好了。

保罗依然难以相信,"你这是听凭她欺负你啊。"他嘟囔道。

既然西姆卡走了,我一个人做这些试验性的菜式就失去了意义。这不仅是因为这本书应该是二人合作的作品,也是因为如果西姆卡没有亲眼所见,就不会相信我的发现。她会坚持我俩一起再做一遍,而这根本就是浪费时间,所以我做了点别的菜。这顿午餐还不错,我希望帕特里夏没有留意到我紧蹙的眉头。

帕特里夏走后,我和保罗跌坐进椅子里,对视一眼:"别再来客人了!咱们需要好好安静一阵子。"接下来我们什么都没干,也什么都不想地歇了几天。可夏至就要到了,我们想象着挪威人酩酊大醉,在海湾旁点起篝火的情景,决定用自己的方式来庆祝庆祝。我们邀请了两对夫妇（都是饕客）到小窝来吃饭，我花了好几天工夫，用入选续集书里的菜式做了顿大餐。

先上来的是冰镇的哥雪园香槟，保罗把酒斟在硕大的气泡玻璃高脚杯中——这是我们在传统的制玻璃小镇毕欧买的。第一道菜是酿番茄：把茄子、新鲜的番茄肉、罗勒和大蒜剁碎，再填回番茄里。番茄的顶端放一枚水煮蛋，好像女王端坐在御座上。番茄底下垫着生菜叶，四周挤上新鲜现做的蛋黄酱。这道菜配的是一款1964年的富尔肖姆夏布丽干白。（这款酒是保罗在戛纳的超市里发现的，滋味比我们喝过的任何夏布丽干白都好。）

然后上来的是脆皮烤牛肉，也就是裹在面皮里烤制的菲力牛排。这个菜的灵感来自那道面皮烤鱼，很像惠灵顿牛肉，只不过是用更漂亮、更香浓而且不会受潮变软的布里欧修面皮来替代千层酥皮。将菲力牛排肉切成15片左右，抹上美味无比的蘑菇酱（用蘑菇、火腿、鹅肝、红葱头和马德拉酒做成），然后用布里欧修面皮整个裹上，送进烤箱。上菜时，每片牛肉配一点面皮和馅料，再来一勺酱汁。这是一道重要的菜，所以搭配了不会盖过香味的奶酪黄油烤土豆片和中式炒芦笋尖。这道菜配的酒是一大瓶天鹅绒般柔滑的1964年奥比昂酒庄的美酒。

甜点是"朝圣者布丁"：将烤过的杏仁磨碎，加上樱桃白兰地、杏子、英式奶油拌匀后装入模子，模子里事先摆了刷了黄油并用砂糖烘烤过的手指饼干，然后整个覆盖上草莓覆盆子酱。（这道甜点之所以叫作"朝圣者"，是因为旧日里的朝圣者们会在口袋里塞满难以腐坏的食物，比如杏干和杏仁。) 布丁配的是香醇甘美的1962年伊甘酒庄的甜酒。最后，这场盛宴以哈瓦那雪茄、白兰地、利口酒和咖啡结束。3位女士都抽了雪茄，人人脸上都红彤彤的。大约凌晨1点30分，派对散场。多么精彩的一晚啊。

我和西姆卡为《麦考尔》杂志拍摄的191张照片洗出来了，保罗极其满意。他拍摄了我们在厨房里工作、在格拉斯和圣保罗旺斯的市集上采买、在普拉斯卡锡耶的餐馆露台上吃午饭的情景——从那露台俯瞰出去，山谷绵延不断，远处的海面闪着银光，真是摄人心魄的美景啊。据我们所知，帕特里夏准备写一篇了不起的佳作，描述我俩姊妹般亲密合作、一起写作续集的情景。

可私下里，我却感到一种几近绝望的沮丧：我说什么西姆卡都不肯听。比起从前，她越发忽视我那些无比细心的分量说明，质疑我辛苦得来的发现，并且不断地强迫我花费大量时间测试她那些"试做过"的食谱，最后我却只能发现，那些菜根本做不出来。比起我单打独斗，和她合作其实花的时间更多，也让我更加焦虑了。想明白这一点真叫人难过，我觉得困惑又郁闷。有史以来第一次，我盼望着离开小窝，回到美国去。

1969年7月，朱迪丝·琼斯冒着大雨来到欧文街103号，和我一起讨论续集的书稿。西姆卡和我为此工作了3年，却只写完了11章中的3章。出版社下定决心要在1970年秋天推出续集，于是朱迪丝制定了一个紧迫又不容改动的交稿底线：1970年3月15日。感觉就像后天啊，我怎么完得成？

法国在向我们招手，可没时间旅行了。我们盼着去缅因州看望查理和弗蕾迪，但这绝不可能。打字机噼里啪啦地直响，我拼尽全力工作着。

我把厨师能做的所有螃蟹菜谱都写了出来。保罗给螃蟹的各个部分画出了素描。我们吃了好多顿鲜美的蟹肉浓汤。然后，我们开始研究茄子。经过一番密集钻研之后我十分怀疑，吃了那么多茄子，我们的皮肤会不会变成紫色？12月，保罗和我并肩坐在厨房那张挪威式长桌旁边，整理着上百个信封和文件夹——里面都是西多妮·柯林画的插图，有草图、概念稿，也有成品。我们想排列出恰当的图片顺序，确保每一幅插图都传达出正确的意思。可西多妮不是厨师，而且显然也没有阅读书稿，有很多幅图片，她是根据照片而不是文本的意思来画的。"我理解她这个插图画家的苦衷。"保罗说，"咱们的要求太多了。"他在绘图纸上做出更正，告诉她正确的图是怎么样的。至于他自己，保罗已经完成了10张龙虾插图和少量螃蟹的图示，而且着手准备描绘羊脊肉、去骨到一半的鸡和一些牛肉的插图，他还要画出如何用法国厨师的手法一步步地切乳猪。

工作进展缓慢，写作的孤独感折磨着我。"我在闭关写这本累人的续集。"我给西姆卡写信说，"写完这本我再也不要写了，工作量太大了，一刻也不得休息。"

1970年1月初，朱迪丝·琼斯再度来到坎布里奇检查书稿进度，她非常支持我们的工作。身高一米六的朱迪丝留着及肩金发，表情丰富的脸庞上长着一双灵动的眼睛。我

和我的编辑朱迪丝·琼斯一起工作

们合作起来非常融洽。她人很好,眼光敏锐,微微有点羞涩,但绝对专业,而且在必要的时候相当强悍。她有着绝佳的直觉,非常清楚自己的职责和角色。保罗说,朱迪丝让他想起美丽的爱尔兰仙后。经过3天的漫长工作,朱迪丝和我一起做出了各式各样的重要决策,从字体这种小事到重大决定——把原先计划中的11章缩减到7章。

西姆卡和我陷入了担忧,我们得知盗版的《掌握法式烹饪的艺术》在其他地方才卖1.5美元,也担心烹饪书行业里的抄袭行为。会不会有人想窃取我们的重大成果呢,比如如何在家里做出真正的法国面包?我们对这些现象束手无策。而且书里有几个菜谱是5年前写的,可现在我们已经改变了做法,还想重写书中的大量章节。太糟了!

"要好好写完这本书,我起码还需要5年。"我哀叹道。可朱迪丝只是微笑着,坚持要在约定的时间交稿,不要再增加任何内容了,包括保罗拍的照片、西多妮·柯林的插图和西姆卡的食谱。

当西姆卡再次在最后一刻提出抱怨的时候,我给她写信说:"这本书可能不如你想象得那么完美,亲爱的,可它必须完成。"

只剩下 2 天了,我还在厨房里试做、记笔记、在打字机前噼里啪啦地修改。我忙得连上厕所的时间都没有!

到了 1970 年 3 月 15 日,我强迫自己把勉强算是完成的书稿交了上去。呼!

第八章

《法国大厨》在法国

I
纪 录 片

1970年，我们开始着手拍摄迄今为止最为野心勃勃的《法国大厨》系列。手里握着比以往任何时候都多的预算（感谢宝丽来和希尔兄弟牌咖啡的赞助），我们准备拍摄39集新节目，而且打算首次使用彩色胶片。既然我们要做点与众不同的事，我觉得应该拍拍地道的法国美食在法国是如何制作、如何售卖的，这样比较有趣。比如展示一下传统的肉铺、橄榄油坊、点心铺、卖猪下水的小店、红酒铺，这些都是当年引发我灵感的地方啊。我们将使用35毫米的胶片拍摄一系列简短的纪录片，回来再拆成小段在日常的节目中播放。所以，当我在节目中讲到"如何烤制法国面包"的时候，就可以插入一段片子，让观众看看真正的巴黎面包师傅如何在面包烤炉里烤出地道的法国面包。

尽管我从来没有公开流露出这种想法，但我坚信这些片子必将成为有意义的重要历史记录。即使是在法国，食品行业也在逐渐工业化，在我看来，我们要拍摄的许多工艺过上一两代就会失传，比如蜜饯的做法、割肉的技法，还有传统糕点的裱花手法。当然，胶片也会老化变质。可是如果我们这些小小的纪录片能留存下来，它们就很可能成为为数不多的资料之一，记录下法国人是怎样几乎靠手工，而不是靠机器来制作食品的。

我恨不得马上就开始进行这项工作。可说着可比干着容易。

1970年5月中旬，大约10个人在小窝聚齐，规划拍摄进度。我们的计划是从普罗旺斯开始，然后转战巴黎，最后在诺曼底结束。由于只有几周时间，而且没机会再来法国补拍，所以我们为每天都制定了详细的计划——细到小时，有时细到分钟——确保一切都尽可能顺利地进行。

第一天早上的拍摄在格拉斯芳香广场的市集上开始了。摄像师是个32岁的荷兰人，名叫彼得，工作热情十分高昂。他想拍下我采买水果、蔬菜、鲜花和法式酸奶油的画面。一切都进行得很顺利，直到我们明亮的灯光和拖来拖去的电线惹恼了一位卖菜妇人。她开始挥舞着胳膊，激动地怒吼道："别再搞了！够了够了！"一大群人围拢过来。"你让我怎么一边卖胡萝卜一边当电影明星，啊？"她训斥道，"身边全是你们这些好莱坞家伙，我只剩2个小时卖菜了！你们这么搞来搞去，人家怎么来买菜啊？说话呀，好莱坞！一上午了，菜都压着没卖出去。别搞了！拍得够多的了！够了！"

人家抱怨得合情合理，于是我们走到别的地方继续拍摄。

拍电视比我们想象中麻烦得多。一个镜头在电视上看是几十秒，拍摄的时候要用上好几分钟，而准备工作却要用上好几个小时。比如我们走进一家餐馆拍摄，那么三脚架和反光板要先摆好，聚光灯要瞄准，成卷成卷的橙色电缆要松开。我们会预演一下，然后开拍。可到了这时候，我的发型又要重新弄弄，或是要等待一群路人走过去。等终于拍到了想要的镜头之后，再把全部装备拆下，移动到下一个地点。

保罗和我能说流利的法语，对当地的店主商贩也十分友善，这两点对拍摄很有帮助。就像巴格纳德大厨曾教导我的，不要急，不要催得太紧，也别认为人家的好意是理所当然的。

我们曾去拍摄一个位于圣保罗旺斯附近小山上的橄榄树餐厅。当天上午，乐呵呵的餐厅领班阿历克斯已经摆好了著名的"雪崩"前菜。真是令人叹为观止啊：热的、冷的、熟的、生的、拌好的、清香的、咸香的、油香的、鱼、肉、蔬菜……不胜枚举。可这些小菜都摆在硕大的黄色遮阳伞下，导演大卫咕哝着："这样子不能拍啊。"

"可咱们必须拍。"摄像师彼得叫道，"来吃午饭的客人随时可能进来，那时候就来不及了！"

"不行！这种柠檬黄的光线可不行！"

"那好吧，把遮阳伞收起来，在日光底下拍好了。"

"等等，可别！蛋黄酱该化了！"制片人露西·洛克伍德插嘴。

"把这些苍蝇轰走——桌子跟垃圾堆似的！"

阳伞收了起来，彼得把摄像机扛上肩头，苍蝇给赶跑了，我们开拍。一遍又一遍。"威利，你的脚丫露出来了！"彼得对躲在餐桌下的音效师大喊。保罗和我在镜头前品尝佳肴的时候，音效师得躲在桌子下面拿着麦克风。

"把这段再拍一遍吧。"大卫叹口气。

3点半，我们收工了，工作人员像一群饥肠辘辘的饿狼一般，冲向了"雪崩"。

有一天，制作组要拍我在普拉卡锡耶开车拜访当地肉贩布萨荣先生的情景。布萨荣先生和老婆、丈母娘一起开了个很棒的小店，跟别人家不一样的是，他们仨相处得很融洽。我们本打算拍摄布萨荣一家一起制作庞坦馅饼的场景，可当天清晨布萨荣的太太生下了一个小女婴——比预产期提前了两个礼拜。哈！这下子只有见机行事了。于是布萨荣的太太和丈母娘留在医院，他本人给我们演示了庞坦馅饼的制作过程：用3千克猪肉、小牛肉和松露鹅肝做馅，用面皮包好，再拿面皮做成叶子形状的装饰，最后打一颗蛋，将蛋液刷到叶子上，然后进炉烘烤2个小时。整个示范妙极了，只是在一段特别精彩的片段中，两个当地人冲进店里，大声嚷嚷着要买血肠。一天工作结束后，我们感激地送了一瓶香槟给这位热心肠的肉铺老板。

在马赛，我们拍了马赛鱼汤的制作过程，然后在凌晨4点钟扛着摄像机去了鱼市，那景象可真壮观。从那里，我们又去了巴黎。如今已是6月，我们火速地拍了一大圈：去李子树小馆拍田鸡腿，在安德鲁埃先生迷人的地窖里拍奶酪，去帕里多克的超级市场拍手工分切的肉，在戴碧琉先生的甜品店里拍蛋糕裱花，当然喽，还去了德耶兰的神奇厨具店。

我们本打算到蜜雪妈妈的店里拍摄她的白黄油酱，可当我们进店去吃晚餐时，却感到深深地失望，只能伤心地把她的名字从工作清单中删去。另一天晚上，保罗和我去了心爱的大维富餐厅。我们想请那位受人尊敬的侍酒师伊努克先生在节目中讲讲葡萄美酒和储藏常识。87岁的伊努克依然举止优雅，风度翩翩，可他几乎快聋了，而且净说些冗长的大道理。离去的时候,我深情地拥抱了他,可显然他不大适合出镜。

就算关乎好朋友,我也不能允许个人情感影响片子的专业水准。

那么,我们该找谁去拍葡萄酒的内容呢?

巴黎有一条无比老旧又陡峭的小街名为圣·热内维埃芙山路,街上有位贝西先生开了一家酒铺。他是个快活的家伙,戴着一顶旧旧的贝雷帽,穿着灰色的工作服,嘴里的门牙掉了,留下一个黑黑的豁口儿。闻名遐迩的贝西酒窖曾多次出现在文章报道中,可从没上过电视。这里从没被拍摄过是有原因的——酒窖都隐藏在深深的地下,每下一级台阶,就更加阴暗潮湿,霉味更重。这里简直像一排地牢的牢房,靠狭窄的通道和腐朽的梯子相连。到处都是厚厚的尘土、烛泪、蜘蛛网和陈年锈迹。这地方令人毛骨悚然,可又勾得人想去一探究竟。感谢上帝,我们没有幽闭恐惧症!在这地府般的酒窖中,藏酒的数量必定有三四万瓶。可是,用"储藏"这个字眼并不准确,因为酒窖里压根没有酒架,酒瓶子只是小山般堆靠在狭窄通道的墙边,一直堆到了石头拱顶。酒瓶碎片在阴暗中窥伺着我们。许多酒瓶上没有酒标。酒窖里几乎没有转身的地方,如果有人碰到了这些瓶子,整个地方没准就垮塌下来了。

保罗和我猜想贝西先生大概是个"守酒奴"吧。他不喝酒也不卖酒,却不停地收集美酒,只为满足自己的狂热爱好。这个位于地下的酒窖洞穴,简直是他大脑中古怪区域的写照。

要进入贝西酒窖里拍摄,需要小型的手持式摄像机和用电池供电的灯才行。在一家专门的器材店,我们租到了摄像机和灯,把它们装上小卡车。当导演大卫向店主索要收据的时候,老板递给他一张名片。"不,先生,我需要一张收据,证明我付了多少钱。"大卫说。

店主人的脸颊腾地红了,他大喊道:"难道每个过路的都要控告我骗人不成?你不相信我,我才不跟你做生意呢!"他和老婆抓起摄像机和灯,就要拿回店里。

"哎,哎!"我们请来的当地导游丹尼尔喊,"我们已经付过租金了,拿回来!"他把那些设备又拿了出来。

"拿走你们的臭钱!"店主嚷道,"谁稀罕!"他老婆把钱塞回我们工作人员的口袋,老板抓起设备,两个人把门重重一摔,锁上了。就这样,拍摄泡汤了。著名的贝西酒窖依然没能上电视——至少,没上我们拍的电视。

到了6月中旬,巴黎的天气变得又闷又热。大家一直盼着能下场大暴雨,好凉快点儿,可天气却越来越热。现在,我们要去拍摄这场美食探索中最为重要的部分了(在我看来)——如何制作法国面包。

在普瓦拉纳那狭小的、中世纪风格的面包房里,气温高得几乎难以忍受。我们在那里从早上8点一直拍到晚上7点,把烤面包的每个步骤都记录了下来:先是面团发酵,然后用船桨状的长木条把圆滚滚的面包送进烤炉,再用这长木条把烤好的面包铲出来,然后将巨大的、金黄色的面包放凉,释放出好闻的香味。据我所知,以前从没有人拍摄过制作地道法国面包的详细步骤。

几天后,我们伟大的面包师傅雷蒙德·卡维尔,法兰西磨坊学校的面包教授,给我上了一堂类似"法棍面包详解"的课程。在他的教学场地里,我们一起度过了一个下午,屋

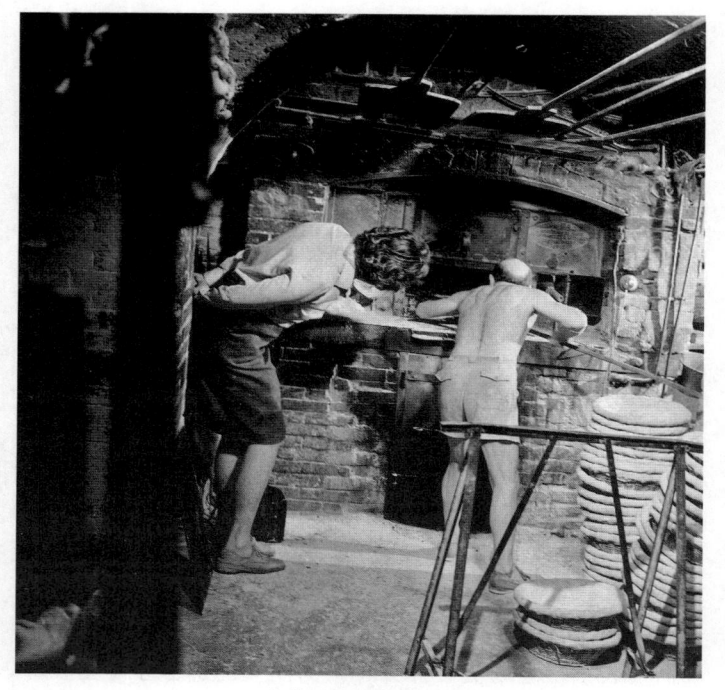

在普瓦拉纳的面包房

外电闪雷鸣，雨点重重地砸落下来。卡维尔揉面、滚圆，在面团上划出斜斜的口子。我也如法炮制。这是重要的胜利时刻，是人类最古老生存技能的传承，我祈祷着胶片能捕捉到这一时刻的神韵。

我们从巴黎驱车前往鲁昂，去拍摄另一个我心爱的场景：制作血鸭。拍摄场地选在了王冠餐厅——我永远不会忘记，当年就是在这里品尝到了在法国的第一餐。我们提醒餐馆老板多杭先生，一旦开始拍摄，就不能停下，不管中间发生什么事。他耸耸肩，答应让员工晚些下班，并且说：

"有必要的话，我陪你们一直待到明天中午。"

我们的计划是：在餐馆吃晚饭，等到最后一名客人离开后，我们再开始拍摄。那时差不多是午夜时分。

当天下午，摄像师彼得说他的右腿剧痛难忍。他承认一路以来他一直腿疼，却没向任何人提起过。现在他要进医院了！大家都惊骇不已。没了他就拍不成了，这该怎么办？

我们决定先不告诉多杭先生，按原计划保留晚上9点半的晚餐订位。在精彩的血鸭晚餐中，大家都竖着耳朵，等着电话铃响。终于，电话响了。医生的诊断是，彼得有一节脊椎骨错位了（大概是因为他一直扛着沉重的摄像机），影响到了坐骨神经。他现在打了针也吃了药，而且医生劝他换个工作，别干摄像了。

暂时止住了疼痛的彼得冲回了岗位，像个运动员似的架起灯光和摄像机，四处挪着家具。

为了增强视觉效果，我们决定在那个中世纪的壁炉里点起熊熊大火，把三只鲁昂鸭子串在烤肉钎子上烘烤。（老板多杭每天要准备30只鸭子，用烤肉钎太费时，所以鸭子基本上都是在厨房里烤的。）当壁炉的温度升高到一定程度的时候，就会带动烟囱里一个像风扇一样的装置，扇叶开始旋转；这套工具和烤肉钎之间有链条相连，于是烤肉钎就会带动鸭子在炉火中慢慢旋转。鸭子下面放着一个金属托盘接着滴落的肉汁，这些肉汁被舀起来再度刷回鸭子身上。

深夜12点半，鸭子的火候到了，我们开始了拍摄。多杭在镜头前相当放松，知无不言，就像个荧屏老手似的。我向他提问，他一边用口音浓重的英语回答我，一边娴熟地片着鸭子。彼得换着各种角度和距离拍摄着。威利把所有的声音都录了下来,火焰的噼啪声,炙烤中鸭肉的滋滋声,还有银质榨鸭器压榨下去时血液和红酒汤汁滴流下来的声音。等到我们拍完,外头的古老大钟已经报出了5点。东边的天空已经露出了曙光,公鸡开始鸣唱。清晨的微风拂过我们汗津津、红扑扑的脸颊。大家都欢欣雀跃,因为我们知道,我们刚刚拍到了迄今为止最棒的片子。

小憩过后,保罗、露西和我开车到卡昂附近的小镇蒂里阿库尔,在那儿我们要去一家专卖牛肚的餐馆,拍摄"牛肚全席"。从那里,我们将继续前往欧奈的一家古老修道院,拍一点卡蒙贝尔奶酪的资料,然后以卡昂的派对作为结束。这样,我们的《法国大厨》在法国的拍摄就圆满完成啦。

我们到达蒂里阿库尔之后,有人给我们带话:"请速给鲁昂的大钟酒店回电话。"我们以为有什么东西忘了带呢,拨通号码后,导演大卫在那头说:"彼得的腿疼复发了,没法去了。吃药打针都没用。丹尼尔现在正开车送他回巴黎,等他回到老家阿姆斯特丹就直接住院。"

完了!这下完了。没有牛肚,没有卡蒙贝尔奶酪,也没有卡昂派对了。

就在几分钟之内,《法国大厨》的拍摄团队散了伙。保罗和我像一对刚从笼子里放出来的鹦鹉:"这下咱们去哪儿呢?"

2

左 右 为 难

在拍纪录片的一团忙乱中,要写文章介绍续集几乎是不可能的。所以当《麦考尔》杂志问我,能不能派人来给西姆卡和我拍摄一起做菜的照片时，我拒绝了。我没空，也没这份精力。

尽管如此，我们在法国拍摄纪录片的时候，《麦考尔》杂志的一队人马已经来到了小窝。杂志聘请了一位法国的美食作家来观摩续集中菜品的制作，并且请了阿诺德·纽曼来拍摄照片。我在西姆卡巴黎的家中见到了这位美食作家。她很迷人，可我的立场很坚定："这本书已经写完了。现在我全部的时间和精力都放在了电视上。我不会再为《麦考尔》杂志做一道菜。况且我先生已经给西姆卡和我拍摄了上百张完美的照片，我觉得没有任何必要再拍一次。"

形势不能说不复杂。克瑙夫出版社希望多做宣传，好推动书籍销售，而《麦考尔》杂志打算来个封面报道，这是个很好的推广机会。我对出版社和西姆卡都忠心耿耿。可我实在太累了。保罗也是，他很生气——他的照片那么好，却不知为何被扔到了一边，其中的原因我们只能自行猜测。（原因之一是这家杂志社进行了大规模的人员调整，当初请保罗拍照片的那位编辑离开了。）

"咱们要不别回小窝，剩下两周慢慢开车，到中央高地逛逛？"保罗建议道。

"我才不会让一群杂志社的家伙把我从自己家里赶出去哪！"我生气地说。

我们沿着回家的路，慢慢地朝海岸开去。

星期天，租来的车子的钥匙找不到了，而我们本该把西姆卡和让送到戛纳火车站去。我十分担心西姆卡——8年来她第一次去看了医生，却得知自己有心瓣膜方面的问题，并且听力正在丧失。医生劝她"彻底"改变生活方式。这真叫人难以想象。我这位素日精力充沛的朋友明显地意志消沉了。与此同时，我们的小屋里又满是电缆、箱子、反光板以及其他摄影器材（车钥匙肯定就在这堆东西中间，错不了）。阿诺德·纽曼和一帮杂志社的人挤在客厅里，以为终于能说服我再摆姿势拍一张封面照。

"不！"我说。

保罗看了杂志编辑帕特里克·奥希金斯一眼，提醒他："打一开始，茱莉娅的态度就很清楚了。"

西姆卡突然嚎啕大哭起来。她带着受伤的神情瞟了我一眼说："我全心全意地想跟你拍张合影，放上杂志封面，现在你说不要拍了！你怎么能这样对待我？！"

我一句话也说不出来。我俩合作20年了，她第一次说出这种话。或许这会儿情绪爆发是因为她担忧心脏和听力的问题。不管出于什么原因，我陷入了左右为难的境地。有几分钟我很生气，可还是心软了。那天下午余下的时间里，西姆卡和我或站或坐，摆着姿势。纽曼给我们拍了175张传统的、直视镜头的肖像照。

第二天，麻利的珍妮·薇拉带着帕特里克·奥希金斯去了格拉斯的花市，买了一大车鲜花和蔬菜。这些东西要用来装饰河对岸的兰居尔小馆。他们的创意是打造一个热热闹闹的乡下欢庆场面，以此作为背景衬托出续集中讲到的菜肴，再请兰居尔和布萨荣过来做菜，阿诺德·纽曼来拍。为了烘托气氛，他们邀请了十几位当地人过来吃饭。珍妮和劳伦凑成了"一对儿",还有包工头坎当、木匠乐达、电工西伦塔以及他们的太太,外加其余几个人。大家全都喝多了,笑噱着,讲着黄色笑话,吃下了大量食物,大声地唱着歌。厨房里的孩子们偷偷溜进来,把指头戳进蛋糕上的鲜奶油里。

3
电影之夜

《掌握法式烹饪的艺术》第二卷于1970年10月22日出版了,此时距第一卷出版已经过去了9年。克瑙夫出版社首印了10万册,西姆卡和我在全国范围内做了快速的巡回宣传。新书上市两周后,我们的彩色电视片、全新的《法国大厨》在美国公共电视台(PBS)播出了,全国范围内都能收看。这里面嵌入了我们在法国拍摄的纪录片。第一期节目是马赛鱼汤,而绝大多数观众反馈都很好。多好的新书推广啊!

1971年1月的一个晚上,麻烦的迹象出现了。当时,朱迪丝·琼斯去曼哈顿参加一个晚宴派对,她刚巧坐在一位西奈山医院的医生旁。这位医生提到自己所在的小组正在研究石棉致癌的概率。朱迪丝心中微微牵动了一下。"石棉……嗯……茱莉娅在续集里推荐,可以在家里的烤箱里放上一块石棉瓦,当作烤面包的烘焙底板!"

我们的确是这样推荐的。次日,朱迪丝打电话给那家医院,找到了负责这个石棉研究项目的医生。她没有说自己为何对这个问题感兴趣,而是询问研究结果是什么。医生的话大概是这个意思:"我们有理由相信,石棉很可能会引起某些类型的癌症,我们主张不要在任何烹饪过程中使用石棉。

石棉水泥可能比纯石棉的危害小一些,因为它是和水泥结合在一起的。但是在研究完成之前,我们还不想下定论。"

"研究大概什么时候完成呢?"朱迪丝问道。

"噢,大概还要5年。"他回答。

"谢谢你。"朱迪丝说。她挂上电话,立即给身在坎布里奇的我打电话。

真是灾难啊!我们已经在书中推荐了石棉水泥板,而且再过几天就要录制两集做面包的节目。但我们不能推荐可能会致癌的材质啊!这该怎么办?

我们还有8天时间找到替代品。对普通的美国家庭来说,新型的板材必须价格便宜,而且容易买到;它的质地必须足够坚硬,能耐得住高温烘烤,冷水滴上去也不会开裂;它必须适合各种尺寸的面团和烤箱;它不能太重;釉面必须经过高温焙烧(经过温度在1200摄氏度以上的烧制),避免铅中毒。

在欧文街103号,保罗花了大量时间研究各种尺寸、厚度、价格的砖瓦:碳化硅板每片要19美元,耐热玻璃板每片14.5美元,板岩每片5.15美元。前两种太贵,而测试板岩的时候,它在烤箱中裂开了。

2月5日,周五晚上,我在3种不同的板材上做了面包:地砖、玳瑁釉砖、耐火砖。这3种都做出了一级棒的面包,没有一种碎裂。万岁!

随后,我们和斯隆-凯特琳医院的铅中毒研究专家罗斯柴尔德医生进行了长时间的探讨。他是位迷人又细心的科学家,而且和太太也已经读过了我们的续集,还买了一片石棉水泥板,成功地做出了法国面包。他说自己并不认为石棉水

泥板会有什么危害，但他会测试一下。

　　录制第一期面包节目的时候，我们决定不在节目中提到石棉瓦，而是简单地建议大家使用普通的红色地砖。朱迪丝的意思也是这样。书籍的销售情况很好，在第 2 卷的后几次加印中，她做了几处修改，其中之一就是悄悄地把石棉水泥板改成了红色地砖或是无釉砖。关于这个材质的问题，我们从没收到任何读者来信，我都不确定是否有人注意到了这个问题。我开始怀疑，法国面包可能是我试验得最辛苦，却最少人愿意花力气尝试的食谱了！

　　面包这一集节目录制得十分顺利，可后面还有一场惊吓在等着我们。拍摄现场里高悬着65盏火热的照明灯,现场温度简直像在撒哈拉的烈日下。我的面前摆了一排碗,里面装的是处于各种发酵阶段的面团,便于给观众展示。可灯光的热量让面团都发起来了,正如人们说的:"时间和发酵的面团不等人!"然后我不知道把眼镜放到哪儿去了,看不清碗上贴的小标签。我嘴里依旧说个不停,却拿错了碗。当我开始揉那面团的时候,它压根不在该有的状态。可此时我已经讲解了很多,只得蒙混过关。终于,就在刚刚要送进烤炉的时候,这块面团发酵到了完美的状态,就在28分34秒。

虚惊一场!

可我们没有时间休息,马上又进入了下一集、再下一集的拍摄——"变着花样烤比萨""巧克力蛋糕""榨血鸭""如何使用巧克力",等等。这是个繁忙热闹的春天,我们每周忙着排演、录制两期《法国大厨》,回看在法国拍的片子,还有其他各种事。

1971年5月,保罗和我逃离了忙碌的工作,回到安宁静谧的小窝。飞机在尼斯降落后,我们按老习惯去机场餐厅吃午饭庆祝。菜式完美,葡萄酒完美,服务完美。啊哈!世上还有哪儿能找到这种品质的机场餐?和往常一样,这顿仪式般的美味佳肴昭示着我们的节奏要开始转换了:不仅是生活步调即将放缓,而且要打开感官。"你们现在不是在美国啦。"好像有个声音在说,"你们已经到了美丽的法兰西!注意了!"

起初我们打算去蔚蓝海岸待上一两周,可一旦在让人心满意足的小窝里安顿好,我们就哪儿也不想去了。我俩已经精疲力竭,如今需要的是退隐山林,除了睡足、吃好、享受布谷鸟的清啼和乡野气息,什么也不想做。可我们的那根弦都绷得太紧,至少用了一周才适应这安逸的氛围。

一开始小窝又黑又冷,像个地牢似的。我们花了好几个小时让暖气片热起来,清扫掉蜘蛛网,换掉烧了的灯泡。木匠和石匠已经干完了活儿,可水管工和电工还没露面——等人终于来了,他们发现家里新买的洗碗机电压不对,而且少了几个零件。基督升天节和圣灵降临节就要到了,这意味着接连数天干不成活啦。我们只得耸耸肩,接受现实。车道顶端的新停车场面积很大,看上去棒极了,石墙后一排漂亮的迷迭香正在抽枝发芽。这片普罗旺斯的区域刚经历了非同寻常的寒冬,所有的金合欢和其他大批植物都冻死或冻伤了,而如今幸存下来的植物都绽放出嫩绿的新芽,满眼都是橙色和黄色的玫瑰花蕾。

在我们回到小窝之前,保罗从前在巴黎大使馆的同事在《国际先驱论坛报》上发表了一篇文章,里面写了这人旧日里和我们相处的事情,还把小窝的地址公布了出去。真是烦人啊,甚至有两个美国的旅行团、开着面包车的一家子加拿大人直接把车开上了我们的车道,要求见我们。珍妮和劳伦按照我们的叮嘱告诉他们:"查尔德夫妇不在。"看来还挺管用。

我们找人把两期电视节目——"菠菜双胞胎"(在小窝拍的)和"肉馅饼"(在肉贩布萨荣家里拍的)转录成了16毫米的彩色影片。有天晚上,我们邀请了一群当地人来我家度过"电影之夜"。客人来了十几位,有珍妮·薇拉、布萨荣、乐达夫妇、安倍托、吉娜、西姆卡夫妇等。9点钟准备熄灯看电影了,可空气里飘荡着一丝局促不安的气氛:这些客人还不习惯到美国人的家里做客,而且他们大概从没在银幕上看见过自己。大家都僵硬地微笑着,直绷绷地坐在椅子里。灯光暗下来了,看着我、西姆卡和他们自己的模样出现在眼前的荧幕上,却没人动上一动。

灯光复明,我们倒出香槟,突然之间每个人都兴高采烈地说起话来。妇人们只拿着酒略微沾沾唇,而男人们至少每人灌了三四杯,真有意思。

到了11点45分,我们打算上床睡觉了。我敢肯定,这些习惯早起的当地朋友肯定也疲累了。只是他们不知道什么时候才能礼貌离席,于是大家都在那边坐等——仿佛等待某种神秘兮兮的信号。可我们也不知道这信号是什么呀。终于,保罗把让·费施巴赫拉到厨房里,低声问他能不能带头先走。于是让走进客厅,拉着大嗓门儿说道:"多谢大家,今儿晚上真开心!"当他带着西姆卡走到门口的时候,全体宾客整齐地站了起来,笑呵呵、闹嚷嚷地一起涌到了门外。

第九章

茱莉娅·查尔德的厨房秘籍

I

分道扬镳

1971年6月,《真相》(*Réalités*)杂志派了一组记者和摄影师来到小窝采访我。我还记着上两回《时尚》和《麦考尔》的采访惹得西姆卡不开心,所以坚持要请她一起来吃午餐。我想要让别人看到我们是一起工作的,这很重要。

"西姆卡会像巴顿将军的坦克一样横插一杠子——肯定不是存心的,但她会彻头彻尾以她自己为中心。"保罗警告我,"我是说,她都没试过你的菜谱,甚至连法国面包都没试过。真不可思议!"

"也不全是这样。"我说,"可她从没把我当个正经厨子看,这倒是真的。"

我叹口气。西姆卡是我的"法国姊妹"啊。我极其欣赏她的活力和创意天赋,并且对她在小窝这件事上的慷慨大方十分感激。可是如今我已和她渐行渐远,这是不争的事实。或许这是无可避免的吧。我叫她"法国超人",部分原因是她是个典型的老派人:固执己见,不肯听别人的意见,喜欢指挥别人。这么一来,你就很难跟她商量事情或是进行真正的沟通。

没几个月后,我跟朱迪丝·琼斯站在坎布里奇家中的厨房里,手上拆着西姆卡的信。信中她批评《掌握法式烹饪的艺术》第二卷中的一则食谱,说什么:"这不是法国菜!你们这些美国人永远也不会理解,我们法国人永远不会把烤牛肉的肉汁再刷回去!"

这些年来,我一直故意不理会西姆卡的轻视和侮辱,可现在我受够了。这封信成了压倒骆驼的最后一根稻草。我真是气死了,把信纸扔到地板上,又踩了两脚。"够了!"我发誓,"我再不会让她这样对待我了!"

朱迪丝挑起眉看着我。

"就这么着了。"我宣布,"散伙!"

对于我俩的冲突,西姆卡和我从没开诚布公地谈过。没有这个必要。经过了这么多年的合作,我们对彼此都了解得透透的。如今我俩的合作缘分已尽,逐渐分道扬镳——我投向电视烹饪教学和写作,西姆卡回归个人生活和烹饪教学,但她将永远是我"亲爱的甜心"。

西姆卡66岁了。在美食和烹饪这一行里做了22年后,她说她"想要休息"。可她不是那种能闲得下来的人。意外的好运降临了:朱迪丝·琼斯跟西姆卡签了个合同,让她自己写一本书,《西姆卡的美食厨房》(*Simca's Cuisine*)。这本书会将她的个人生活故事和菜单食谱结合,而这些食谱来自她在法国最爱的几个地方——诺曼底(她的故乡)、阿尔萨斯（她先生的故乡）、普罗旺斯（夫妇俩的居住地）。按西姆卡在此书序言中所说，这本书是写给那些"不再是入门新手，而是热爱烹饪、愿意做出名副其实的法国菜的人"。此前由于空间不够，西姆卡的一些菜谱没能收入我们这两本《掌握法式烹饪的艺术》，而西姆卡的书能够很好地收纳这部分菜谱。

独立撰写一整本书对她来说不是容易的事，部分原因是这本书需要用英文写成，面向美国市场，而西姆卡的英语并没有她自以为的那么灵光。需要我帮忙的时候，我会帮她看看，提点建议，可绝不参与任何实质性的内容撰写。最终，出版社聘请了帕特里夏·西蒙（就是那个为《麦考尔》杂志采访我俩的美国女士）帮忙写作。在朱迪丝不懈地鼓励下（西姆卡将这本书献给她），她们终于完成了这本书。这本书法国风味十足，菜式"野心勃勃"，对美国的煮妇、煮夫们要求很高。可这本书很迷人，充满了西姆卡的创意，我甚至看到了一点珍妮·薇拉的淳朴技法。

《西姆卡的美食厨房》在1972年出版。销量不错，但不像西姆卡期待得那么好。出版业是个吊诡的行当，而且不晓得是好是坏——销量和作者的名气是紧密相关的。我试着宽慰她：就算是伟大的詹姆斯·比尔德写的那本《比尔德讲美食》（*Beard on Food*）也没有卖得那么好嘛。

现如今，詹姆斯成了小窝的常客。他是个光头，身高将近1.9米，体重估计得有120千克。他是个和气又风趣的人，有着非比寻常的灵敏味觉。但凡碰见烹饪方面的问题，我就会给他打电话，绝大多数时候他都知道答案，万一他不知道，也知道该去问谁。

1971年1月，当詹姆斯·比尔德到达小窝的时候，他的身躯比从前更加沉重，精神也更加疲惫。数月来，他马不停蹄地在全美到处奔走，做厨艺秀、上烹饪课、写美食文章。他到法国来看看我们，也休息一下。按以前的习惯，在小窝休整几天后，他的精力会再度恢复过来。可这一回，他一直没恢复过来。保罗和我很担心，于是开车送他到格拉斯去看医生。巴特医生坦率地告诉他："比尔德先生，您的体重超重，也工作过度了。您必须马上改变生活习惯，否则就要心脏病发作了！"这话着实吓着了詹姆斯，6个月内他就减掉了将近30千克体重。

10月里的一天，我们三个原本约好要在纽约一起吃顿午餐。可当天凌晨4点半，詹姆斯被胸口的剧痛惊醒，他只能躺在床上沉重地喘着气，动也不敢动。终于，一位朋友强迫他给医生打电话，于是詹姆斯被送进了医院。医生把他连到了一台机器上，这八成救了他的命。

真是死里逃生。到了如今这个岁数，一些上了年纪的挚友陆续撒手人寰。我们在巴黎时认识的好友保罗·莫勒就在夏天时过世了。

为了避免不测，保罗和我去做了一年一度的体检。我59岁了，医生说我的健康状况不错。保罗69岁了，医生是这么对他说的："您的心电图可以印上医学教科书了……您的每项状况都非常好。"（瞧，这才是我心目中的好医生！）

第九章 茱莉娅·查尔德的厨房秘籍

1972年6月，詹姆斯·比尔德再度飞到小窝来休假。这回他是从挪威过来的，在那里他教挪威人如何做出符合美国人口味的菜肴。詹姆斯住在了西姆卡家里，部分原因是那里的床更符合他的尺寸，部分原因是他可以陪陪西姆卡。

西姆卡摔断了右腿，已经在家里坐着轮椅窝了40天。她沮丧透了，极其渴望新鲜空气和来访的客人。

詹姆斯到达的那个晚上，天气晴好无比，青蛙们在屋后快活地大声合唱。珍妮做了香喷喷的龙蒿烤鸡，大家围坐在餐桌前，开心地聊着天，谈的多半都是美食。随着夜色降临，有时固执又紧张的西姆卡会突然迸发出活力，像个小姑娘般活泼愉快。

每天早晨，詹姆斯会裹着一件宽袍大袖、衣袂飘飘的日本和服，慢慢地走到小窝来吃早饭。我们坐在场院里的橄榄树荫下，喝着中国茶，吃着水果，闲聊着烹饪、餐厅和葡萄酒的话题。詹姆斯对美食界了如指掌，哪些人在干什么，他全都一清二楚，常常把大城市里的八卦消息讲给我们这些乡下土包子听。

有天上午，我们几个钻进租来的法国小车——保罗开车，詹姆斯像个佛爷似的坐在副驾驶座上（依然穿着和服），我蜷在后座上——沿着印满辙痕的老路往山下开去。这种路在战时称作"吉普车道"。我们转过拐角，驱车上山，开去普拉斯卡锡耶。保罗在垃圾站倒着满当当的大垃圾筐，我在布萨荣的肉店里买了两只兔子，詹姆斯在一边跟过往的当地人闲聊——来这儿这么多次,他已经认识不少人了。接着,我们驱车前往格拉斯。

多棒的小城啊!詹姆斯和我在芳香广场挑选水果,保罗用他忠实可靠的禄莱福莱相机拍着照片。随后,我们慢慢地在中世纪的拥挤小街里漫步,感受着小城的历史、气味和声响。之后我们返回车中(车里已经塞满了鼓鼓囊囊的购物袋),把容易坏掉的食品装到"旅行冰箱"里。这是个大大的泡沫塑料箱子,里面放着成袋的冰块,高温天气里,这可是盛放鲜鱼和蔬菜的好帮手。当天下午,"吉吉二人组"下厨试做了油炸西葫芦花——把买来的硕大的橙黄色花朵裹上用啤酒和面粉调制的面糊,下油锅里炸熟。吃起来真酥脆啊。

2
迷人的大厨

每年一度,巴黎都会举办一场令人眼花缭乱的厨艺比赛:冠军将荣获"MOF"的终身头衔。这三个神奇的字母来自"Meilleur Ouvrier de France",粗略地翻译就是"法国最优秀的大厨"。在竞争激烈、等级制度森严的法国美食界,没有比这更高的荣耀了。比赛的内容是烹制完整的一餐,菜式都是经典的法国料理。每个人都做着同样的菜,而菜单会在比赛一周前公布,所以不会有出人意料之举。基本上比赛要持续一天,任何有胆量前来挑战的厨师都可以参赛。评委由往届冠军和资深厨师组成。他们盯着选手做菜过程中的每个步骤,等成品装盘后,既要看卖相,也要品味道。这项赛事获得人们的热心追捧并受到广泛报道。据说厨师若能赢得

MOF的美名，其尊贵程度甚至比获得博士学位还要高得多，因为在这项烹饪比赛中，获胜的人只有一个。

1972年共有48名竞争者参赛，结果获胜的不是别人，正是穆然镇的磨坊餐厅的大厨罗杰·弗奇。他是多么幸运啊，但我们也是！在整个蔚蓝海岸，没准在整个法国，他的磨坊餐厅都是我们的最爱，这间餐厅就开在路的那一头。

明星大厨弗奇曾在美国待过一段时间，非常熟悉詹姆斯·比尔德的大名（他甚至看过一两集《法国大厨》，这节目在法国几乎没人知道）。当他得知詹姆斯就在本地时，就请我们务必到店里来一趟，跟他碰个面。于是，保罗、詹姆斯和我就开车去了弗奇大厨开在穆然镇的餐馆。穆然是个小山顶上的城镇，长久以来为艺术家们所钟爱。

弗奇大厨和太太丹尼丝是迷人的一对儿，是我们认识的名厨中最有魅力的夫妇。弗奇大厨40岁上下，有点少白头，浓密的须发过早地显出了灰色，他还拥有优美的声线。弗奇大厨个子不太高，也不太胖，浑身散发着迷人的风度。他的个性在磨坊餐厅随处可见：那卓绝的厨艺，亲手选出的绝妙酒单，一手培养出的年轻学徒，对一流餐厅样貌的清晰概念以及维持这般理想水准的能力。（关于这位"明星和艺术家们心爱的名厨"，有件鲜为人所知的小事：他会靠手来判断一个人。出于某种个人迷信，他不喜欢长着小手的人——这个我可用不着担心。）

弗奇太太丹尼丝是位娇小的漂亮女人，总是能让餐厅里的宾客如沐春风，就算大厨不在店里的时候也是如此。精力充沛的她负责餐馆里的花饰，还在穆然镇开着一家精品店，售卖古董、餐桌饰布和弗奇做的美食制品。在这家店楼上，弗奇还经营着第二家餐厅"杏仁树"以及一间厨艺学校。

磨坊餐厅是间绝妙的、令人为之倾倒的馆子,我问弗奇大厨,他是怎么创造出这样一个地方的。大厨说,当初他找了一年多,就是想找个合适的区域、合适的城镇、合适的铺面。他在普罗旺斯的艾克斯花了好几个月的工夫勘察市场、交通和目标客户群。1968年,他最终选定了这里。多年来,这幢楼是个橄榄油磨坊,后来变成了所谓的"钟点酒店"(一种不大光彩的地方,男人们会在晚上5点到7点之间带着情人来开房)。当然了,如今这里已经被弗奇一家彻底改头换面,装修得相当有品位。店内有两片开阔的就餐空间,一个宽敞的酒吧,楼上还有一两个房间(不再按钟点收费了!)。在两个露台上吃饭,可谓赏心悦目:宽大的白色餐桌上铺着粉色的亚麻桌布,大大的阳伞撑起一片荫凉。餐馆后耸立着数棵高大古老的橄榄树。山脚下是一片幽深的小山谷,长满了柳树,一条小溪欢快地奔流着。

这天中午,我们吃了一道用龙虾做的菜,搭配浓醇的红酒酱汁。喝完咖啡的时候,弗奇大厨从后厨出来,跟我们一起喝了杯香槟。我们介绍他和詹姆斯认识,然后直接聊起了餐饮,包括从米其林拿到星级评价有多么挑战(他已经拿到了二星,正朝三星发展),操持一家成功餐厅的满足感和陷阱,必须要面临的预算平衡,比如员工、厨房设备、餐室装潢,等等。后来我提到了一个最近一直困扰我的问题:"大厨,我觉得这5年来,法国著名的布雷斯鸡不像从前那么好吃了。"

"对,没错。"弗奇大厨答道,"可我在阿列省找到个小地方,那儿养的鸡仍然很好。"他带我们进到厨房,把我们

和弗奇大厨在他的餐厅里

介绍给面带微笑的员工们。之后弗奇大厨打开一扇门，走进一间房间那么大的冷库中，拽出一只阿列鲜鸡，用锡箔纸包好递给我们。最后他执意不肯收这顿饭钱，实在是太客气啦。

保罗和我开始频繁地和弗奇大厨交往。我越是了解他，就越是觉得他简直就是真正厨师的典范，大厨中的精英。他继承了昔日大师们的精神——正是那些把终生奉献给美食的厨艺大师，激发了我对法国和法国美食的热爱。而且，就像库农斯基一样，弗奇是个地地道道的法国人。

有天傍晚5点半，弗奇大厨和太太来到我们家，在院子里喝鸡尾酒。我从美国带来一条硕大的弗吉尼亚火腿，希望他俩喜欢这典型的美国风味。我切下一点儿，做了个酥皮奶酪火腿塔。相配的酒是詹姆斯·比尔德留下来的一支1964年的香槟王。

很久以前我就决定自己不会开餐馆，因为这需要全心全意地投入；此外要是开餐馆的话，就只能照着菜单做菜，而我喜欢尝试各种不同的菜式。不过我还是经常会琢磨琢磨，要是我真开了个餐馆……我很好奇，想知道别人是怎么开餐馆的。

"你是怎么开起餐馆的？"我问弗奇大厨。

"这个么，我是在阿列省长大的，兄弟姊妹8个。对我们来说，食物比人生中其他任何事情都重要。"他解释道。他成长的村庄里都是典型的乡下人——酿酒的、养鸡的、做奶酪的、种地的、种果树的、打鱼的、打猎的、贩牲口的，等等。那里没有电影、电视，连有组织的体育运动也没有，所以吃喝（当然，还有性事）就成了生活的主调。

"我爷爷那一辈里有个老先生，每天早上4点起床，喝杯黑咖啡，然后吃掉一整只烤鸡。然后他喝掉第二杯咖啡，吃掉第二只鸡。想想看，这可是在吃早饭之前啊，只是为了让一天顺利开始……每天如此！"

他说这些的时候，我没法不注意到，弗奇大厨和娇小的丹尼丝已经每人吃下了两大块火腿塔。

弗奇大厨一家的星期天，才是真正的盛宴。家族里的老老少少都会聚到一起。"我母亲和姨妈会早早起床，做饭做一整天。"他说，"我们在星期天上午10点开始吃吃喝喝，不到下午5点都不会停嘴。"此时，男人们都出了村，去咖啡吧里喝一两个小时的开胃酒，而女人们则在家里洗洗涮涮，开始做晚饭。"我的一个叔叔——那时候他肯定有75岁了——会醉得一塌糊涂，倒在地上起不来。当再次开始吃喝的时候，我婶婶就会拿把剪子，在他耳朵的静脉上剪个小破口。等到血流得差不多了,他就会爬起来跟我们一块儿接着吃!"这史诗一般盛大又漫长的周日晚宴会持续到午夜。

"我叔叔精神健旺得很,活到了84岁。镇子上的每个人都很壮——红脸膛,膀大腰圆,干起活来特别卖力。我家没人听说过节食这回事。每当看见餐馆里那些细瘦的小个子食客像麻雀似的啄菜吃的时候,我就想起我们村子里人人都吃大量的香肠、馅饼、牛肉、鱼、山鸡、鹅、鹿肉,还有鸡。当然了,他们蔬菜吃得很少,多半都是肉。"

"那你是看着母亲和姨妈做菜,然后学会做菜的喽?"

"她们会在炉灶边放个凳子,让我站上去,这样我就能看见她们的一切动作。有时候我会帮忙搅搅锅或者端着砂锅,当然了,我什么都要尝尝,还听她们都说些什么。等我满了17岁,跟一个厨师当学徒就成了再自然不过的事情。我就是这么入行的。"

3
心 碎

1974年8月,小窝里潮湿闷热,气温达到了37摄氏度。尽管有冰镇的香槟佐餐,可怜的詹姆斯·比尔德还是没什么胃口。不过在凌晨4点惊醒的却是保罗——他咳嗽不止,被喷涌出的鼻血呛住了。我们给他止住血,擦抹干净,换了床单。第二天早晨,他又复发了。就在午饭之前,他第三次流了鼻血。这不正常。我们给当地的医生打了电话,他建议拿冰块放在保罗的鼻子上,把头部抬高,还教了一些其他的基本护理方法。鼻血止住了。

在这之前，我们从没在 8 月份来过小窝。彼时我从电视拍摄中缓了口气，着手写作新书《茱莉娅·查尔德的厨中秘籍》(From Julia Child's Kitchen)。那天晚上，我们在院子里开了一个派对。来了 9 位客人，其中包括詹姆斯的朋友，美国的美食作家理查德·奥尔尼，他专程从索利斯图卡的家中赶来。当晚的菜式有：肉冻镶牛肉、烤羊腿、烩豆子（菜豆和四季豆）和奶酪。上甜点的时候，我端出了试验很久、终于面世的"柠檬塔"，味道好得没话说。保罗给大家斟上了数种美酒。他的鼻子没问题了。

"这个么，你们当然可以管它叫'心脏病'，不过这个词的意思是很多的。"医生说，"病因我不清楚，但我们会把能想到的检查都做一遍。"此时已经到了 10 月，我们已经回到了坎布里奇。保罗得的是某种"梗塞"，是一种慢慢形成的心脏问题。

"这与电影里那种来势汹汹、如雄狮怒吼般的心脏病不同。"医生说，"这是动脉血管出现了堵塞，就像只田鼠，蹑手蹑脚地靠近过来。"

保罗回忆起，自从 1967 年左右，他的胸口就出现过微微的疼痛，但会自行消失。做心脏检查的时候，医生说："祝贺您，您的心脏就像 30 多岁的运动员一样健康！"可自从 1974 年他在小窝里流过鼻血之后，保罗开始每天都感到疼痛了。那年秋天他把这个情况告诉了波士顿的医生，就被迅速送进了危重症病房。医生们检查出两根被阻塞的血管，他们通过腿部静脉，给保罗做了一个新型的搭桥手术。手术后的保罗身上插着管子，好像被绑起来的去骨鸽子，虚弱地卧床休息了好几周。更糟的是，手术中的某个步骤对他的大脑产生了影响（或许是脑部缺氧），他开始弄混数字和姓名，而一手漂亮的笔迹也变得潦草了。

我可怜的丈夫，他一直为自己能搬起沉重的箱子、砍倒粗壮的树干而骄傲，如今他憎恨自己变得如此虚弱，头脑不清。我也憎恨这个。

我每天都去医院看保罗，有时候一天去看两次。可关于《茱莉娅·查尔德的厨中秘籍》，我还有很多工作要做——感谢上帝我还有工作！和往常一样，工作让我的生活有正常的秩序，强迫我拿出成果，帮助我保持良好的平衡。我真的很幸运。若是没有一个挑战性的项目，比如撰写烹饪书，在保罗住院那段黑暗的日子里，我肯定会疯掉的。

这本新书原本是想写成《法国大厨烹饪手册》(*The French Chef Cookbook*) 第二卷的样式，内容基于那 72 集彩色电视节目。可一旦我着手写了起来，这本书就跟原先的设想不一样了。它变成了我自己的随笔漫谈，满是故事、食谱花絮以及对我这 25 年厨室生涯的总结评论。这是我个人色彩最浓的一本书，也是最难写的一本。或许正是因为这个，它成了我的最爱。

在某种程度上，《茱莉娅·查尔德的厨中秘籍》对我而言是一种释放。书中收录了我从传统法国美食中学到的经验，同时我也把厨艺延伸到了新的方向。在朱迪丝·琼斯的鼓励下，我尝试了印度咖喱、新英格兰的杂烩浓汤、比利时的曲奇饼干，也使用了微波炉这样的新玩意儿。跟我平素的习惯一样,我开始埋头钻研起白煮蛋的正确步骤,还有用土豆这种棘手的小东西来做舒芙蕾的各种方法。

我希望读者能把《茱莉娅·查尔德的厨中秘籍》当作私人美食教程来使用。我尽力把每个菜谱都变成一堂厨艺课。而这本书中极为重要的一点就是,没有人生来就是技艺精湛的大厨,烹饪需要从实践中学习。以下是我不变的忠告:要学做菜,就要多多尝试新菜谱,从你的错误中学习,什么都别怕,最重要的是——要做得开心!

尾　声

保罗总是认为，在小窝待了一阵子之后离开它，就像是"象征性的死亡"。这听起来真吓人，我不认为把小屋关闭几个月就等于"死亡"。在我看来，生活是要向前走的。现在离开小窝，只是意味着下次有充足的理由返回这里。而且我们每年都会回来，年年如此。

1976年，让和西姆卡彻底离开巴黎郊外纳伊的小公寓，搬到旧庐定居。每年夏天，西姆卡都会在那里开班授课，来上烹饪课的多半都是美国人，他们喜欢她教的那些容易上手又风味地道的法国菜。后面几年，她和露伊瑟每人写了两本食谱。

随后，密友和家人们陆续离开人世。查理和弗蕾迪由于心脏病过世。詹姆斯·比尔德于1985年过世，享年81岁。让·费施巴赫于次年离去，终年79岁。西姆卡独自住在旧庐，不肯搬去养老院，也不肯请护士。我十分担忧我亲爱的"法国姊妹"，可她像以前一样固执得很，不肯听别人的。

"我常想，咱们这些没有孩子的人，没有后代可以依靠。"我给西姆卡写信说，"不像阿维丝，她得了癌症，只有 1 年左右可活了，可她的孙辈们能带她去买东西什么的。唉，咱们只能自己照顾自己……这咱倒是挺擅长的。可我觉得咱们这些人，和有孩子承欢膝下的人，生活差异真的挺大！"有些时候我觉得挺忧伤，多希望能有个女儿跟我分享人生啊。

可我们这些厨子都是坚强的家伙：毕竟埃斯科菲耶活到了 89 岁，我的老大厨麦克斯·巴格纳德活到了 96 岁。或许西姆卡和我也能活到 85 岁，没准还能活到 90 岁呢。

1991 年 6 月，西姆卡 87 岁了。她在家中卧室里摔了一跤，着了凉，引发了严重的肺炎。尽管她凭借意志力又撑了半年，可我的"法国超人"终于在 12 月撒手尘寰。"我们失去了一个优秀的人，她是我的心头爱，是我慷慨仁慈的姐妹。"我怀着沉重的心情这样写道。

保罗始终没有从心脏病的影响中完全恢复过来，他慢慢地变成了耄耋老人。1989 年，他患了好几次中风，再加上前列腺的毛病，旅行就变成了苦差事。他非常勇敢，可年纪不饶人。让保罗在早晨 5 点起床，好让我在纽约和华盛顿这样的地方做厨艺秀和录节目，这种做法已经不再有意义。我毫不犹豫地减少了工作量和旅行计划。

然后我做出了抉择。没有保罗，没有我亲爱的西姆卡，没有那些挚爱亲朋，小窝对我来说已无必要。到了放弃它的时候了。

每当听到我说做这个决定并不特别艰难，也不是情绪使然时，人们总是很惊讶。可我一向不是那么多愁善感的人。小窝的确是个特别的地方，可现在对我来说，它的心已经不在了。让我想念的，不是具体的房子，而是在那里与我共度时光的人。

况且，普罗旺斯已不再是我们心爱的静谧的归隐地。那里的物价贵得令人咋舌（在戛纳，一棵生菜的价钱要比坎布里奇贵一倍），海岸线比任何时候都拥挤。山丘上密密麻麻地盖起了房子，蜿蜒的乡间小道上挤满了轿车和庞大的卡车。从前在我们的小村镇普拉卡锡耶一向找得到肉铺老板、面包师傅、蔬菜摊贩和电工，如今这些小生意全都没有了，人人都去山脚下的大超市里买东西。就像保罗在许多年前预言的，那地方变成了南加州。既然是这样，我就头也不回地离开了。

1992年6月，多特的女儿费拉和她的先生、年幼的儿子跟我一起回到小窝，在这里度过了最后1个月。屋子里充满了熟悉的气息和回忆，可是我宁愿让自己忙起来，也不愿深想太多。朋友们前来串门；我打了一场高尔夫（这是我最爱的运动）；我们漫步、购物，去戛纳、尼斯和格拉斯吃精致的美食。小窝的水压很低，我只能用水擦擦身体，可这种事总会习惯的。每天晚上，我把闹钟设到凌晨2点，好给保罗打电话——他如今已经90岁了，住在波士顿郊区的养老院里。

费拉和我闲散地收拾着东西：我的厨具、保罗的画作和照片，还有我们从毕欧买来的玻璃器皿。我们留下了西姆卡的家具，把一切未完的法律和财务事项结清，好把房子还给让的家族——正如保罗和我近30年前许诺的那样。

这个月渐渐到了尾声，我挺乐观，可费拉哭了起来，让我好生惊讶。我问她怎么了,"咱们最后一次住在这儿了,我心里好难受。"她说。

"是最后一次没错。"我回答她,"可小窝那么美妙的记忆,都留在我心里了呀。"

"可你不想念它吗?"

我耸耸肩:"可我一向认为,完成了一件事,就该潇洒离去!"

在小窝的最后一天,我们邀请了一群朋友过来吃晚餐。我划着了火柴,想去点那4个灶眼的炉子,可当煤气冒出来的时候,炉子突然"砰"的一声巨响,把每个人都吓得够呛,却让我不由得莞尔。我做了普罗旺斯炖牛肉,这是一道丰盛的炖菜,里面放了葡萄酒、土豆,还有普罗旺斯的香草。真香啊!这的确是一顿欢乐的佳肴,也是个合适的落幕方式。

那夜就寝前,我在院子里桑树的斑驳树影下伫立了一会儿。覆盖着红瓦的屋顶上,皎洁的明月高挂在夜空,清凉的微风拂过我的脸。山谷那头的坡地上,树叶正沙沙作响。我深深地呼吸着花儿的甜香,听着夜莺和青蛙们合唱,用赤裸的脚底去感受脚下石头那熟悉的粗糙感。多么可爱的地方啊。

次日早晨是个典型的普罗旺斯大晴天,阳光灿烂,空气清凉,天空蓝得明艳。吃过早饭后,我把小窝的钥匙交给让的妹妹。然后我们钻进车子里,沿着车辙密布的车道,最后一次颠簸着开下山去。

我想伸手挽留住这些感受,可这只是徒劳,就好像伸手挽留住梦境一样。没关系，法国是我的精神家园，它成了我的一部分，我也成了它的一部分，直到永远。如今我再度向前走去，获得了新体验，来到了新地方，结识了新朋友。世上还有这么多要学、要做的事情——有文章和书籍要写，或许还有一两档新节目要录。我想去缅因钓龙虾，去芝加哥参观屠宰场，还想教孩子们做菜。我把我们的菜谱看作是神圣的盟约，它是一套规矩准则，为人们指出对待食物的正确或错误的方法。我感到把这些知识传承下去是我的责任。简而言之，我的食欲尚未消减！

我何其有幸，能在20世纪50年代的巴黎，师从一群技艺非凡的厨师。从他们身上，我学到了为何法国美食是一种艺术，为何它能带给人如此卓绝的味觉体验——若是能呈现出菜品该有的样貌，再多的麻烦也是值得的。漂亮的结果需要你花时间、费心思。如果你不使用最新鲜的食材，或是在动手之前没有通读整篇菜谱，如果你匆匆忙忙就下了厨，那么你做出来的东西，其味道和质地必然是次等货色——比如味同嚼蜡的威灵顿牛肉。但精心细致的操作必然会诱发出阵阵芬芳的浓香，它会带给你一顿打心眼里满足的佳肴，或许还是一次改变人生的体验。

1948年11月，我第1天到达法国时，在王冠餐厅吃到的那顿香煎鳎鱼就是这样。那是一场味觉的顿悟。

那顿丰盛的大餐在我心中激起的好奇和兴奋，这么多年来我从未忘怀。我好像仍然能品尝到那种滋味。回想起那样的感受也提醒我，餐桌之上、人生之中的欢乐是无尽的——祝您永远好胃口！

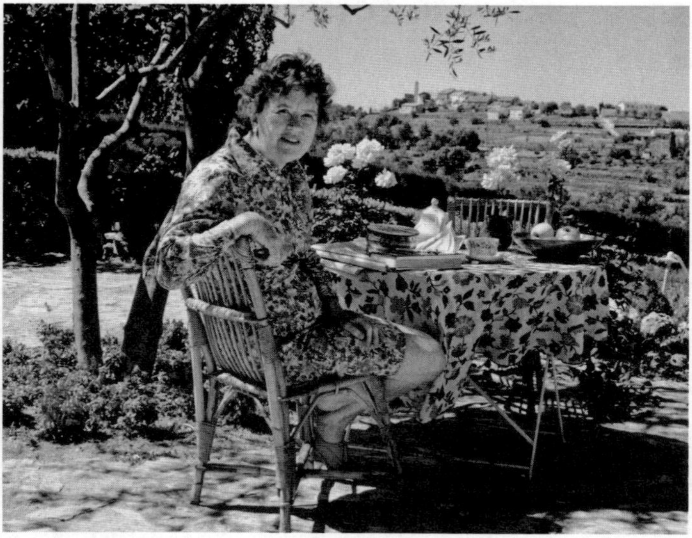

附录

Julia Child

My Life in France

菜肴、餐厅译名对照

A
阿尔萨斯酸菜炖肉
choucroute garni à l'alsacienne
安娜土豆
pommes de terre Anna
艾氏茶餐厅
Allison's Little Tea House

B
白酒贻贝
moules marinières
半釉酱
demi-glace
勃艮第红酒炖牛肉
boeuf bourguignon
白斑狗鱼丸
quenelles de brochet
白汁炖牛肉
blanquettes deveau
白黄油酱梭鱼
brochet au beurre blanc
布里欧修裹香肠
un saucisson en brioche
布里奶酪
brie
宝马尼埃餐厅
Baumanière at Les Baux
巴黎饭店
Hôtel de Paris

C
脆烤奶油蘑菇扇贝
coquilles Saint-Jacques
朝鲜蓟高汤
fonds d'artichauts
查特酒鹧鸪
perdrix en chartreuse
草莓杏仁夏洛特蛋糕
charlotte Malakoff with almonds
脆皮烤海鲈

loup de mer en croûte
脆皮烤牛肉
feuilleton de boeuf en croûte
朝圣者布丁
pouding pélerin
长柜餐厅
Le Grand Comptoir

D
德式酸菜
choucroute
炖肉卷
ballottines galantines
大蒜浓汤
aïgo bouïdo
大维富餐厅
La Grand Véfour
蒂叶普饭店
Hôtel de Dieppe
地牢墓穴酒馆
Le Caveau des Oubliettes Rouges
大钟酒店
Hôtel de la Grande Horloge

F
佛罗伦萨土豆丸
gnocchi à la Florentine
费南雪蛋糕

vol-au-vent financière

G
柑曼怡舒芙蕾
soufflé Grand Marnier
贵多之家
Chez Guido
橄榄树餐厅
Les Oliviers

H
荷兰酱
hollandaise
海鲜烩饭
risotto aux fruits de mer
红酒烧牛肉
boeuf à la mode

J
基础褐酱
fond brun
惊喜小牛肉
côtelettes de veau en surprise
焦糖布丁
crème renversée au caramel
狡兔酒吧
Lapin Agile
鸡蛋筐子餐厅

The Egg Basket

K
烤鹧鸪
perdreaux en chartreuse
卡里斯煎鹅肝
foie gras Carisse
卡苏莱什锦砂锅
cassoulet
康塔尔奶酪
cantal
卡蒙贝尔奶酪
camembert
克里伦大酒店
Hôtel de Crillon

L
裸麦面包
pain de seigle
洛林馅饼
quiche Lorraine
烈焰橙香可丽饼
crêpes Suzettes flambées
栗子冰激凌
glace maison aux marrons glacés
鲁昂血鸭
canard à la rouennaise
洛克福奶酪
roquefort
李普酒馆
Brasserie Lipp
拉佩鲁斯饭店
Lapérouse
李子树小馆
Prunier
绿洲餐馆
L'Oasis
兰居尔小馆
Rancurel's restaurant

M
马德拉酱
madère
马伦哥酱烩童子鸡
poulet sauce marengo
美式龙虾
homard à l'américaine
马提尼翁菲力牛排
filet de boeuf matignon
焖野兔
civet de lièvre
魔鬼烤鸡
poulet à la diabolique
米绍餐厅
Michiaud
蜜雪妈妈之家

Chez la Mère Michel
马里乌斯餐厅
Chez Marius
磨坊餐厅
Le Moulin de Mougins

N
诺曼底鳎鱼
sole à lanormande
嫩煮蛋佐边尼斯酱
oeufs mollets avec sauce béarnaise
南特白黄油酱
beurre blanc nantais
奶酪酿蘑菇
les barquettes de champignons
glacées au fromage
尼奈特酱汁
sauce nénette
酿番茄
tomates farcies à la pistouille
奶酪黄油烤土豆片
pommes Anna fromagées
诺曼底炖菜
potée normande
纽伦堡莱德宝啤酒
Nüremberger Lederbrau

P
普罗旺斯田鸡腿

grenouilles à la provençale
庞坦馅饼
pâté pantin
佩朵克女王烧烤餐厅
Rôtisserie de la Reine Pédauque

Q
巧克力慕斯
mousseline au chocolat

R
肉冻镶鸡
galantine de volaille
肉冻镶洋葱
oignons glacés
汝拉省风味焗菜
gratin jurassien

S
苏比斯酱
soubise
砂锅炖菜
cassoulets,
山鸡肉冻慕斯
mousse de faisan en gelée
什锦蔬菜煲
ratatouille
苏伯汉姆酱汁
sauce supreme

双偶咖啡馆
Deux Magots café

蜗牛餐厅
L'Escargot

T

兔肉陶盘馅饼
terrine de lapin de garenne
炭烤海鲈
a loup de mer
图卢兹母鸡
poularde toulousaine、
吐司烤鹧鸪
perdreau rôti sur canapé
铁钩餐馆
La Crémaillère
亭阁餐厅
Le Pavillon restaurant

W

威尼斯酱
sauce Vénitienne
瓦莱斯卡鳎鱼
filets de sole Walewska
煨菊苣
endives braisées
王冠餐厅
La Couronne
味多小馆
Le Petit Vatel

X

香煎鳎鱼
sole meunière
夏朗德黄油
beurre de Charentes
香缇鲜奶油
crème Chantilly
夏洛特苹果蛋糕
charlotte de pommes
香橙鸭
canard à l'orange
香槟酱汁多宝鱼
turbot farci braisé au champagne
香橙巴伐利亚奶油冻
bavarois à l'orange
雪冻
blanche neige
雪崩前菜
avalanche
杏仁树餐厅
L'Amandier

Y

伊斯尼黄油
beurre d'Isigny

牙鳕鱼球
merlan en lorgnette
盐焗鸡
poulet farci au gros sel
伊泊斯奶酪
époisses
艺术家小馆
Restaurant des Artistes

Z

炸鱼球
en lorgnette
藏红花炖红鲻鱼
rouget au safron
鳟鱼餐馆
La Truite
自然主义者酒馆
Les Naturistes
猪脚酒馆
Au Pied de Cochon

人名译名对照

A

阿道夫·门吉欧
Adolphe Menjou

艾维·库埃迪克
Hervé du Couédic

阿里·巴布
Ali Bab

艾丽斯·B.托克拉斯
Alice B. Toklas

埃夫里尔·哈里曼
Averell Harriman

艾夫斯·沃什伯恩
Ives Washburn

艾尔玛·龙鲍尔
Irma Rombauer

阿贝·马尼尔
Abe Manell

阿尔弗雷德·科日布斯基
Alfred Korzybski

阿维丝·德沃托
Avis de Voto

爱德华·罗宾逊
Edward G. Robinson

阿洛伊斯·B.希思
Aloise B. Heath

埃德加·胡佛
J. Edgar Hoover

阿德莱·史蒂文森
Adlai Stevenson

爱德华·史泰钦
Edward Steichen

埃文·琼斯
Evan Jones

安格斯·卡梅伦
Angus Cameron

阿尔弗雷德·克瑙夫
Alfred Knopf

阿尔伯特·杜哈默
Albert Duhamel

埃莉诺·罗斯福

Eleanor Roosevelt
阿诺德·纽曼
Arnold Newman

B
比尔·特拉斯洛
Bill Truslow
伯吉斯·梅雷迪思
Burgess Meredith
保罗·莫勒
Paul Mowrer
邦比·海明威
Bumby Hemingway
拜拉·帕克·惠特洛克
Byra Puck Whitlock
彼得·比克内尔
Peter Bicknell
柏莎·库欣·查尔德
Bertha Cushing Child
保莉特·埃特林格
Paulette Etlinger
保罗·贝赫多
Paul Bertholle
鲍勃·利特
Bob Littell
伯纳德·德沃托
Bernard de Voto
贝齐·库布勒

Betsy Kubler
勃鲁盖尔
Brueghel
保罗·布鲁克斯
Paul Brooks
比尔·科什兰
Bill Koshland
比特丽丝·布劳德
Beatrice Braude
鲍里斯·查拉平
Boris Chaliapin
保罗·博古斯
Paul Bocuse

C
查理·查尔德
Charlie Child
查尔斯·垂普勒·查尔德
Charles Tripler Child
查理·莫弗利
Charlie Moffley

D
多萝西·坎菲尔德·费希尔
Dorothy Canfield Fisher
多萝西·德·桑提拉娜
Dorothy de Santillana
戴夫·哈林顿

Dave Harrington
狄俄涅·卢卡斯
Dione Lucas

F
费拉·卡曾斯
Phila Cousins
弗朗肖·托恩
Franchot Tone
菲利普·毕
Philippe de B
弗雷迪·查尔德
Freddie Child
弗朗西斯·利维森
Frances Levison
弗里曼·盖茨
Freeman Gates

G
格特鲁德·艾利森
Gertrude Allison

H
哈里·杜鲁门
Harry Truman
哈德莉·莫勒
Hadley Mowrer
亨利·弗西林
Henri Foçillon
海伦·珂派垂克
Helen Kirkpatrick
亨利-保罗·派拉帕拉特
Henri-Paul Pellaprat
赫尔穆特·里珀格
Helmut Ripperger
海伍德·希尔
Heywood Hill
亨利·普赛
Henri Pousset
赫伯特·胡佛
Herbert Hoover
海伦·米尔班克
Helen Millbank
海伦·麦卡利
Helen McCulley
赫特·科瓦特考斯卡
Hett Kwiatkowska
亨利·纳勒谢
Henri de Nalèche

J
杰克·海明威
Jack Hemingway
加里·库珀
Gary Cooper

K

肯·施奈德
Ken Schneider
科莱特
Colette（Sidonie-Gabrielle Colette）
克劳德·提蒙
Claude Thilmont
凯雍先生
Monsieur Caillon
珂拉·杜博伊斯
Cora du Bois
库农斯基
Curnonsky
克利福德·沃顿
Clifford Wharton
卡蒂埃·布列松
Cartier Bresson
克雷格·克莱本
Craig Claiborne

L

罗杰·弗奇
Roger Vergé
露伊瑟·贝赫多
Louisette Bertholle
路易斯·葛洛德基
Louis Grodecki
罗斯玛丽·马尼尔
Rosemary Manell
李·布雷迪
Lee Brady
劳伦斯·费林赫迪
Lawrence Ferlinghetti
罗斯玛丽·马尼尔
Rosemary Manell
利奥妮·沃顿
Leonie Wharton
罗伯特·卡帕
Robert Capa
拉塞尔·莫拉士
Russell Morash
露西·洛克伍德
Ruthie Lockwood
勒内·弗登
René Verdon
雷蒙德·卡维尔
Raymond Calvel
路易斯·乌提耶
Louis Outhier
露西·洛克伍德
Ruthie Lockwood
理查德·奥尔尼
Richard Olney

M

马赛尔·多杭
Marcel Dorin

玛莎·迪斯泰
Marthe Distel
马克思·巴格纳德
Max Bugnard
玛丽·比克内尔
Mari Bicknell
米达·查尔德
Meeda Child
迈克·费思科
Mac Fiske
玛莎·吉布森
Martha Gibson
玛丽·沃德
Mary Ward
玛丽·帕森斯
Mary Parsons
莫里斯·埃德蒙·赛扬
Maurice-Edmond Saillant
蒙哥马利·克利夫特
Montgomery Clift
米歇尔·盖雷
Michel Guéret
玛莎·迪恩
Martha Deane
玛雅·曼内斯
Marya Mannes
马赛勒·查利欧
Marcelle Challiol

玛丽·亨利
Mary Henry
马克·瑞邦
Marc Riboud

N
纳西莎·钱柏林
Narcissa Chamberlain

P
皮耶哈
Pierrat
皮埃尔·蒙哲拉
Pierre Mangelatte
皮埃尔·安德里厄
Pierre Andrieu
普洛斯帕·蒙塔涅
Prosper Montagne
皮埃尔·加斯曼
Pierre Gassman
帕特里夏·西蒙
Patricia Simon
帕特里克·奥希金斯
Patrick O'Higgins

Q
乔治·阿塔莫诺夫
George Artamonoff

乔治·库布勒
George Kubler
乔赛亚·罗伊斯
Josiah Royce
乔治亚娜·哈迪
Georgiana Hardy
琼·普拉特
June Platt

R
让·巴贺
Jean Bares
让·艾旭
Jean Asche
让·费施巴赫
Jean Fischbacher
让·雅克
Jean Jacques
让·谷克多
Jean Cocteau

S
斯蒂芬妮·赫什
Stephanie Hersh
圣昂热夫人
Madame Saint-Ange
塞缪尔·钱柏林
Samuel Chamberlain
桑顿·怀尔德
Thornton Wilder
索兰姬·瑞维雍
Solange Reveillon
萨姆纳·帕特南
Sumner Putnam
舍曼·肯特
Sherman Kent

T
托马斯·杜威
Thomas Dewey
特蕾斯·艾旭
Thérèse Asche

W
维迪尔
Verdier

X
西蒙娜·贝克·费施巴赫
Simone Beck Fischbacher
西尔维娅·比奇
Sylvia Beach
西多妮·柯林
Sidonie Coryn

Y
约翰·麦克威廉斯
John McWilliams

伊莲·保楚塞提斯
Hélène Baltrusaitis
尤吉斯·保楚塞提斯
Jurgis Baltrusaitis
约瑟夫·威尔逊·科克伦
Joseph Wilson Cochran
伊丽莎白·布拉萨尔
Élizabeth Brassart
伊万·卡曾斯
Ivan Cousins
伊迪斯·斯铃斯比·肯尼迪
Edith "Slingsby" Kennedy
约翰·莱格特
John Leggettlengmo
约翰·瓦伦丁·沙夫纳
John Valentine Schaffner
约瑟夫·唐农
Joseph Donon
约翰·钱斯勒
John Chancellor
雅克·拜坪

Jacques Pépin
约翰·格林
John Glenn

Z
朱迪丝·琼斯
Judith Jones
茱莉娅·卡罗琳·韦斯顿
Julia Carolyn Weston
珍妮·泰勒
Jeanne Taylor
朱迪丝·贝利
Judith Bailey
珍妮·欧文
Jeanne Owen
朱利叶斯·怀尔
Julius Wile
珍妮·薇拉
Jeanne Villa
詹姆斯·比尔德
James Beard

Copyright © 2006 by the Julia Child Foundation for Gastronomy and
The Culinary Arts and Alex Prud'homme
All rights reserved including the right of reproduction in whole or in part in any form.
This edition published by arrangement with Alfred A. Knopf, an imprint of The Knopf
Doubleday Publishing Group, a division of Penguin Random House LLC.

本书中文简体版权归属于银杏树下（上海）图书有限责任公司
著作权合同登记号 图字：22-2024-078

图书在版编目（CIP）数据

我的美味人生 /（美）茱莉娅·查尔德，（美）亚历克斯·普鲁多姆著；苏西译. -- 贵阳：贵州人民出版社，2025.1. -- ISBN 978-7-221-18556-3

Ⅰ．K837.128.9

中国国家版本馆 CIP 数据核字第 2024AX3393 号

我的美味人生
WO DE MEIWEI RENSHENG

[美] 茱莉娅·查尔德（Julia Child），[美] 亚历克斯·普鲁多姆（Alex Prud'homme） 著
苏西 译

出 版 人	朱文迅	选题策划	后浪出版公司
出版统筹	吴兴元	编辑统筹	王 頔
策划编辑	周湖越 苏 轼	特约编辑	舒亦庭
责任编辑	赵帅红	装帧设计	墨白空间·曾艺豪
责任印制	常会杰		
出版发行	贵州出版集团 贵州人民出版社		
地　　址	贵阳市观山湖区会展东路 SOHO 办公区 A 座		
印　　刷	天津中印联印务有限公司		
经　　销	全国新华书店		
版　　次	2025 年 1 月第 1 版		
印　　次	2025 年 1 月第 1 次印刷		
开　　本	889 毫米 × 1194 毫米 1/32		
印　　张	12.75		
字　　数	274 千字		
书　　号	ISBN 978-7-221-18556-3		
定　　价	68.00 元		

后浪出版咨询(北京)有限责任公司 版权所有，侵权必究
投诉信箱：editor@hinabook.com　fawu@hinabook.com
未经许可，不得以任何方式复制或者抄袭本书部分或全部内容
本书若有印装质量问题，请与本公司联系调换，电话 010-64072833